Oliver Schwartz

Visuelle Kommunikation im Mittelstand

Buchveröffentlichung meiner Masterarbeit

an der FHWien der WKW.

Die Visuelle Kommunikation und deren rechtlichen

Rahmenbedingungen begleiten mich durch meine ganze

Karriere als Unternehmenskommunikator.

Oliver Schwartz

Visuelle Kommunikation im Mittelstand

Rechtliche Chancen und Herausforderungen im Kontext des Wandels der Unternehmenskommunikation und der von ihr benutzten Kommunikationskanäle

Masterthesis im Studiengang
International MBA in Management & Communications
26. Februar 2017

Impressum

© 2024 Oliver Schwartz

ISBN 978-3-384-20060-0 (Softcover)
ISBN 978-3-384-20061-7 (Hardcover)

Verlagslabel: Turtle-Media
Druck und Distribution im Auftrag des Autors:
tredition GmbH, Heinz-Beusen-Stieg 5, 22926 Ahrensburg, Germany

Das Werk, einschließlich seiner Teile, ist urheberrechtlich geschützt. Für die Inhalte ist der Autor verantwortlich. Jede Verwertung ist ohne seine Zustimmung unzulässig.
Die Publikation und Verbreitung erfolgen im Auftrag des Autors, zu erreichen unter:
Turtle-Media, Lorenzstr. 12, 76135 Karlsruhe, Deutschland.

Inhaltsverzeichnis

Abkürzungs- und Fachbegriffsverzeichnis

A

AGB   Allgemeine Geschäftsbedingungen.

B

B2B   Business to Business. Handel mit GeschäftskundInnen.

B2B E-Commerce   Zweimonatliche Index-Erhebung unter E-Commerce-
Konjunkturindex   Verantwortlichen aus den B2B-Branchen. Durchgeführt
                                                 durch das IFH Köln.

B2C   Business to Consumer. Handel mit PrivatkundInnen.

Bewegtbild   Video- und Filmformate sowie Animationen.

BdP   Bundesverband deutscher Pressesprecher e.V.

Blog   Weblog. Internetbasiertes „Logbuch" im Sinne eines
                                                 Online-Tagebuch.

Brand   Marke. Englischer Ursprung: Brandmal.

Brand-Library   Datenbank mit allen visuellen Elementen eines
                                                 Markenauftritts.

Budget   Periodischer, finanzieller Handlungsrahmen, zum
                                                 Beispiel für die PR- und Marketingmaßnahmen.

C

CEO   Chief Executive Officer. Vorstandsvorsitzende oder
                                                 Vorstandsvorsitzender.

Chartflow / Flow chart   Diagramm mit Prozessablauf-Illustration.

Content   Inhalte für die Unternehmenskommunikation.

Content-Marketing   Subtile Marketing-Technik mit nichtwerblichen,
                                                 hochwertigen Informations- und Beratungs-Inhalten.

Corporate Publishing   Herausgabe eigener Medien durch Unternehmen, zum
                                                 Beispiel Kundinnen- und MitarbeiterInnen-Zeitschriften.

Corporate Story   An Mission und Vision ausgerichtete Unternehmens-
                                                 geschichte und -geschichten, als roter Faden für die
                                                 Unternehmskommunikation.

D

Distribution	Vertrieb und Verbreitung.
Dreh	Film- und Videoaufnahmen.

E

E-Commerce	Onlinehandel, digitalisierte Vertriebsprozesse.
Erklärvideo	Kurze und kurzweilige Filme zur Vermittelung von Prozessen, Konzepten und Zusammenhängern. Im Englischen: How-to Video.
EU	Europäische Union.

F

Facebook	US-amerikanische Online-Gemeinschaftsplattform.
Feature-Fotos	Bildmaterial mit Merkmalen einer Reportage.
Footage	Vorgefertigtes, lizenzpflichtiges oder lizenzfreies, Bild- oder Bewegtbild-Material.

H

HTML	Hypertext Markup Language. Auszeichnungssprache zur Strukturierung von Webseiten.

I

IFH Köln	Institut für Handelsforschung mit Sitz in Köln.
IfM	Institut für Mittelstandsforschung mit Sitz in Bonn.
Intellectual Property	Schutzfähiges, geistiges Eigentum.
Instagram	US-amerikanischer Onlinedienst zum Teilen von Fotos und Videos.
IPTC	International Press Telecommunications Council. Auch: Standard zur Integration von Textinformationen in Bild-Metadaten.

K

KMU	Kleine und mittelständische Unternehmen.
KUG	Auch: KunstUrhG. Gesetz betreffend das Urheberrecht an Werken der bildenden Künste und der Photographie.

L

LinkedIn	US-amerikanisches Business-Netzwerk.
Litigation-PR	Prozessbegleitende Öffentlichkeitsarbeit.

M

Matrixfrage	Teilfragen mit skalierter Wertung. Durch die vertikale Anordnung der Fragen und der horizontalen Anordnung der skalierten Antworten ergibt sich eine Matrix.
Meta-Daten	Informationen zu Eigenschaften von Daten, zum Beispiel bibliographische Informationen oder technische Eigenschaften von Fotos und Filmen.
Model-Release	Vertrag mit Personen zur Einräumung von Abbildungsrechten auf Fotos oder in Filmen und zur Regelung der diesbezüglichen Nutzung des Bildmaterials.

O

Omnibus-Befragung	Mehrthemen-Befragung eines Marktforschungsinstituts mit der Möglichkeit eigene Fragen einzugliedern.
Onboarding	Einstellungs- und Einarbeitungsprozess von MitarbeiterInnen im Unternehmen.
„One Voice" / „Single-Voice"	Beschränkung der externen Kommunikation auf eine/n oder wenige offizielle UnternehmenssprecherInnen.
Off-Sprecher	Film-Begriff zum Einsatz einer Stimme, deren Person nicht im Bild zu sehen ist.

P

Panoramafreiheit

In Deutschland gültige Einschränkung des Urheberrechts, die FotografInnen und FilmerInnen erlaubt, von öffentlichen Plätzen und Wegen aus auch Werke zu fotografieren und filmen, die urheberrechtlich geschützt sind.

PC

Personal Computer.

PDF

Portable Document Format. Datenformat zum plattformübergreifenden Dateiaustausch.

Pinterest

US-amerikanisches Soziales Netzwerk, das die Idee einer internetbasierten Pinnwand verfolgt.

Pool

Bilderpool oder Bilddatenbank. Zentrale, heute meist elektronische Sammlung von Fotos, Grafiken oder Videomaterial.

PR

Presse- und Öffentlichkeitsarbeit, engl. Public Relations.

S

Screenshot

Bildschirmfoto. Bilddatei des gesamten Inhalts oder Ausschnitten eines Computerbildschirms.

Second Life

Ehemals populäres US-amerikanisches Soziales Netzwerk mit einer, von den NutzerInnen zu pflegenden virtuellen Welt.

Server

Webserver. Technische Einrichtung zum Hosten und Ausliefern von Webseiten, digitalen Fotos und Videos sowie Online-Kommunikationsangeboten.

Sharing

Funktionen zum Teilen von Inhalten mit anderen NutzerInnen des Internets, insbesondere einer Social-Media-Plattform.

Shitstorm

Sich lawinenartig verbreitende Kritik im Internet.

Shooting

Foto- und Filmaufnahmen.

Smartphone

Mobiltelefon mit Internetzugang und Funktionen eines Computers und einer Fotokamera.

Social-Channel / -Media

Online-Gemeinschaftsplattformen wie Facebook, Google+, Youtube, Instagram, Pinterest, Twitter u.a.

Statement	Erklärung, Äußerung oder Stellungsnahme.
Stock-Agentur	Bildagentur, die NutzerInnen Fotos, Grafiken und Videos einer Vielzahl an UrheberInnen zur Lizensierung anbieten und dabei oft Suchmaschinen-Funktionen, Zahlfunktionen und Vertrags-Clearing anbieten.
Story-Board	Visuelles Drehbuch für Foto- und Filmaufnahmen.
Streaming	Technologie für Liveübertragungen und gepufferte Echtzeit-Auslieferung von Filmen im Internet.

T

Tablet	Flacher, mobiler Computer mit berührungsempfind-lichem Bildschirm anstele einer Tastatur.
Tutorial	Gebrauchsanleitung, Trainings-Unterlagen.
TV	Television. Fernseh-Stationen. Fernseh-Branche.
Twitter	US-amerikanische Kurznachrichten-Plattform.

U

UrhG	Gesetz über Urheberrecht und verwandte Schutzrechte.
UWG	Gesetz gegen den unlauteren Wettbewerb.

V

Video	Digitale Bewegtbild-Produktionen oder -Dateien.
VIP	Very Important Person. Stars und prominente Persönlichkeiten.
Viral / Virales Marketing	Dynamische Weiterverbreitung einer „gesäten" Information oder Marketing-Botschaft über MultiplikatorInnen, bei Sozialen Medien von NutzerInnen zu NutzerInnen.
Vimeo	US-amerikanisches Videoportal, das auf FirmenkundInnen und Profi-FilmerInnen spezialisiert ist.
Voiceover	Journalistische Praxis, Original-Stimmen statt fremdsprachig zu Synchronisieren mit einer übersetzten Sprachaufnahme zu überlagern.

W

Webinar — Web-Seminar, Im Internet übetrragenes Seminar mit reinen Online-TeilnehmerInnen.

WIPO — World Intellectual Property Organization, Weltorganisation für geistiges Eigentum mit Sitz in Genf.

X

XING — Deutsches Business-Netzwerk, ehem. „OpenBC".

Y

YouGov — Britisches Marktforschungsinstitut.

Youtube — Weltweit bei PrivatnutzerInnen wie Unternehmen populäres, US-amerikanisches Internet-Videoportal und die zweitgrößte Internet-Suchmaschine.

Hinweise

a) Die Grafiken in dieser wissenschaftlichen Arbeit übernehmen jeweils die Original-Rechtschreibung der ausgewerteten empirischen Erhebungen. Diese weicht daher in einzelnen Fällen von der Rechtschreibung des Verfassers im Textteil dieser Master–thesis ab.
Beispiel: Social Media (Umfrage) vs. Social-Media (Verfasser).

b) Die neue deutsche Rechtschreibung findet Anwendung. Im Sinne einer gendergerechten Sprache nutzt der Verfasser regelmäßig die verkürzte Paarform. Die autorisierten Transkriptionen der ExpertInnen-Interviews sind hiervon ausgenommen. Ebenso die Grafiken, die sich an den Original-Fragebögen und Ergebnisbänden orientieren, selbst wenn dort teilweise keine geschlechtergerechte Sprache verwendet worden ist.

c) In der in Kapitel 5.4.3. ausgewerteten empirischen Untersuchung mit quantitativer Methode gliedert sich die 8-stufige Matrixfrage 3 in die Teilfragen 3.1 bis 3.9 – die Teilfrage 3.3 ist nicht in die Auswertung des Verfassers eingeflossen, da es sich um eine methodische Füllfrage des Omnibus-Umfrage-Dienstleisters YouGov gehandelt hat.

d) Die den Transkriptionen der ExpertInnen-Interviews im Anhang, Kapitel 8.2, vorangestellten Kurzprofile (Vita) der ExpertInnen wurden von diesen im Rahmen der Autorisierung zwingend vorgegeben und sind daher teilweise wortgleich auf den offiziellen Webseiten und in weiteren Publikationen der Anwaltskanzleien oder Unternehmen zu finden. Der Verfasser hat hier, im Sinne der Absprachen mit den ExpertInnen, auf eigene Formulierungen verzichtet.

e) Der Begriff „Mittelstand" wird vom Verfasser in dieser Masterthesis im Sinne der KMU-Definition der EU-Kommission und der KMU-Definition des IfM Bonn für kleinste, kleine und mittlere Unternehmen mit einem Jahresumsatz bis 2, 10 oder 50 Millionen Euro angewendet. In der empirischen Analyse wird daher auf die umsatz–seitige Unternehmensgröße und nicht auf einen Mittelstandsbegriff im Sinne von „familiengeführtes Unternehmen" abgehoben.

1. Einleitung

1.1 Problemstellung

Unternehmen begegnen heute der Herausforderung, dass in ihrer Kommunikation neben verständlichen und überzeugenden Botschaften in Worten vor allem visuelle Elemente wie Grafiken, Fotos und Videos gefragt sind. Die Gründe hierfür sind vielfältig. Dass Bilder mehr als Worte sagen, weiß schon der Volksmund und ist Grundlagenwissen im Marketing. Wissenschaftlich wird die starke Wirkung von Bildern mit ihrer Wirkungsgeschwindigkeit erklärt: Die visuelle Wahrnehmung erfolgt beim Menschen rasant schnell, daher können Inhalte über Bilder zügiger vermittelt werden als in Wort und Schrift. Hinzu kommt der Faktor der Emotionalität.[1]

Der innovationsorientierte Mittelstand hat eine lange Tradition in der Erstellung von technischen Dokumentationsfilmen und entdeckt in den letzten Jahren, nicht zuletzt aufgrund des Siegeszuges des E-Commerce, die Bedeutung von Bildern und Videos auch in der Markenführung sowie in der täglichen Produkt-Kommunikation: vom Erklärvideo auf Social-Channels wie Youtube bis hin zu multimedialen Komponenten in Onlinekatalogen und Onlineshops. Der rasante Wandel in der Medienlandschaft und die Entstehung neuer Disziplinen wie Content-Marketing erfordern verdichtete, teilbare visuelle Kommunikations–formen, die sich im Erfolgsfall rasend schnell viral verbreiten.

Für den Mittelstand eröffnen sich durch den Einsatz visueller PR-Kommunikation große Chancen, unter anderem etwa durch die effiziente und kostengünstige Adressierung von internationalen Märkten. Nicht zuletzt geschieht dies aufgrund der kontinuierlich sinkenden Produktionskosten für hochwertigen Content. Gleichzeitig steigen aber mindestens ebenso rasant die Anforderungen an immer bessere und aufwendigere Bilder. Und es existieren auch rechtliche Anforderungen, die die Mittelständler und ihre kommunikationsverantwortlichen MitarbeiterInnen oft vor große Herausforderungen stellen. Anders als Konzerne mit ihren großen Rechtsabteilungen und Marketingteams ist es für den Mittelstand schwierig, bei der Produktion von visuellen Kommunikationselementen für ausreichende Rechtssicherheit zu sorgen. Schließlich kennt das Internet keine Grenzen und auch keine vorher festzulegenden

---

[1] Vgl. Johanssen (2014) in Zerfaß/Piwinger (Hrsg.), S. 832.

Auflagen oder Reichweiten. Bei der Vertragsgestaltung mit FotografInnen, GrafikerInnen und VideoproduzentInnen oder bei der Lizensierung von Footage-Material ist daher deutlich mehr Sorgfalt und Aufwand erforderlich. Insbesondere Rechtssicherheit für die Persönlichkeitsrechte von Modellen und MitarbeiterInnen auf Fotos und Videos lässt sich immer schwerer etablieren, da die heutige virale Verbreitung von Kommunikationsinhalten mit Sublizensierungen an vorher unbekannte Dritte gleichzusetzen ist.

Aber es eröffnen sich auch rechtliche Chancen für den Mittelstand, der stets darauf bedacht sein muss, seine Innovationen zu schützen. So wie seit jeher Messeauftritte wichtig für den Markenschutz oder den Patentschutz sein können, sind visuelle und multimediale Kommunikationselemente geeignet, frühzeitig das geistige Eigentum zu beanspruchen, zu dokumentieren und zu schützen.

1.2 Zielsetzung und Forschungsfrage

Diese wissenschaftliche Arbeit untersucht den Einsatz visueller PR- und Marketingkommunikation im Mittelstand und analysiert, ausgehend von sich rasant wandelnden technischen Rahmenbedingungen, einer Medienlandschaft im Umbruch, neuen sozialen Kommunikationskanälen und sehr heterogenen Rechtsumfeldern, speziell die rechtlichen Chancen und Herausforderungen. Daraus ergibt sich folgende Forschungsfrage:

Welche rechtlichen Chancen und Herausforderungen stellen sich dem Mittelstand beim Einsatz der visuellen Kommunikation in der veränderten Unternehmenskommunikation und der dabei benutzten Kommunikationskanäle?

1.3 Methodik

Zur Beantwortung der Forschungsfrage werden die folgenden methodischen Vorgehensweisen verwendet: Neben einer grundlegenden Literaturrecherche wird eine Befragung zur Bedeutung der visuellen PR-Kommunikation und zu den rechtlichen Rahmenbedingungen in einer repräsentativen Stichprobe durchgeführt.

Diese quantitativ ausgelegte empirische Untersuchung soll Erkenntnisse liefern über die Etablierung der visuellen Marketinginstrumente. Dabei soll sie Auskunft geben über ihre heutige und ihre künftige Bedeutung, ihre Notwendigkeit sowie über die Sensibilisierung der Unternehmen für die rechtlichen Chancen und Herausforderungen. Zu diesem Zweck wurden 503 UnternehmensentscheiderInnen befragt. Dabei werden abhängig von der Unternehmensgröße auch eventuelle Ergebnisabweichungen untersucht.

Als dritte Säule werden anschließend ExpertInnen-Interviews durchgeführt. Zu den ausgewählten ExpertInnen gehören EntscheiderInnen und Kommunikationsverantwortliche aus dem Mittelstand, ein Spezialist und Dienstleister für visuelle Kommunikation sowie auf die relevanten Rechtsordnungen spezialisierte Wirtschafts- und MedienanwältInnen. In dieser qualitativen empirischen Erhebung werden im Gespräch mit ExpertInnen die für den Mittelstand erfolgskritischen Aspekte herausgearbeitet und die Ergebnisse der vorangegangenen quantitativen Umfrage diskutiert.

Auf Basis dieser drei Säulen – Literatur, Befragung einer repräsentativen Stichprobe im Mittelstand sowie Interviews mit ExpertInnen – erfolgt abschließend meine Conclusio.

1.4 Aufbau der Arbeit

In Kapitel 2 dieser Arbeit werden Entstehungsgeschichte, Bedeutung und Ausprägung der visuellen PR-Kommunikation untersucht. Im folgendem Kapitel, Kapitel 3, setzt die Arbeit sich mit dem Wandel in der Unternehmenskommunikation und der Medienlandschaft auseinander, damit verbunden sind auch neue Kanälen für visuelle Kommunikation. Kapitel 4 untersucht die Bedeutung der visuellen PR-Kommunikation für den Mittelstand. Dabei werden ihre Einsatzgebiete, aber auch die Hürden und Widerstände beleuchtet. In einer repräsentativen Erhebung werden Etablierung und Bedeutung visueller Marketinginstrumente aus Sicht von EntscheiderInnen im Mittelstand ermittelt. Diese Ergebnisse werden anschließend in ExpertInnen-Interviews reflektiert. In Kapitel 5 stehen die rechtlichen Rahmenbedingungen im Mittelpunkt. Nach einem Überblick der betroffenen Rechtsordnungen setzt die Arbeit sich mit den konkreten rechtlichen Herausforderungen, aber auch den Chancen für den Mittelstand beim Einsatz visueller Kommunikation auseinander. Auch hierzu erfolgen eine quantitative, empirische Untersuchung sowie ExpertInnen-Interviews. Die Conclusio (Kapitel 6) beschließt diese Arbeit.

2. Grundlagen zum Thema visuelle Kommunikation

2.1 Entstehungsgeschichte

Die visuelle Kommunikation lässt sich mit den ersten Höhlenmalereien von 30.000 v. Chr. bis zu den Anfängen der Menschheit zurückführen.[2] Angesichts babylonischer Sprachenvielfalt haben bildliche Darstellungen immer schon Vorteile in der Informationsvermittlung gehabt. Bis heute schätzen redaktionelle Medien die mögliche Verdichtung durch Bilder. In der Geschichte der visuellen Kommunikation, von den ersten Höhlenmalereien bis zur heutigen Nutzung in den sozialen Medien, spielt die mit der Buchdruckkunst eingeläutete Entwicklung weg von der manuellen Anfertigung hin zur Reproduktion in höheren Auflagen eine wichtige Rolle.[3] Weiterhin sind Veränderungen in Kunst und Kultur, aber auch des Handels und damit verbunden in der Werbung, stets in Wechselwirkung mit der Entwicklung der visuellen Kommunikation getreten.[4]

2.2 Bedeutung für die Unternehmenskommunikation

In der Unternehmenskommunikation werden visuelle Kommunikationsinstrumente selten isoliert eingesetzt, sondern sind ein verstärkender Teil eines Kommunikations-Mixes aus Text, Sprache, Bildern und Tönen.[5] Sie sind dabei ebenfalls Bestandteil des Kommunikationsdesigns, das sich in Public-Relations-Mittel, Marktkommunikationsmittel und Organisationsmittel aufgliedert.[6] Die visuelle Kommunikation dient Unternehmen bei einer strategisch angelegten Vermittlung ihrer Botschaften. Dabei nutzen sie verschiedene visuelle Kommunikationsinstru–mente und –formen, um unternehmerische oder außerökonomische Ziele zu erreichen.[7]

---

[2] Vgl. Müller/Geise (2015), S. 13.
[3] Vgl. Berzler (2009), S. 107.
[4] Vgl. Müller-Brockmann (1971), S. 6.
[5] Vgl. Schicha/Vaih-Baur (2015) in Lies (Hrsg.), S. 488, online.
[6] Vgl. Berzler (2009), S. 237.
[7] Vgl. Berzler (2009), S. 241.

2.3 Fotos

2.3.1 Allgemein

Seit der Weiterentwicklung der Fotografie im späten 19. Jahrhundert und der Einführung immer mobilerer, filmbasierter Kameras zu Beginn des 20. Jahrhunderts etablierte sich das Foto nicht nur in der journalistischen Berichterstattung[8], sondern auch schrittweise in der Unternehmenskommunikation, wenngleich in der Werbung noch lange Zeichnungen dominierten. In der analogen Fotografie gab es einen klaren Qualitätsunterschied zwischen der aufwendigen und teuren Profi-Fotografie mit Mittelformat-Kameras, Studio-Lichttechnik und handoptimierten Fotoabzügen im eigenen Labor der FotografInnen und der massentauglichen, preiswerten Kleinbildfotografie mit Standard-Abzügen aus dem Großlabor. Die journalistische Reportage-Fotografie hat diese Grenzen immer mehr verwischt. Doch für Unternehmen gab es bei einer professionelle, fotobasierte Kommunikationsarbeit nur die Wahl zwischen der Beauftragung externer Profi-FotografInnen oder der Investition in eigene HausfotografInnen samt Labor.

Die digitalen Möglichkeiten zur Fotoverarbeitung in den achtziger Jahren des 20. Jahrhunderts und die Einführung digitaler Profi-Kameras in den neunziger Jahren haben eine massive Veränderung mit sich gebracht. Je besser die digitale Kameratechnik wurde, umso weniger lichttechnischer Aufwand musste beim Shooting vorgenommen werden. Und je besser die Optimierungsalgorithmen in den Kameraprogrammen und die computerbasierte Nachbereitung werden, umso preiswerter können auch GelegenheitsfotografInnen zumindest aus technischer Sicht professionelle, in der Unternehmenskommunikation verwendbare Fotos erzeugen.[9]

Das ein „gutes" Foto aus künstlerischer Sicht mehr als eine hochwertige Technik benötigt, hat sich allerdings nicht geändert. Die Digitalisierung und auch die mit dem Internet verbundenen neuen Möglichkeiten zur preiswerten Veröffentlichung und Verbreitung der Fotos haben aber dazu geführt, dass auch kleinste Unternehmen heutzutage die Möglichkeiten der visuellen Kommunikation nutzen können.

---

[8] Vgl. Schicha/Vaih-Baur (2015) in Lies (Hrsg.), S. 480, online.
[9] Vgl. Sammer/Heppel (2015), S. 14.

2.3.2 Nachrichtliche Fotos

Nachrichtliche Fotos von Unternehmen können von der Eröffnung eines neuen Logistik–
zentrums, dem ersten Elektroauto im Fuhrpark bis hin zum Besuch eines Politikers auf dem
Messestand reichen. Es werden dabei journalistische Kriterien beachtet. Ein nachrichtliches
Foto ist daher nie ein inszeniertes oder nachgestelltes Werbebild.

Abbildung 1: Bundesminister Dobrindt und Ericsson unterzeichnen Absichtserklärung.
Quelle: Ericcson GmbH (2016): presseportal.de (17.11.2016)

2.3.3 Feature-Fotos

Feature-Fotos sind Reportage-Bilder. Sie begleiten und verstärken einen journalistischen Text
oder transportieren im Idealfall die Story auch ohne einen begleitenden Text. Diese sehr
journalistische Art der Fotografie wird in der Unternehmenskommunikation auch gerne
verwendet, um Geschichten über Qualität und Mehrwert der eigenen Produkte und
Dienstleistungen in eingängiger, visueller Art und Weise zu vermitteln.[10] Dabei werden die
BetrachterInnen zu BeobachterInnen authentisch wirkender Geschichten über die Herstellung
der Produkte, aus der Logistik oder dem Vertrieb und natürlich vor allem über die Nutzung
durch KundInnen. Im Gegensatz zu Marketingfotos ist die Kamera bei Feature-Fotos immer in
der Beobachterrolle. Protagonisten schauen also nicht direkt in die Kamera, sondern scheinen
diese nicht zu bemerken.

---

[10] Vgl. Weinberg (2014), S. 395.

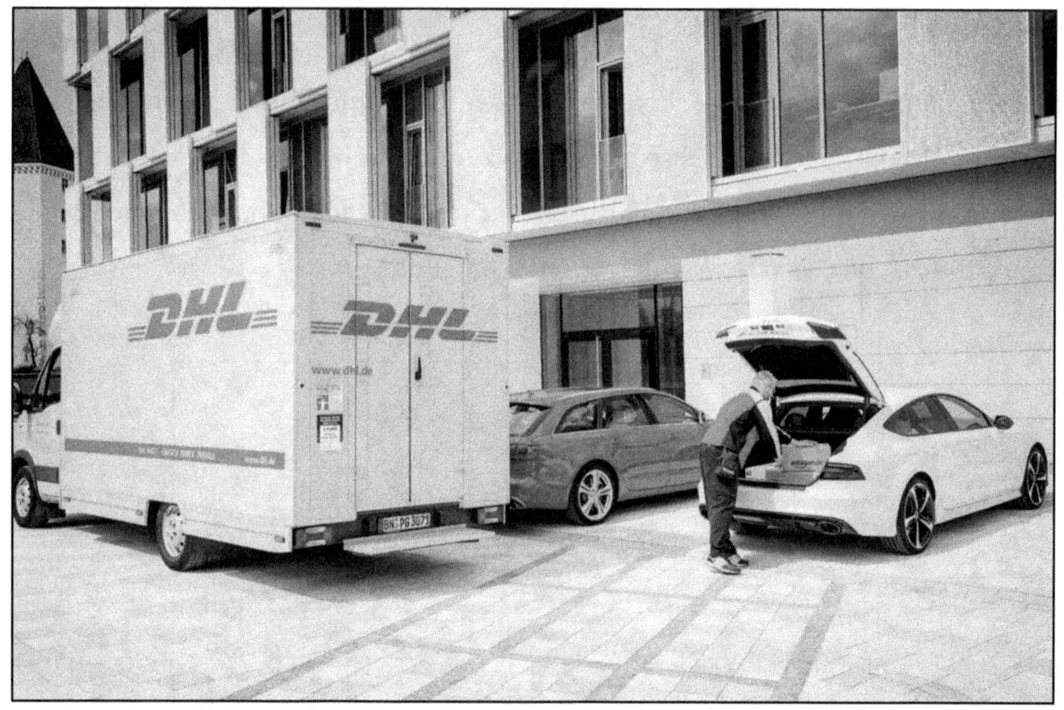

Abbildung 2: Audi liefert mit DHL und Amazon das Komfort-Paket.
Quelle: Audi AG (2015): presseportal.de (20.09.2016)

2.3.4 Portraits

Die Portrait-Fotografie findet in der visuellen Marketingkommunikation vor allem bei Bildern mit Vorständen, GeschäftsführerInnen und ManagerInnen ihre Anwendung. Meist sollen diese UnternehmenslenkerInnen und Führungskräfte dabei je nach Unternehmen, Branche und Zielgruppe entweder durchsetzungsstark, verantwortungsvoll, vertrauenserweckend oder sympathisch erscheinen.

2.3.5 Produktabbildungen

Die Produktfotografie grenzt sich von der Feature-Fotografie schon dadurch ab, dass der gesamte Fokus auf dem Produkt liegt. Meist sind keine Personen mit im Bild und wenn, nur in der Bildunschärfe oder reduziert auf ihre Hand am Produkt. Das Produkt wird möglichst detailgenau und wertig abgebildet. Insbesondere einzigartige oder herausragende Produkt–eigenschaften oder Materialien werden hervorgehoben. Trotz aller technischen Möglichkeiten zur Bildnachbearbeitung sind die Beleuchtung und die Bilddramaturgie der Produktfotografie eine Aufgabe für SpezialistInnen. Ein sehr hoher Aufwand wird dabei zum Beispiel in der Food-Fotografie betrieben.

2.3.6 Image- und Werbefotos

Im klassischen Marketing werden Image- und Werbefotos so „hochglänzend" inszeniert, dass sie nicht mehr natürlich wirken. Dennoch erzielen diese Bilder, bei denen viel mit Filtern, Licht und in der Postproduktion aufgehübscht wird, eine positive Wirkung bei den BetrachterInnen. Zumindest solange die Unternehmen und ihre Agenturen es bei der Verschönerung der Wirklichkeit nicht übertreiben. Werbebilder aus Asien könnten beispielsweise hierzulande als unnatürlich und künstlich abgelehnt werden. Umgekehrt ist zu vermuten, dass AsiatInnen unsere Marketingsprache als zu nüchtern empfinden.

2.4 Videos

2.4.1 Allgemein

Bewegtbild-Kommunikation der Unternehmen findet heutzutage weitestgehend in Videos statt. Die digitale Videotechnik hat nicht nur die Anschaffungskosten für diese Technik und damit in Folge die Produktionskosten drastisch gesenkt, sondern auch eine preiswerte Veröffentlichung und Distribution über das Internet und in den Sozialen Medien ermöglicht.[11]

2.4.2 Dokumentationsvideos

Dokumentationen sind ein beliebtes Bewegtbildformat, wenn außergewöhnliche Projekte über einen längeren Zeitraum begleitet oder ein komplexer, mehrstufiger Herstellungsprozess eines Produktes erklärt werden soll. Videos sind hier gegenüber Fotos im Vorteil, da sie auch den Ton transportieren, sich Statements beteiligter MitarbeiterInnen und animierte Infografiken einbauen lassen. Über den Spannungsbogen zwischen Herausforderung und Lösung wird bei den BetrachterInnen Bewunderung für die Kompetenz und Souveränität der handelnden MitarbeiterInnen, die technische Überlegenheit der Fertigungsmethoden oder die architektonischen Alleinstellungsmerkmale eines Gebäudes erweckt. So zahlt visuelle Kommunikation auf das Image des Unternehmens positiv ein.

---

[11] Vgl. Sammer/Heppel (2015), S. 153.

2.4.3 Unternehmensvideos

Unternehmensvideos sind eine Art filmischer Imagebroschüre eines Unternehmens. Sie transportieren die Geschichte des Unternehmens, seine Mission und Vision, die Unternehmensphilosophie und -kultur, seine Alleinstellungsmerkmale sowie das Spektrum an angebotenen Produkten und Dienstleistungen. Häufig werden aufwendiger produzierte Unternehmensvideos zu Firmenjubiläen erstellt, aber auch bei Eintritten in neue Länder und Märkte, bei Börsengängen oder zur Unterstützung der PR-Arbeit. UnternehmensgründerInnen, langjährige MitarbeiterInnen, aktuelle ManagerInnen und prominente KundInnen sind gerne genutzte, vertrauensbildende ProtagonistInnen oder GesprächspartnerInnen in solchen Filmen.

2.4.4 Interviews und Statements

Während kurze Videostatements von Unternehmens-RepräsentantInnen und MitarbeiterInnen oft in Dokumentations- und Unternehmensvideos eingebaut werden, haben sich etwas längere Statements in Zeiten von Youtube und Social-Media als eigene Kommunikationsform etabliert. Sie sind vor allem bei Prominenten, SportlerInnen und MeinungsmacherInnen beliebt. Unternehmen scheuen diese Herausforderung, weil ein solches, alleinstehendes Statement in anderem Kontext missverstanden werden oder auch rufschädigend umgeschnitten werden könnte. Das umfassendere Interview, bei dem die Statements gezielte Antworten auf Fragen darstellen, ist daher immer noch die etablierteste Form, in der Meinungen und Positionen eines Unternehmens mit Hilfe visueller Kommunikation veröffentlicht werden.

Abbildung 3: Interview Volkmar Denner (CEO Robert Bosch GmbH).
Quelle: Bosch eBike Systems (2015): youtube.com (4.12.2016)

Gegenüber dem klassischen Textinterview bietet das filmische Interview Vorteile, aber auch Risiken. Bei einem Video achten Betrachter nicht nur auf die inhaltlichen Argumente der befragten ManagerIn oder MitarbeiterIn, sondern auch auf deren Stimme, Mimik und Körpersprache. Ein souverän gemeistertes Videointerview kann daher mehr positive Reaktionen auslösen als ein gedrucktes Interview. Die Gefahr, dass aber das Auftreten der Interviewten – und sei es nur aufgrund von Lampenfieber oder Stress – ihre inhaltlich überzeugenden Argumente und Aussagen entwerten oder überstrahlen, ist groß.

2.4.5 Produktvideos

Videos von Produkten besitzen, vergleichbar mit Produktabbildungen, einen klaren Fokus auf ein einzelnes Produkt, seine Details und Ausstattung sowie seine Alleinstellungsmerkmale. Mit Hilfe von Bewegtbild lässt sich beispielsweise der Faktor Zeit besser abbilden als bei einem Foto. Wenn ein Mixer einen besonders starken Motor hat und in zehn Sekunden einen Smoothie erzeugt, dann lässt sich das in einem Video besser zeigen als mit einer Produktabbildung. Wenn dieser Mixer sich dabei jedoch bewegt oder mit lauten Geräuschen verbunden ist, dann kann ein authentisches Produktvideo auch negative Empfindungen bei den BetrachterInnen auslösen. Daher wird bei Produktvideos ein hoher Aufwand betrieben und durch geschickte Bildausschnitte, einem dramaturgischen Filmschnitt, Lichteffekten und vor allem einer bearbeiteten Tonspur ein Ergebnis erzielt, dass die Aufmerksamkeit des Betrachters auf begeisternde Aspekte des Produktes richten und von negativen Begleitaspekten ablenken soll.

2.4.6 Erklärvideos

Erklärvideos erfreuen sich, ähnlich wie Infografiken, zunehmender Beliebtheit in der visuellen Unternehmenskommunikation. In zwei bis drei Minuten werden auf spielerische Art und Weise komplexe Prozesse und Lösungen oder Dienstleistungen und Serviceangebote erklärt. Das Erklärvideo lässt sich ideal auf Webseiten, aber auch auf den eigenen Social-Media-Kanälen einsetzen und stellt für viele EmpfängerInnen einen einfachen Einstieg in das Thema dar, bevor sie sich dann – bei gewecktem Interesse – ausführlicher informieren. Gegenüber der Infografik hat das Erklärvideo den Vorteil, dass Off-SprecherInnen für eine entspannte Grundatmosphäre sorgen, anregende Musik zum Einsatz kommt und die Bewegtbild-Animationen weniger komplex sein müssen, da einzelne Prozessschritte hintereinander gezeigt werden. Oft nutzt ein

Erklärvideo cartoonartige, animierte HeldInnen. Erklärvideos lassen sich zudem einfach in mehrere Sprachen adaptieren.

Abbildung 4: IntelliShop eCommerce Plattform: "Der Workshop".
Quelle: IntelliShop AG (2013): youtube.com (18.01.2017)

2.4.7 Werbevideos

Werbevideos sind in ihrer Länge und Dramaturgie für den Einsatz als TV- oder Kinowerbung oder bei Messen und am „Point-of-Sale" optimiert. Aus Kostengründen für die zu buchende Werbezeit sind sie meist sehr kurz gehalten. Deshalb müssen sie in wenigen Sekunden die gewünschte Aufmerksamkeit erzielen und Werbebotschaft transportieren. Diese können dabei nicht nur sachliche Argumente benutzen, sondern auch emotional und damit schnell eingänglich sein.[12] Die produktionstechnischen Anforderungen an ein erfolgreiches Werbevideo sind daher sehr hoch. Für die BetrachterInnen bewirkt ein Zusammenspiel aus raffiniert geschnittenen Filmsequenzen, On- und Off-Stimmen, Musik sowie Text- und Grafikeinblendungen, ein visuelles Kommunikationserlebnis. Dieses bleibt idealerweise solange in Erinnerung, bis es die Gelegenheit zur Kaufentscheidung gibt. Im Fall von Bierwerbung kann ein solches Werbevideo aber auch einen unmittelbaren Konsum anregen. Die Absicht des Einsatzes eines Werbevideos ist primär die Verkaufsförderung. Herausragende Werbevideos können sich auch auf Sozialen Video-Plattformen viral verbreiten und eine nicht unbeträchtliche zusätzliche, kostenlose Reichweite erzielen.[13]

---

[12] Vgl. Meffert/Burmann/Kirchgeorg (2014), S. 591.
[13] Vgl. Weinberg (2014), S. 351.

2.5 Logos und Infografiken

2.5.1 Logos (Bild- und Wort-Bildmarken)

Unternehmens- oder Markenlogos sind wichtige Elemente des Corporate Designs und dienen primär dem Wiedererkennungseffekt. Formen und Farben spielen dabei eine wichtige Rolle, ebenso wie Schriftarten. Bei der Logoentwicklung ist vieles zu beachten, nicht zuletzt die Einsatzfähigkeit in den verschiedensten Kommunikationskanälen und Medien.[14] Vom Brief–papier über ein Werbemittel bis hin zum Videoeinsatz oder einer Sachertorte mit Logo zu Weihnachten soll der Einsatz möglich sein. Das Logo soll mit seiner Form und Farbe die Unternehmensmission unterstützen und als einzigartig und verkaufsfördernd wahrgenommen werden. Und nicht zuletzt soll das Logo schutzfähig sein. Dabei wird zwischen reinen Bildmarken und Wort-Bildmarken entschieden.

2.5.2 Infografiken

Infografiken werden vornehmlich in eigenen Kundenmagazinen oder in der PR-Kommu–nikation eines Unternehmens eingesetzt, da Medien diese informative und serviceorientierte Illustrationsart gerne übernehmen. Aber auch auf den eigenen Internetseiten sowie den Social-Media-Plattformen sind Infografiken ein effizientes, visuelles Kommunikationswerkzeug, um Zahlen, Daten und Fakten, Prozessabläufe, Technologien oder sonstige komplexe Zusam–menhänge auf einen Blick verständlich zu machen. Das Erstellen einer Infografik setzt Erfahrung der DesignerInnen mit diesen Illustrationen und ein detailliertes Briefing voraus. Da im Gegensatz zum Erklärvideo die Tonspur fehlt und prozessuale Abläufe nicht hintereinander gezeigt werden können, muss die Infografik verschiedene Informationsdimensionen in einem Grafikkonzept vereinen.[15]

---

[14] Vgl. Schäfer (2014), S. 19.
[15] Vgl. Sammer/Heppel (2015), S. 132.

3. Wandel in der Unternehmenskommunikation

3.1 Veränderungen in der Medienlandschaft

Die Medienlandschaft befindet sich seit der Etablierung von internetbasierten Onlinemedien und dem Erfolg von Social-Media in einer starken Veränderung.[16] Die technische und finanzielle Hürde, ein neues Medium aufzubauen, ist deutlich gesunken, da zum Publizieren das Drucken und der Pressevertrieb nicht mehr notwendig sind und auch das audiovisuelle Senden nicht mehr nur großen TV-Sendeanstalten vorbehalten ist. Umgekehrt wird es immer schwieriger auf die ehemals gewohnten Reichweiten zu kommen, die für eine Re-Finanzierung von großen, professionellen Redaktions- und Verlags- oder Senderstrukturen notwendig sind.

Das Internet hat mit seiner performancebasierten Werbekostenstruktur dafür gesorgt, dass viele Unternehmen zurückhaltender mit Ausgaben für klassische Anzeigenwerbung geworden sind und die Budgets in Richtung Suchmaschinenwerbung oder eigenen Corporate Publishing-Angeboten abgewandert sind. Daraus resultierende Versuche von Verlagen und Sendern, bei den Redaktionskosten zu sparen, etablierte Qualitäts- und Produktionsprozesse zu verschlanken und eigene Online- oder Social-Media-Angebote aufzubauen, haben in gewisser Weise zu einem Teufelskreis geführt. Denn sie sind mit sinkender journalistischer Qualität und rückläufigen Reichweiten für die eigenen publizistischen Kernmarken einhergegangen. Da sich die Finanzierung über Onlinewerbung oder Bezahlschranken noch immer als schwierig erweist, sind mittlerweile Redaktionen auf ein Minimum geschrumpft. Viele Medien kämpfen nicht nur um ihr Profil, sondern auch ums Überleben.

Gleichzeitig verändert sich auch der Medienkonsum, so dass insbesondere junge Menschen immer weniger Print und TV konsumieren, sondern ihre Informationen weitestgehend über Smartphone, Tablet oder PC aus dem Internet beziehen. Lediglich das Segment der zahlreichen vertikalen Fachmedien für die verschiedenen Branchen hinkt dieser Entwicklung in doppelter Hinsicht hinterher. Da man dort das Internet lange ignoriert hat, konnten viele Fehler der großen Publikumsmedien vermieden werden. So ist es ihnen gelungen, den eigenen wertvollen redaktionellen Content nicht in der verbreiteten Gratiskultur des Internets zu verschenken oder abzuwerten.

---

[16] Vgl. Schindler/Liller (2014), S. 50.

3.2 Veränderungen durch Social-Media und Onlinemedien

Onlinemedien haben zu einer höheren Geschwindigkeit von Veröffentlichungen geführt, umgekehrt aber auch journalistische Standards für Recherche und Faktencheck unterhöhlt und das Medienverhalten der KonsumentInnen nachhaltig verändert. Typischerweise finanzieren sich Onlinemedien über Werbung und setzen daher auf Klicks als „Währung". Eine Werbebuchung nach Reichweite mit sogenannten Tausend-Kontakt-Preisen findet kaum noch statt. Die Medien sind also auf die Interaktion der LeserInnen, das Klicken auf Artikel und das Weiterklicken auf nachfolgende Seiten oder innerhalb von Fotostrecken angewiesen, um den WerbekundInnen eine möglichst zielgruppengerechte, performancebasierte Werbeansprache zu ermöglichen. Dies führt dazu, dass Artikel auch bei seriösen Medien mit immer reißerischeren, „klickstarken" Headlines angekündigt werden, um zumindest schon einmal das Öffnen des Beitrags per Klick zu forcieren. Längere Inhalte werden auf Klickstrecken verteilt und Bilder in klickbaren Bilderstrecken gebündelt. Ein Hin- und Herblättern wird damit für die LeserInnen erschwert. So hat sich durch die Onlinemedien die Länge von Beiträgen und ihre inhaltliche Tiefe reduziert.

Social-Media-Plattformen wiederum haben sich nicht nur disruptiv auf klassische Medien ausgewirkt, sondern beschneiden auch den Erfolg der Onlinemedien. Viele begeisterte Facebook- oder Twitter-NutzerInnen informieren sich über den dort erhältlichen, gefilterten Nachrichtenstrom und lesen und diskutieren nur die verlinkten Kurz-Teaser zu den Medien-Artikeln. Außerdem hat Social-Media jedem User die nochmals vereinfachte Möglichkeit an die Hand gegeben, ohne eigenen Server und ohne eigene native Reichweite eine große Zielgruppe als Freizeit- oder semiprofessionelle „JournalistInnen" mit medialen Inhalten zu adressieren. Dabei spielen visuelle Inhalte wie Fotos und Videos eine sehr wichtige Rolle.

3.3 Veränderte Rolle der Kommunikationsverantwortlichen

Den größten Wandel bewirkt der unaufhaltsame Kontrollverlust der KommunikatorInnen. Denn mittlerweile sind alle MitarbeiterInnen mit Internetzugang und Facebook-Account täglich PublizistInnen. Statt einer „One voice" gilt nun eine „Many-voices"-Realität, die neue Strategien und Kompetenzen der Kommunikationsabteilungen erfordert. KommunikatorInnen in den Unternehmen sind heutzutage nicht mehr primär UnternehmenssprecherInnen. Stattdessen dirigieren sie heute ein ganzes Kommunikations-Orchester, bestehend aus der eigenen PR- und

Marketing-Abteilung, aber auch allen MitarbeiterInnen, die Social-Media- und Business-Plattformen im Internet nutzen.[17] Kommunikationsverantwortliche können in Zeiten von Facebook, Twitter, XING und LinkedIn nicht verhindern, dass ihre MitarbeiterInnen auch zu Firmenthemen posten oder deren Postings zumindest als Stellungnahmen von MitarbeiterInnen des Unternehmens wahrgenommen werden.

Die Trennung von geschäftlicher Kommunikation und einer rein privaten Meinungsäußerung ist mit dem Internet und den Sozialen Medien sehr schwierig geworden. Daher ist es für KommunikatorInnen zielführender ihre KollegInnen zu informieren, zu sensibilisieren und zu schulen, damit diese sich ihrer Verantwortung bewusst sind und bei Veröffentlichungen und Kommentaren im Kontext des Unternehmens die offiziellen Unternehmens-Wordings kennen. Ein Kommunikations-Verbot für MitarbeiterInnen ist nicht mehr durchsetzbar. Doch je mehr interessantes, offizielles Informationsmaterial mit hilfreicher Begleitung durch die professionellen Kommunikationsverantwortlichen zur Verfügung gestellt wird, desto zielführender lassen sich die vielen neuen BotschafterInnen im Sinne der Unternehmenskommunikation einbinden. Insbesondere visuelle Kommunikationsinstrumente wie Fotos, Infografiken und Videos eignen sich dabei sehr gut als Content, den MitarbeiterInnen in den Sozialen Medien in ihren Postings verwenden oder „sharen" können.

3.4 Content Marketing

Aufgrund der in den Kapiteln 3.1 ff. erläuterten Veränderungen in der Medien- und Kommunikationslandschaft gibt es einen großen Bedarf an hochwertigen, journalistischen Inhalten und dabei neue Möglichkeiten für Unternehmen, ihre Kommunikationsbotschaften zu veröffentlichen. Neben dem Corporate Publishing, also der Produktion hochwertiger eigener Kundenzeitschriften oder eigener redaktioneller Online-Angebote durch Unternehmen, umfasst die Kategorie Content Marketing nun auch die Erstellung und Anlieferung von qualitativ hochwertigen, redaktionellen Inhalten. Diese können von den verschiedensten Medien, Sozialen Medien oder Blogs übernommen werden, ohne in die Kategorie Werbung zu fallen. Dieser Content kann vielseitig sein, von der Know-how-Vermittlung über Studien, Tipps und Tricks bis hin zu Reportagen oder Interviews. Das Unternehmen profitiert durch subtile Autoren- und Quellennennung und dadurch, dass es mit seinem hochwertigen Content aktiv zum „Agenda-

---

[17] Vgl. Karmasin/Weder (2014) in Zerfaß/Piwinger (Hrsg.), S. 89.

Setter" werden kann. Beim Content Marketing geht es also nicht um Marketing-Content, sondern um Marketing-Erfolge durch Content. Auch zu einer professionellen Content-Marketing-Strategie gehören visuelle Elemente wie Fotos, Videos oder Infografiken.[18] Auch Videomaterial kann Bestandteil von Content Marketing sein, denn gerade Blogs, aber auch Onlinemedien und Soziale Videoformate haben Bedarf an diesem Content.

3.5 Neue Kommunikationskanäle für die visuelle Kommunikation

Youtube ist die führende Video-Plattform und nach Google die zweit-erfolgreichste Such–maschine. Viele Unternehmen nutzen die Dienste von Youtube als sogenannten Streaming-Server und binden die dort gehosteten eigenen Videos dann auf der Unternehmens-Webseite ein. Das senkt die Kosten zur Nutzung von Bewegtbild erheblich und eröffnet Chancen auf eine erweiterte, weltweite Reichweite.[19] Ein relevanter Wettbewerber von Youtube ist die Plattform Vimeo. Für Fotowelten und Grafiken sind die sozialen Plattformen Instagram und Pinterest neue Distributions-Kanäle, die es ermöglichen, visuelle Themen-Angebote aufzusetzen und über eine virale Verbreitung hohe Reichweiten zu erzielen.[20]

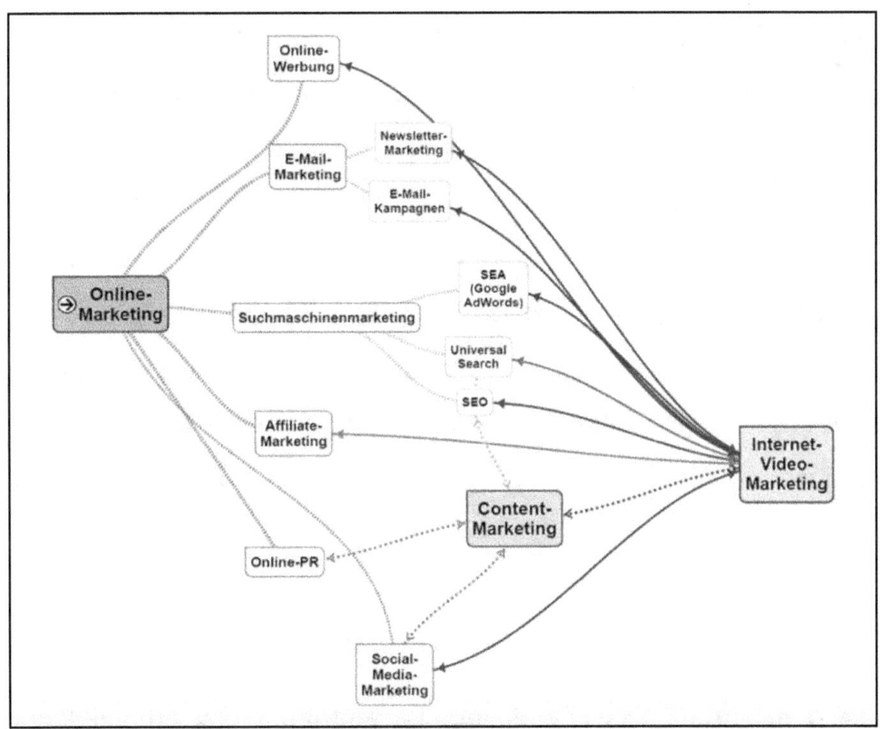

Abbildung 5: Internet-Video-Marketing im Kontext anderer Online-Marketing-Disziplinen. Quelle: Lammenett (2017): Springer Professional, online (14.02.2017)

---

[18] Vgl. Bruhn (2014 a), S. 19.
[19] Vgl. Rau (2014) in Zerfaß/Piwinger (Hrsg.), S. 816.
[20] Vgl. Bruhn (2014 b), S. 1058.

4. Bedeutung der visuellen Kommunikation

4.1 Allgemein

Der Einsatz visueller Kommunikationsinstrumente im Mittelstand hängt nicht zuletzt von der Etablierung und Aufstellung der einzelnen Kommunikationsdiziplinen wie PR, Marketing oder interne Kommunikation in den Unternehmen ab. Der Mittelstand umfasst Unternehmen unterschiedlichster Umsatzgrößen und unterscheidet sich auch noch einmal über eine B2B- oder B2C-Ausrichtung. Eine Einschätzung der Bedeutung der visuellen Kommunikation für den Mittelstand, sowohl aus Sicht der EntscheiderInnen in einer repräsentativen Stichprobe als auch aus Sicht von mittelstandserfahrenen KommunikatorInnen und FachanwältInnen beleuchtet die Ergebnisse dieser wissenschaftlichen Arbeit. Dabei sollen Kommunikations–gesichtspunkte ebenso wie rechtliche Chancen näher betrachtet werden.

4.2 Einsatzgebiete

Visuelle Kommunikation im Mittelstand könnte sowohl in der PR als auch im Marketing in Richtung InteressentInnen und NeukundInnen stattfinden, im Bestandskunden-Marketing so–wie in der internen Kommunikation gegenüber MitarbeiterInnen und VertriebspartnerInnen. In vielen Branchen gehören Mittelständler nicht zu den Marken, die regelmäßig signifikante Budgets in TV- oder Kinowerbung oder in breitangelegte Print- oder Onlinewerbung investieren. Die Marktansprache erfolgt weniger emotional und mit mehr Informationstiefe, insbesondere in den Technologiebranchen und im B2B-Business. Eine Hypothese könnte daher sein, dass weniger Image- und Werbefotos ebenso wie Werbevideos zum Einsatz kommen, sondern verstärkt Dokumentations- und Produktvideos, Interviews, Feature-Fotos und Pro–duktfotos. Dies wird in der quantitativen, empirischen Erhebung dieser wissenschaftlichen Arbeit abgefragt.

4.3 Internationalität

Visuelle Kommunikation hat den Vorteil, dass Fotos und Bewegtbilder erst einmal keine Sprachbarrieren haben und sich Adaptionen selbst von Videos mit Interviews und Statements leicht mit einem Voiceover und Off-SprecherInnen in beliebiger Sprache anfertigen lassen. Andererseits unterscheiden sich international auch die visuellen Gewohnheiten. Bilder oder Videos mit ausschließlich westlichen Gesichtern dürften beispielsweise in Asien als weniger relevant und authentisch wahrgenommen werden – es sei denn, bei den beworbenen Produkten und Lösungen steht beispielsweise gerade die Herkunft „made in Germany" für Qualität und Attraktivität. Dennoch eignen sich visuelle Kommunikationsmittel gut für die Adressierung neuer Märkte und Regionen, da Bilder und Bewegtbilder selbst in einer nur rudimentär lokalisierten Fassung trotzdem schnell verständlich und eingängig sind. Das beweisen seit Jahrzehnten Kinofilme und TV-Serien, aber auch Bildbände und Ausstellungen, die weltweite Verbreitung finden, auch ohne aufwändige Synchronisation und Adaptierung an lokale Besonderheiten.

4.4 Abgrenzung zur Situation im Konzernumfeld

Konzerne verfügen in der Regel über personell und budgetär solide ausgestattete PR- und Marketingabteilungen und sind daher auf der Ressourcenseite gut für eine professionelle Nutzung visueller Kommunikationsinstrumente aufgestellt. Nicht zuletzt, da sie meist über eigene Rechtsabteilungen verfügen, die den KommunikatorInnen bei anfallenden Fragen zu Lizensierung und Urheberrecht helfen können. Der empirische Teil dieser Masterthesis geht auch der Frage nach, ob es Unterschiede zwischen Mittelstand und Konzernen beim Umgang mit visueller Kommunikation gibt und wenn ja, worin dies begründet sein könnte.

4.5 Widerstände und Hürden

4.5.1 Allgemein

Widerstände aus der kommunikativen Praxis werden in den ExpertInnen-Interviews mit mittelstandserfahrenen KommunikatorInnen in dem Kapitel 4.6 analysiert. Hürden zur Nutzung der visuellen Kommunikation, mit denen alle Unternehmen konfrontiert sind, stellen technische, organisatorische und rechtliche Herausforderungen dar.

4.5.2 Technische Herausforderungen

Die Herstellung von Fotos, Videos oder Grafiken für die Kommunikationsarbeit erfordert einen technischen Aufwand, der mit den Arbeitsweisen professioneller Medien vergleichbar ist. War dies bis Ende der neunziger Jahre meist nur durch Beauftragung von FotografInnen, Filmproduktionsfirmen, Grafikbüros oder erfahrenen PR- und Werbeagenturen möglich, so ist dank der Digitalisierung die Kamera- und Postproduktionstechnik heutzutage signifikant preiswerter geworden. Deswegen können sich größere Unternehmen sogar eigene kleine TV-Studios leisten. Professionelle digitale Spiegelreflexkameras und Lichttechnik sind mittlerweile für kein noch so kleines Unternehmen mehr eine Investitionshürde. Die digitale Kameratechnik und die Software für die Nachbearbeitung am Computer verfügen zudem immer mehr über automatische Modi, mit denen auch Laien zumindest technisch beeindruckende Ergebnisse erzielen können.

4.5.3 Organisatorische Herausforderungen

Visuelle Kommunikation ist jedoch nicht nur eine Frage von Technik. FotografInnen sowie Kamerafrauen und Kameramänner wissen um die Wichtigkeit der inhaltlichen und organisatorischen Planung von Fotoshootings und Videodrehs. In allen visuellen Disziplinen, auch bei der Erstellung von Grafiken und Illustrationen, kommt es auf die kreativen Ideen, ein gutes Briefing oder Drehbuch und die Erarbeitung eines Story-Boards an. Selbst wenn Unternehmen für die Produktion ihrer visuellen Kommunikationsinstrumente externe Profi-Dienstleister beauftragen, müssen sie diese intensiv briefen und begleiten. Alleine ein Videodreh oder ein Shooting im Unternehmen erfordert von den Kommunikationsverantwortlichen einen Planungs-, Abstimmungs- und Betreuungsaufwand, der weit über dem Zeitbedarf zur Erstellung von Texten liegt. Zudem sollten die Kommunikationsabteilungen zumindest über ein Team-Mitglied verfügen, das über ausreichende Erfahrung mit visuellen Kommunikationsmitteln verfügt und auf Augenhöhe und „in einer Sprache" mit den kreativen Dienstleistern agieren kann. Und nicht zuletzt sind die Abklärung aller rechtlichen Aspekte, die Postproduktion, Verschlagwortung und Freigabe des Materials sowie dessen Veröffentlichung und Archivierung nicht zu unterschätzende organisatorische Herausforderungen für die KommunikatorInnen in den Unternehmen.

4.5.4 Rechtliche Herausforderungen

Bei der Herstellung und der Nutzung visueller Kommunikationsinstrumente sind vielfältige rechtliche Rahmenbedingungen zu beachten, selbst wenn Unternehmen die Produktion in Eigenregie starten oder einsatzfertiges Material von Agenturen oder Dienstleistern erhalten. Ein urheberrechtlich sauberer Lizenzvertrag, die Einräumung ausreichender Nutzungsrechte und nicht zuletzt die Beachtung der Persönlichkeitsrechte abgebildeter Personen sind die recht lichen Mindestvoraussetzungen für jede visuelle Kommunikation. Diese sind jedoch für juristische Laien nur schwer zu beurteilen und zu erfüllen. Hinzu kommt, dass sich die Rechtsordnungen und ihre Ausgestaltung oder Umsetzung von Land zu Land unterscheiden und daher eine vermeintlich ordentliche Lizensierung bei einer US-amerikanischen Bildagentur nicht unbedingt eine unbedenkliche Nutzung des Materials in Deutschland ermöglicht. Erschwerend kommt hinzu, dass klassische Lizenzgrundlagen wie Verbreitungsgebiet und Auflage in Zeiten von Sozialen Medien und der „Sharing"-Kultur[21], also der viralen Weiterverbreitung von Inhalten, wegfallen. Diese rechtlichen Herausforderungen und der Umgang der mittelständischen Unternehmen damit werden in den Kapiteln 5.4 und Kapitel 5.5. dieser wissenschaftlichen Arbeit empirisch untersucht.

---

[21] Vgl. Bruhn (2014 a), S. 16.

4.6 Empirische Untersuchung mit quantitativer Methode

4.6.1 Stichprobe

Im Oktober 2016 erfolgte die Erhebung in einer repräsentativen Stichprobe mit UnternehmensentscheiderInnen. Da die eigene Durchführung einer solchen Erhebung über das gesamte Spektrum an Branchen und Unternehmensgrößen den zeitlichen Rahmen dieser Arbeit deutlich überschritten hätte, habe ich mich zur Teilnahme an einer etablierten Omnibus-Befragung des weltweit aktiven und in Deutschland seit 1991 tätigen britischen Marktforschungsinstitut YouGov entschieden.

Die verwendeten Daten beruhen auf einer Online-Umfrage der von Verfasser beauftragten YouGov Deutschland GmbH, an der 503 Personen zwischen dem 14.10.2016 und 20.10.2016 teilnahmen. Die Stichprobenziehung erfolgte per Zufall aus der 170.000 Panelisten großen Grundgesamtheit des YouGov Panels Deutschland und berücksichtigt, gemäß den Vorgaben dieser Studie, ausschließlich EntscheiderInnen deutscher Unternehmen aller Unternehmensgrößen. Die resultierende Stichprobe wurde zusätzlich zur Quotierung gewichtet[22], um eine repräsentative Zielverteilung gewährleisten zu können.

Die Ergebnisse dieser ausreichend großen Zufallsstichprobe wurden nach Beschäftigtenanteil pro Unternehmensgröße gewichtet und sind daher repräsentativ für deutsche UnternehmensentscheiderInnen nach Beschäftigtenanteil pro Unternehmensgröße. Dies wurde vom Verfasser dieser wissenschaftlichen Arbeit angestrebt, um mit dieser Stichprobe die Verhältnisse der Gesamtmasse der deutschen Unternehmen und deren statistische Aufteilung in kleinste, kleine, mittlere und große Unternehmen möglichst realistisch abzubilden.[23] Für die Gegenüberstellungen der Ergebnisse der verschiedenen Subgruppen nach Unternehmensgröße habe ich dann die miterhobenen Umsatzgrößen der Unternehmen zugrunde gelegt, um mich an einer umsatzbasierte Einteilung gemäß den KMU-Definitionen von EU und IfM Bonn zu orientieren.

---

[22] Vgl. Häder (2015), S. 182.
[23] Vgl. Sachs (1972), S. 43.

4.6.2 Fragestellung der Erhebung

Die Erhebung umfasst für diesen Themenkomplex eine geschlossene sowie eine Matrixfrage:

Frage 1 (geschlossene Frage)

Welche der folgenden visuellen Marketinginstrumente werden in Ihrem Unternehmen mindestens gelegentlich in der Kommunikation zum Kunden eingesetzt?
(Mehrfachauswahl möglich / erwünscht)

- o Pressefotos mit nachrichtlichem Charakter zu aktuellen Anlässen
- o Reine Produktfotos, bei denen das Produkt im Mittelpunkt steht
- o Feature-Fotos, die eine Geschichte rund um den Einsatz Ihrer Produkte erzählen
- o Fotos, die einen oder mehrere Ihrer Mitarbeiter zeigen

- o Unternehmensvideos
- o Videos mit Interviews und Statements
- o Produktvideos
- o Erklärvideos

- o Infografiken

Diese Frage soll die derzeitige Etablierung wichtiger visueller Marketinginstrumente im Mittelstand ermitteln.

Frage 2 (Matrixfrage)

> Welche der folgenden Einschätzungen rund um die Bedeutung visueller Marketinginstrumente trifft für Ihr Unternehmen zu?
>
> (Skala von 0 bis 10 – „trifft überhaupt nicht zu" = 0 bis „trifft völlig zu" = 10)
>
> - Visuelle Marketinginstrumente helfen wesentlich bei der Vermittlung unserer Inhalte! / Frage 2.1
>
>   ⓪ ① ② ③ ④ ⑤ ⑥ ⑦ ⑧ ⑨ ⑩
>
> - Visuelle Kommunikation (Fotos, Videos, Infografiken etc.) wird von unseren Kunden heutzutage erwartet! / Frage 2.2
>
>   ⓪ ① ② ③ ④ ⑤ ⑥ ⑦ ⑧ ⑨ ⑩
>
> - In Zukunft werden visuelle Marketinginstrumente für unser Unternehmen an Bedeutung gewinnen! / Frage 2.3
>
>   ⓪ ① ② ③ ④ ⑤ ⑥ ⑦ ⑧ ⑨ ⑩

Mit dieser 3-stufigen Matrixfrage sollen die derzeitige Bedeutung der visuellen Kommunikation für die befragten Unternehmen der repräsentativen Stichprobe sowie die Einschätzung zur Notwendigkeit der visuellen Kommunikation und eine Trendaussage zur künftigen Entwicklung der Bedeutung visueller Marketinginstrumente erfragt werden.

4.6.3 Ergebnisse der Erhebung

Folgende in der Frage 1 abgefragten visuellen Marketinginstrumente werden in den Unternehmen mindestens gelegentlich in der Kommunikation eingesetzt[24]:

- 41 Prozent der Unternehmen veröffentlichen zu aktuellen Anlässen Pressefotos mit nachrichtlichem Charakter.

- 39 Prozent der Unternehmen nutzen reine Produktfotos, bei denen das Produkt im Mittelpunkt steht.

---

[24] Vgl. Schwartz/YouGov (2016). Repräsentative Befragung 8.1.1, Frage 1, Abbildung 14.

- 37 Prozent der Unternehmen verwenden Fotos mit ihren MitarbeiterInnen zur Kommunikation.

- Feature-Fotos, die eine Geschichte rund um den Einsatz von Produkten und Dienstleistungen erzählen, verwenden 33 Prozent der Unternehmen in ihrer visuellen Kommunikation.

- Produktvideos werden bei 30 Prozent der Unternehmen mindestens gelegentlich genutzt.

- Unternehmensvideos kommen laut der befragten UnternehmensentscheiderInnen in 29 Prozent der Unternehmen zum Einsatz.

- Erklärvideos gehören bei 21 Prozent der Unternehmen zu den visuellen Kommunikationsinstrumenten.

- Videos mit Interviews und Statements produzieren und nutzen 17 Prozent der Unternehmen.

- 34 Prozent der Unternehmen verwenden Infografiken für die Kommunikationsarbeit.

Immerhin 15 Prozent der UnternehmensentscheiderInnen gaben an, dass ihre Unternehmen visuelle Marketinginstrumente nicht einsetzen! Visuelle Marketinginstrumente auf Basis von Fotos werden häufiger von den Unternehmen genutzt als die beliebtesten Bewegtbild-Instrumente. Auch die Infografik wird häufiger genutzt als die verschiedenen Videoformate.

Nach Unternehmensgröße ausgewertet, fällt vor allem auf, dass in Großunternehmen Produktvideos und Unternehmensvideos bereits häufiger eingesetzt werden als Feature-Fotos. Auch hier sind Infografiken mit 48 Prozent schon fast jedem zweiten Unternehmen etabliert. Während 26 Prozent der Kleinstunternehmen bis 2 Millionen Euro Umsatz visuelle Kommunikation bisher nicht genutzt haben, geben lediglich 12 Prozent der EntscheiderInnen aus Großunternehmen über 50 Millionen Umsatz an, bislang auf visuelle Marketinginstrumente zu verzichten. Großunternehmen nutzen alle abgefragten Instrumente häufiger als der

Durchschnitt aller Unternehmen und auch häufiger als der Durchschnitt des Mittelstandes. Es fällt außerdem auf, dass im Segment der mittleren Unternehmen, mit einem Umsatz zwischen 10 und 50 Millionen Euro, fast genauso viele Unternehmen Produktfotos und Videos mit Interviews nutzen. Hier geben sogar nur 8 Prozent der Unternehmen an, visuelle Kommunikation nicht zu betreiben.

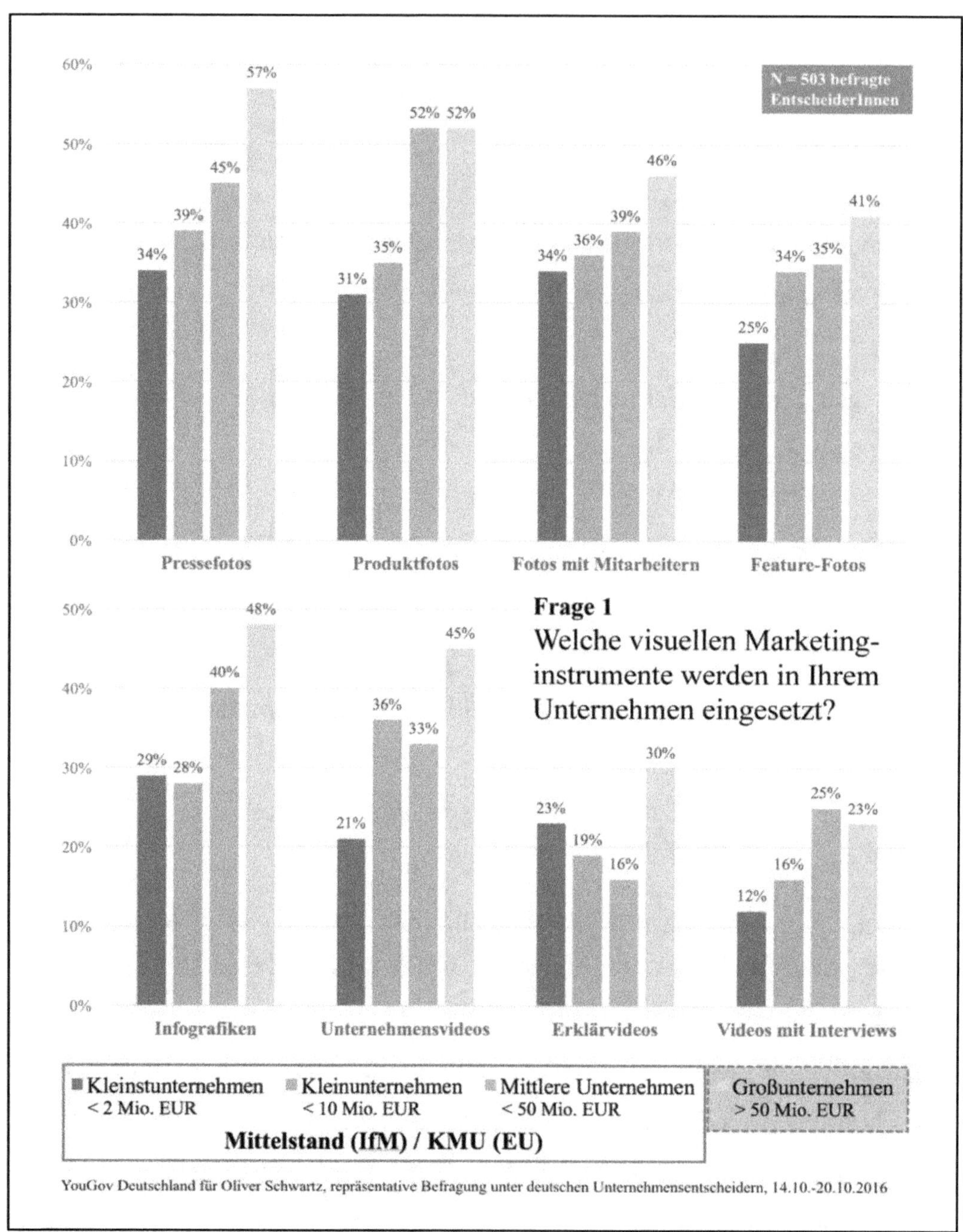

Abbildung 6: Repräsentative Befragung 8.1.1, Frage 1, ausgewertet nach Unternehmensgrößen.
Quelle: Eigengrafik Oliver Schwartz

Gefragt, ob visuelle Marketinginstrumente ihrem Unternehmen wesentlich bei der Vermittlung von Inhalten helfen, konnten die UnternehmensentscheiderInnen in einer Skala von 0 („Trifft überhaupt nicht zu") bis 10 („Trifft voll und ganz zu") antworten[25]:

- 53 Prozent der Unternehmen bewerten die Unterstützung im Corporate-Story-Telling durch visuelle Kommunikation mit 8, 9 oder 10 – also positiv bis sehr positiv.

- 32 Prozent der Befragten gaben auf der Skala Werte von 3 bis 7 an und beurteilen die visuelle Kommunikation also zurückhaltend, neutral bis potentiell hilfreich.

- Lediglich 9 Prozent der Unternehmen sehen visuelle Marketinginstrumente als weniger bis gar nicht hilfreich an und bewerten daher mit 2, 1 oder 0.

Im Hinblick auf die Unternehmensgröße fällt auf, dass mit 9 Prozent mehr als doppelt so viele Kleinstunternehmen die visuelle Kommunikation – mit einem Wert von 0 – nicht als wesentliche Hilfe empfinden als Großunternehmen. Aber umgekehrt geben mit 30 Prozent der mittleren Unternehmen immerhin 7 Prozent mehr als bei den Großunternehmen die höchste Bewertungsstufe 10 ab[26].

In Frage 2.2 bewerteten die EntscheiderInnen für ihr Unternehmen, ob visuelle Kommunikation durch Fotos, Videos oder Infografiken, von ihren KundInnen erwartet wird[27].

- 50 Prozent der EntscheiderInnen bestätigen diese Erwartungshaltung und stimmen mit einem Skalenwert von 8, 9 oder 10.

- In 34 Prozent der Unternehmen wird eine solche Erwartungshaltung der KundInnen nicht für zwingend gehalten. Sie bewerten dies mit 3 bis 7 – eine noch geringe bis anwachsende Erwartung der eigenen KundInnen nach visueller Kommunikation.

---

[25] Vgl. Schwartz/YouGov (2016). Repräsentative Befragung 8.1.1, Frage 2.1, Abbildung 16.
[26] Vgl. Schwartz/YouGov (2016). Repräsentative Befragung 8.1.1, Frage 2.1, Abbildung 17.
[27] Vgl. Schwartz/YouGov (2016). Repräsentative Befragung 8.1.1, Frage 2.2, Abbildung 18.

- Nur 10 Prozent der EntscheiderInnen können eine solche Erwartung der KundInnen nicht oder überhaupt nicht sehen und bewerten dies mit 2, 1 oder 0.

Immerhin 23 Prozent der Unternehmen stimmen voll und ganz zu. Damit bilden diejenigen UnternehmensentscheiderInnen die größte Gruppe, die schon heute glauben, dass ihre KundInnen visuelle Kommunikation erwarten.

Dieses Bild bestätigt sich auch bei einer Auswertung nach Unternehmensgröße: In jeder Unternehmensgröße, vom Kleinst- bis zum Großunternehmen, bewerten EntscheiderInnen die Frage mit höchstem Anteil als voll und ganz zutreffend. Bei Kleinunternehmen stimmen sogar 28 Prozent der Unternehmen mit dem Skalenwert 10[28].

Frage 2.3 erkundet, ob visuelle Marketinginstrumente aus Sicht der EntscheiderInnen für ihre Unternehmen in Zukunft an Bedeutung gewinnen werden.[29]:

- 49 Prozent der befragten 503 UnternehmensentscheiderInnen erwarten, dass visuelle Kommunikation sehr wahrscheinlich oder sicher an Bedeutung für ihr Unternehmen gewinnen werde und stimmen mit einem Wert von 8, 9 oder 10.

- 35 Prozent der Unternehmen urteilen über die Zunahme der Bedeutung neutral bis zurückhaltend optimistisch. Sie bewerten in einem Spektrum von 3 bis 7.

- Lediglich 9 Prozent der EntscheiderInnen zweifeln an der zunehmenden Bedeutung der visuellen Kommunikation für ihr Unternehmen oder schließen diese aus. Sie stimmen mit 2, 1 oder 0.

Bei der Auswertung nach Unternehmensgröße fällt auf, dass der Mittelstand – vor allem mittlere Unternehmen bis 50 Millionen Euro Umsatz – mehr mit der zunehmenden Bedeutung von visuellen Marketinginstrumente rechnen als Großunternehmen. Unter Berücksichtigung der positiven Einschätzungen der EntscheiderInnen aus Großunternehmen in der Frage 1 könnte die Erklärung darin liegen, dass visuelle Kommunikation in Großunternehmen bereits

---

[28] Vgl. Schwartz/YouGov (2016). Repräsentative Befragung 8.1.1, Frage 2.2, Abbildung 19.
[29] Vgl. Schwartz/YouGov (2016). Repräsentative Befragung 8.1.1, Frage 2.3, Abbildung 20.

auf höherem Niveau etabliert ist und daher eine weitere Zunahme der Bedeutung nicht ähnlich stark erwartet wird wie im Mittelstand.

Mittelstand (IfM) / KMU (EU)

Frage 2.3	Kleinstunternehmen < 2 Mio. EUR	Kleinunternehmen < 10 Mio. EUR	Mittlere Unternehmen < 50 Mio. EUR	Großunternehmen > 50 Mio. EUR
Trifft voll und ganz zu | 10	23%	24%	29%	21%
9	9%	10%	19%	15%
8	13%	18%	14%	17%
7	7%	13%	5%	15%
6	10%	16%	6%	7%
5	11%	8%	8%	9%
4	7%	1%	3%	6%
3	4%	0%	2%	3%
2	1%	1%	0%	0%
1	1%	1%	3%	1%
Trifft überhaupt nicht zu | 0	7%	3%	6%	2%

YouGov Deutschland für Oliver Schwartz, repräsentative Befragung unter deutschen Unternehmensentscheidern, 14.10.-20.10.2016
Grafik: Eigengrafik Oliver Schwartz

Abbildung 7: Repräsentative Befragung 8.1.1, Frage 2.3, ausgewertet nach Unternehmensgrößen.
Quelle: Eigengrafik Oliver Schwartz

Im Vergleich der drei Frageteile 2.1, 2.2. oder 2.3 ist eine Übereinstimmung in der Gewichtung zwischen klarer Zustimmung (Skalenwerte 8, 9 oder 19) bei rund der Hälfte der Unternehmen, einer neutralen bis positiven Bewertung (Skalenwerte 3 bis 7) bei einem Drittel der Unternehmen und einer skeptischen bis ablehnenden Einschätzung (Skalenwerte 2, 1 oder 0) bei jedem zehnten Unternehmen festzustellen.

Beim Vergleich der Aussagen zu Frage 1 und den Fragekomplexen 2.1, 2.2. und 2.3 fällt jedoch auf, dass gerade bei Kleinst- und Kleinunternehmen bis 10 Millionen Euro Umsatz die Etablierung visueller Kommunikationsinstrumente deutlich hinter den Überzeugungen zu ihrer Bedeutung hinterherhinken. Während nur 11 Prozent der Kleinst- und 5 Prozent der Kleinunternehmen der visuellen Kommunikation keine oder eine geringe Bedeutung bei der Vermittlung von Inhalten einräumen, so haben derzeit noch 26 Prozent der Kleinstunternehmen und 15 Prozent der Kleinunternehmen, nach Aussagen ihrer EntscheiderInnen, derzeit keine visuellen Marketinginstrumente im Einsatz.

4.6.4 Ergänzende Umfragen

4.6.4.1 Umfrage des Bundesverband deutscher Pressesprecher e.V.

In einer nichtrepräsentativen Blitzumfrage im Rahmen eines Webinars des Bundesverbands deutscher Pressesprecher äußerten sich insgesamt 51 teilnehmende PR-Verantwortliche dazu, welche Arten von PR-Bildern die KommunikatorInnen mindestens gelegentlich einsetzen[30]:

- Pressefotos zu aktuellen Anlässen nutzen 86 Prozent der Befragten.

- Fotos, bei denen Produkte im Mittelpunkt stehen, werden in 29 Prozent der Unternehmen in der PR-Kommunikation eingesetzt.

- Fotos mit MitarbeiterInnen kommen in 57 Prozent der Unternehmen in der PR-Arbeit zum Einsatz.

- Feature-Fotos, die eine Geschichte erzählen, gehören für 29 Prozent der Kommunikatoren zu den visuellen Kommunikationsinstrumenten.

- Infografiken sind bei 79 Prozent der Unternehmen in der PR-Kommunikation etabliert.

Im Vergleich zu den Ergebnissen der Frage 1 der in Kapitel 4.6.3 ausgewerteten Umfrage in einer repräsentativen Stichprobe unter UnternehmensentscheiderInnen fällt auf, dass die befragten 51 PR-Verantwortlichen deutlich stärker Pressefotos mit nachrichtlichem Charakter und Infografiken gewichten. Ebenfalls ist bemerkenswert, dass 57 Prozent der PR-Profis Fotos mit MitarbeiterInnen zumindest gelegentlich für die Kommunikationsarbeit nutzen, jedoch nur 37 Prozent der UnternehmensentscheiderInnen dieses Instrument nannten. In den ExpertInnen-Interviews (s. 4.7) werden die Erfahrungen und Sichtweisen der Kommunikatoren näher erfragt.

---

[30] Vgl. BdP (2016). Webinar-Blitzumfrage 8.1.2, Abbildung 30.

Zum Einsatz von Bewegtbild in ihrer Kommunikationsarbeit äußern sich die PR-Verant–
wortlichen in der BdP-Blitzumfrage wie folgt[31]:

- Produktvideos werden von 35 Prozent der PR-Profis genutzt.

- Unternehmensvideos gehören zu den visuellen Kommunikationsinstrumenten in 65 Prozent der repräsentierten Unternehmen.

- Erklärvideos finden in 55 Prozent der Unternehmen ihren Einsatz in der visuellen Kommunikation.

- Ebenfalls 55 Prozent der KommunikatorInnen nennen Videos mit Interviews und Statements als genutzte Werkzeuge.

Der augenfälligste Unterschied zu den Ergebnissen der in Kapitel 4.6.3 ausgewerteten Umfrage unter UnternehmensentscheiderInnen besteht in der Gewichtung von Produktvideos und Videos mit Interviews und Statements. Wenig überraschend liegt der Fokus der PR-Profis auf journalistischen Inhalten. Zudem werden die befragten im Bundesverband deutscher Pressesprecher organisierten KommunikatorInnen vermutlich eher Großunternehmen vertre–
ten.

Insgesamt zeigen die beiden Frageteile der BdP-Umfrage, dass in der PR-Praxis ein gezielter Mix aus PR-Bildern und Bewegtbild zum Einsatz kommt und sich bestimmte Bewegt–
bildformate bereits deutlich stärker etabliert haben, als die repräsentative Referenz-Umfrage unter UnternehmensentscheiderInnen vermuten lässt. Übereinstimmend werden die starke Bedeutung und Etablierung der Infografik als visuelles Kommunikationsinstrument betont.

---

[31] Vgl. BdP (2016). Webinar-Blitzumfrage 8.1.2, Abbildung 31.

4.6.4.2 Tendenzumfragen unter B2B-E-Commerce-EntscheiderInnen

Die Bedeutung von Bewegtbild für den E-Commerce, und damit neben PR und Marketing einer weiteren geschäftsrelevanten Disziplin in der Kommunikation mit den KundInnen, war Gegenstand einer nichtrepräsentativen Tendenzumfrage des Instituts für Handelsforschung Köln im Rahmen einer Erhebung zum B2B-E-Commerce-Konjunkturindex (s. 8.1.3).

Zuerst wurden die 44 teilnehmenden E-Commerce-Verantwortlichen nach den Vorteilen von Video-Content im E-Commerce gefragt[32]:

- Mehr Emotionalität halten 66 Prozent der E-Commerce-EntscheiderInnen für einen Vorteil von Video-Content.

- Aufmerksamkeit durch Video-Content erwarten 59 Prozent.

- Die authentische Produktpräsentation wollen 57 Prozent der Befragten durch Video-Content befördern.

- Auf ein besseres Storytelling durch Bewegtbilder hoffen 55 Prozent der repräsentierten Unternehmen.

- Die Abgrenzung gegenüber der Konkurrenz nennen 36 Prozent der Befragten als Vorteil von Video-Content.

- Hohe Glaubwürdigkeit beim Kunden streben 23 Prozent der E-Commerce-Profis mit Bewegtbild-Medien an.

- Eine bessere Auffindbarkeit im Internet nennen 21 Prozent der E-Commerce-Verantwortlichen als Vorteil von Video-Content.

- Weitere genannten Vorteile, zum Beispiel SEO-Effekte, summieren sich auf 5 Prozent. Keine Vorteile im Einsatz von Video-Content sehen lediglich 7 Prozent der Befragten.

---

[32] Vgl. IFH Köln (2016). Tendenzumfrage 8.1.4, Abbildung 36.

Auffälligerweise werden als Vorteile vor allem bessere Inhaltsvermittlung und gesteigerte Aufmerksamkeit gesehen. Temporäre Effekte wie eine bessere Auffindbarkeit im Internet oder die Verbesserung im Suchmaschinen-Ranking, die spätestens wegfallen dürften, wenn Bewegtbilder auf breiter Front in der Kommunikation der Unternehmen etabliert ist, werden bereits heute von deutlich weniger E-Commerce-Verantwortlichen als Vorteile genannt.

Im zweiten Fragenkomplex erläutern die befragten E-Commerce-EntscheiderInnen, wie ihre Unternehmen den Video-Content erstellen[33]:

- Eigenproduktion im Haus (53 Prozent)

- Beauftragung von Produktionsfirmen (47 Prozent)

- Beauftragung von PR- oder Werbeagenturen (19 Prozent)

- Lizensierung von Bewegtbild-Footage (17 Prozent)

- Lizensierung von Drittanbietern von Video-Content (11 Prozent)

Durch Eigenproduktion im Unternehmen oder die Beauftragung von Produktionsfirmen verschaffen sich jeweils rund die Hälfte der E-Commerce-Verantwortlichen Video-Content. PR- oder Werbeagenturen werden als Quellen nur von knapp jedem fünften Befragten genannt.

Die dritte Frage ermittelt ob der Video-Content bereits im Onlineshop oder dem digitalen Katalog der befragten Unternehmen zur Bewerbung der angebotenen Produkte genutzt wird[34]:

- 47,7 Prozent nutzen Video-Content bereits im Onlineshop oder im digitalen Katalog.

- 15,9 Prozent der E-Commerce-Verantwortlichen nutzen Bewegtbild noch nicht im Onlineshop oder Katalog, jedoch bereits im Onlinemarketing.

---

[33] Vgl. IFH Köln (2016). Tendenzumfrage 8.1.4, Abbildung 37.
[34] Vgl. IFH Köln (2016). Tendenzumfrage 8.1.4, Abbildung 38.

- 20,5 Prozent nutzen noch keinen Video-Content, planen dies aber für die Zukunft.

- 15,9 Prozent der Befragten gaben an, auch künftig Bewegtbilder im Onlineshop oder im digitalen Katalog nicht einsetzen zu wollen.

Video-Content ist also für über 80 Prozent der befragten E-Commerce-Verantwortlichen bereits heute oder in Zukunft relevant, um ihr Produktangebot entweder indirekt über Onlinemarketing oder sogar direkt im Onlineshop oder im digitalen Katalog zu bewerben. Visuelle Kommunikation findet also nicht nur in PR oder Marketing statt, sondern hat sich auch im digitalen Vertrieb der B2B-Unternehmen bereits signifikant etabliert.

Insofern verwundert nicht, dass auch Social-Media, gemeinhin als eher private Kommunikationskanäle oder B2C-Marketingplattformen bekannt, mittlerweile eine wichtige Rolle für B2B-Unternehmen zur marketingseitigen Vertriebsunterstützung haben. Eine weitere Erhebung des B2B-E-Commerce-Konjunkturindexes durch das IFH Köln[35] befragte dazu in einer nichtrepräsentativen Tendenzumfrage 43 teilnehmende E-Commerce-Verantwortliche zu den Vor- und Nachteilen von Social-Media zur Vertriebsunterstützung:

Mehr als 80 Prozent der UmfrageteilnehmerInnen nannten mehr Sichtbarkeit als Vorteil von Social-Media zur Vertriebsunterstützung. Jeweils 57 Prozent sehen Vorteile in der Gewinnung neuer KundInnen und der direkteren Kommunikation mit KundInnen und InteressentInnen.

Als Nachteile von Social-Media benennen die Hälfte der befragten E-Commerce-EntscheiderInnen den internen Aufwand und hohe Kosten. Mit 48 Prozent fast genauso stark verbreitet ist die Angst vor sogenannten „Shitstorms". Und immerhin 40 Prozent der Befragten sagen, dass ihre KundInnen im B2B Social-Media noch eher selten nutzen.

Diese Ergebnisse passen zu den vorstehend ausgewerteten Aussagen zur Nutzung von Video-Content. Social-Media lebt von visueller Kommunikation, die Produktion von Bewegtbildern geht jedoch weiterhin mit vergleichsweise hohem Aufwand und hohen Kosten einher.

---

[35] Vgl. IFH Köln (2016). Tendenzumfrage 8.1.3, Abbildungen 26 und 27.

Dass man mit visueller Kommunikation aber genau die gewünschten Vorteile, nämlich Sichtbarkeit, Kundengewinnung, direktere Kommunikation und eine stärkere Kundenbindung zu erreichen versucht, zeigen die Antworten auf die dritte Frage der Erhebung. Die E-Commerce-Profis wurden gefragt, welche Social-Media-Kanäle sie zur Vertriebsunterstützung nutzen[36]:

- Facebook nutzen 60 Prozent der befragten Unternehmen zu diesem Zweck.

- Die Video-Plattform YouTube findet bereits bei 56 Prozent dieser B2B-Unternehmen Einsatz.

Während für Youtube Bewegtbildinhalte Voraussetzungen sind, basiert Facebook zwar sowohl auf Textbeiträgen, Fotos, Animationen und Videos, die Plattform fördert aber Beiträge mit Bewegtbildern durch eine bessere Sichtbarkeit im Nachrichten-Feed. Auch bei Facebook ist somit eine erfolgreiche Kommunikation ohne visuelle Kommunikationswerkzeuge nicht mehr möglich.

Die Business Netzwerke XING und LinkedIn, die immerhin 51 Prozent der Befragten nennen, stützten sich zwar weiterhin vor allem auf Text, aber die zur Vertriebsunterstützung wichtigen Unternehmensprofile werden mittlerweile konsequent multimedial ausgebaut. Auch die Kurzmitteilungsplattform Twitter (42 Prozent) hat die Möglichkeiten zum Versenden der Posts mit Fotos oder Videos erfolgreich erweitert. Zumindest 14 Prozent nutzen bereits den Fotodienst Instagram zur Vertriebsunterstützung. 25 Prozent der UmfrageteilnehmerInnen nutzen zu diesem Zweck bisher noch keine Social-Media-Plattform, planen dies aber.

---

[36] Vgl. IFH Köln (2016). Tendenzumfrage 8.1.3, Abbildung 35.

4.7 Empirische Untersuchung mit qualitativer Methode

4.7.1 Allgemein

In 30- bis 45-minütigen ExpertInnen-Interviews werden zwei langjährige Unternehmens-kommunikatoren und ein Spezialist für die visuelle Kommunikation auf Dienstleisterseite befragt. Zudem wurden zwei FachanwältInnen interviewt (s. 5.4). Die telefonischen ExpertInnen-Interviews wurden als Audiodateien mitgeschnitten, transkribiert und von den ExpertInnen autorisiert.

4.7.2 Fragestruktur der ExpertInnen-Interviews

4.7.2.1 Visuelle Kommunikation im praktischen Einsatz der KommunikatorInnen

Nachrichten ohne Bildmaterial haben es seit jeher schwer, heutzutage, in Zeiten von Onlinemedien, Social-Media und multimedialer Verbreitung umso mehr. Bewegtbild wird immer günstiger herzustellen und von Facebook und Co. mit besseren Rankings belohnt. Welche visuellen Kommunikationsinstrumente nutzen Sie regelmäßig im Unternehmen?

Was macht ein gutes Feature-Foto zur Begleitung einer Pressemitteilung aus, und wie sollte ein Video aussehen, dass von Onlinemedien oder Sendern Verwendung findet?

Auch das beste visuelle Kommunikations-Material muss gesehen und gefunden werden. Wie wichtig sind dabei aus Ihrer Sicht Metadaten zur Beschriftung und Verschlagwortung von Fotos (z.B. IPTC) oder Videos? Und nutzen Sie diese Verfahren regelmäßig?

Redaktionen nutzen visuelles Material der Unternehmen in bestimmten Situationen auch gerne kontextfrei. So wird aus einem neutralen oder positiven Bild oder Filmaufnahmen in Krisensituationen auch schnell eine ungewollte bis unerwünschte Verwendung. Lässt sich, zumindest im PR-Bereich, Art und Umfang der Nutzung von Fotos und Bewegtbild heutzutage überhaupt noch regeln und steuern, oder führt das Internet durch seine Sharing-Kultur nicht zwangsläufig zu einer unkontrollierten Verbreitung? Oder halten Sie das für eher unproblematisch, da in Krisenfällen ohnehin berichtet wird und es sich dann wenigstens um eigenes visuelles Material handelt?

Welche Trends sehen Sie? Wird Bewegtbild das klassische Foto in Zukunft verdrängen? Und welche visuellen Kommunikations-Instrumente (z.B. auch Infografiken oder How-to-Videos) funktionieren für Sie in der Praxis besonders gut oder erleben gerade ein starkes Wachstum in Einsatz und Akzeptanz?

4.7.2.2 Einschätzung der Ergebnisse der quantitativen Erhebung

In einer aktuellen, repräsentativen Studie für diese wissenschaftliche Arbeit haben die befragten Entscheider zu 41 Prozent angegeben, dass ihr Unternehmen Pressefotos mit nachrichtlichem Charakter einsetzt, reine Produktfotos zu 39 Prozent, Fotos mit Mitarbeiten zu 37 Prozent und Feature-Fotos zu 33 Prozent. Bei dem Teilsegment der Großunternehmen über 50 Millionen Euro Umsatz betrugen die Anteile 57 Prozent (nachrichtliche Pressefotos), 52 Prozent (Produktfotos), 46 Prozent (Fotos mit und rund um Mitarbeiter) sowie 41 Prozent bei Feature-Fotos. Ist es nach Ihrer Kenntnis der PR-Branche realistisch, dass noch über die Hälfte der Unternehmen nicht regelmäßig visuelle Marketinginstrumente einsetzen und dass zudem größere Unternehmen dies deutlich häufiger tun als Mittelstand und KMUs?

In derselben Umfrage gaben nur 30 Prozent der Entscheider an, zumindest gelegentlich Produktvideos in der Kundenkommunikation einzusetzen, gefolgt von Unternehmensvideos (29 Prozent), Erklärvideos (21 Prozent) und Videos mit Interviews und Statements (17 Prozent). Auch hier bestätigten Entscheider aus Großunternehmen mit 47 Prozent (Produktvideos), 45 Prozent (Unternehmensvideos), 30 Prozent (Erklärvideos) und 23 Prozent (Videos mit Interviews) eine deutlich höhere Etablierung von Bewegtbild-Kommunikation in ihren Unternehmen. Haben Sie eine Erklärung dafür, warum sich der Mittelstand und KMUs schwerer damit tun, und was sind aus Ihrer Erfahrung die Bewegtbildformate mit den geringsten Einstiegshürden?

4.7.2.3 Rechtliche Aspekte in der Kommunikations-Praxis

Bei Herstellung, Beauftragung oder Lizensierung von visuellen PR- und Marketinginstrumenten sind verschiedene Rechte einzuholen oder abzuklären: Urheberrecht, Nutzungsrecht, Persönlichkeitsrecht. Was sind die größten rechtlichen Herausforderungen für PR- und Marketingverantwortliche in Unternehmen?

Nehmen Sie als kommunikationsverantwortlicher Manager im Kontext Fotos, Videos, Grafiken (visuelle Kommunikationsinstrumente) zumindest gelegentlich rechtliche Unterstützung in Anspruch und wenn ja, meistens von einer internen Rechtsabteilung oder durch externe Fachanwälte?

Fotografen, Videoproduzenten, aber auch Bildagenturen arbeiten mit unterschiedlichen Formulierungen in Verträgen, auf Aufträgen oder in den AGB, die vom unspezifischen „mit allen Rechten" bis hin zum 8-seitigen „Kleingedruckten" reichen. Achten Sie als Auftraggeber dabei eher auf eine konkret ausformulierte Rechteeinräumung oder darauf, dass die gewünschte Nutzung nicht untersagt ist?

PR- und Marketing-Bilder sowie -Videos leben ja von Menschen, in der Regel keine Schauspieler, sondern Mitarbeiter oder Kunden. Arbeiten Sie dabei regelmäßig mit Model-Releases zur Übertragung von Persönlichkeitsrechten, und waren Sie auch schon einmal mit Einwänden von Mitarbeitern oder Kunden konfrontiert?

Das Internet hat auch dafür gesorgt, dass Kommunikationsverantwortliche in den Unternehmen nicht mehr das einzige Sprachrohr in die Öffentlichkeit sind, sondern heute oftmals mehr Dirigenten einer Vielzahl von kommunizierenden Mitarbeitern, die direkt oder indirekt im Namen des Unternehmens veröffentlichen oder dem Unternehmen zumindest zugerechnet werden. In Kombination mit den unüberschaubar vielen Kommunikationskanälen und der viralen Verbreitung ist dies ja aus rechtlicher Sicht oftmals wie ein Ritt auf der Rasierklinge. Was würden Sie als wichtige Maßnahmen empfehlen: Internetrichtlinien (Social-Media-Guideline), rechtliche Schulungen, verbindliche Freigabeprozesse oder einen Pool an vorher geprüftem, „wasserdicht" lizensiertem visuellem PR- und Marketingmaterial?

Neben den rechtlichen Risiken beim Einsatz visueller Marketinginstrumente gibt es ja auch Chancen, zum Beispiel um durch gezielten Einsatz den Schutzumfang von Marken zu stärken. Ist dies für Sie in der Praxis ein Thema?

4.7.2.4 Visuelle Kommunikation aus Sicht des PR-Dienstleisters

Was sind die größten Hürden, gerade für den Mittelstand und KMUs ohne riesige Marketingbudgets? Der sprichwörtliche Praktikant mit Kamera, der aus Kostengründen als Fotograf herhalten soll? Videomaterial auf Niveau von privaten Urlaubsfilmen oder doch eher mangelndes Wissen um die Bedürfnisse von Bildredakteuren und Medien sowie die Reaktion von Endkunden auf Bildsprache und Bewegtbild-Dramaturgie?

Ein starkes Marketing-Bild ist nicht immer ein geeignetes Pressefoto, und Bewegtbild-Footage für Medien eignet sich umgekehrt meist nicht als Social-Media-Trailer oder Werbespot. Lässt sich realistisch in einem Shooting Output für unterschiedliche Kommunikationszwecke erzeugen. oder sollte man die Disziplinen besser trennen? Ein Werbetexter schreibt schließlich auch nicht die Pressemitteilung …

Fachanwälte für Urheberrecht verweisen immer wieder darauf, dass die Rechteabklärung (Nutzungsrechte, Persönlichkeitsrechte etc.) im Vorfeld oftmals nur unzureichend erfolgt und Mängel bei der Lizensierung gerade in Zeiten der viralen Internetverbreitung ein immenses Kostenrisiko für Unternehmen bergen. Haben Sie in der Praxis häufiger mit Fällen zu tun, dass schon verbreitetes visuelles PR-Material Gegenstand eines Rechtsstreits ist?

Gerade bei Bildern und Filmen mit Menschen ist es im rein journalistischen Bereich oder bei großen Footage-Agenturen Usus, die abgebildeten Personen exakt zu benennen und einen Hinweis zu geben, ob eine Verwendung des Materials nur redaktionell oder auch werblich gestattet ist bzw. ob entsprechende Einverständniserklärungen (Model-Release) vorliegen. Folgen die Unternehmen in der PR- und Marketing-Arbeit diesem Vorbild. und was wäre Ihre Empfehlung, um sowohl die Verwendung des Materials zu fördern als auch rechtliche Stolpersteine zu umgehen?

Lässt sich, zumindest im PR-Bereich, Art und Umfang der Nutzung von Fotos und Bewegtbild heutzutage überhaupt noch regeln und steuern, oder führt das Internet durch seine Sharing-Kultur nicht zwangsläufig zu einer unkontrollierten Verbreitung? Gibt es wirksame technische Möglichkeiten, eine ungewollte, kontextfreie Verwendung zu vermeiden?

4.7.3 Kurzprofile der befragten Experten

4.7.3.1 Jörg Wassink

Jörg Wassink verantwortet als Leiter PR und Social-Media die Medien- und Öffentlich–keitsarbeit der Sage GmbH in Deutschland und Österreich. Bei der COLT Telecom GmbH war Wassink zuvor Leiter der internen und externen Kommunikation. Als Mitglied der Fach–gruppenleitung ITK im Bundesverband deutscher Pressesprecher hat sich Jörg Wassink enga–giert und ebenso im Branchenverband bitkom.[37]

4.7.3.2 Norbert Eder

Norbert Eder ist Dozent für Unternehmenskommunikation und Public Affairs an der Hoch–schule Darmstadt. Als Inhaber der Agentur Communications and Management Consulting betreut er als Consultant schwerpunktmäßig die GK Software AG. Zuvor war Eder Director Global External Communications bei AGT, Vice President Corporate Communications bei der Software AG und Leiter der Vorstandskommunikation bei der debitel AG.[38]

4.7.3.3 Frank Schleicher

Frank Schleicher ist beim PR-Dienstleister „news aktuell", einem Tochterunternehmen der Deutschen Presse-Agentur (dpa), als Projektmanager für Multimedia-Auftragsproduktionen verantwortlich. Als gelernter Fotograf war Schleicher zuvor für Tageszeitungen und Fotoagenturen als Pressefotograf, Bilddokumentar und Fotoredakteur tätig.[39]

4.7.3.4 Weitere befragte ExpertInnen

Zu den rechtlichen Bedingungen (s. 5.5) wurden die Rechtsanwälte Florian Wagenknecht (s. 5.5.3.1) und Sabine Heukrodt-Bauer (s. 5.5.3.2) gebeten, die visuelle Kommunikation im Mittelstand einzuschätzen. Ihre Aussagen fließen damit auch in die nachstehenden Ergebnisse mit ein.

---

[37] Vgl. Wassink (2016). ExpertInnen-Interview 8.2.4, Vita.
[38] Vgl. Eder (2016). ExpertInnen-Interview 8.2.5, Vita.
[39] Vgl. Schleicher (2016). ExpertInnen-Interview 8.2.3, Vita.

4.7.4 Ergebnisse der ExpertInnen-Interviews

Kommunikator Jörg Wassink nutzt im Unternehmen die komplette Bandbreite an visuellen Kommunikationsinstrumenten. Neben Fotos und Infografiken werden Chartflows aber auch Bewegtbilder genutzt. Für eigene Youtube-Kanäle werden Referenzkundeninterviews und Tutorials der Softwarelösungen produziert. Zudem, so Jörg Wassink, streame sein Unternehmen Webinare live im Internet. Man habe visuelle Inhalte für die unterschiedlichen Bereiche der Kundenkommunikation, der PR, des Marketings und des Kundenservice.[40]

Norbert Eder beobachtet bei einem mittelständischen Softwareunternehmen, dass die visuelle Kommunikation in vielen Bereichen immer wichtiger werde – in der KundInnen- und ebenso in der Produktkommunikation, aber auch bei der zwischen Händlern und KonsumentInnen. Eder sieht dabei im Unternehmen eine Trennung zwischen Produktkommunikation und Pressearbeit. In der PR würden visuelle Kommunikationsinstrumente kaum eingesetzt. Auf seinen beruflichen Stationen beobachtete er Unterschiede zwischen Großunternehmen und dem Mittelstand: Jene arbeiteten intensiver mit visuellen Kommunikationsinstrumenten in der PR, im Mittelstand sei dies komplettes Neuland.[41]

Frank Schleicher bestätigt den Eindruck, dass Unternehmen in der PR-Arbeit immer noch wenig geeignetes visuelles Material nutzen, obwohl es Nachrichten ohne Bildmaterial schwerhaben. Er verweist auf die Kosten für die Bewegtbild-Produktion, die trotz stetig sinkender Honorare immer noch eine für die Pressestellen teuer sei, und fügt hinzu, nicht jedes Bild oder Video eigne sich, um die Botschaften der Unternehmen zu transportieren. Es käme auf die Qualität der visuellen Kommunikationsinstrumente an.[42]

Auf die Frage, was denn ein gutes PR-Feature-Foto ausmache, stellt Norbert Eder fest, es gehe um eine journalistische Bildsprache. Bilder sollten den Text ergänzen und untermauern. Er vergleicht dies mit einer Vortrags-Präsentation, wo Grafiken den Inhalt des Vortrags veranschaulichten und verdeutlichten. Ein gutes Feature-Foto müsse authentisch sein und dürfe nicht gestellt wirken. Die reduzierte und deutliche Darstellung der PR-Story sei insbesondere bei Software- und Technologieunternehmen eine Herausforderung. Denn im Gegensatz zu

---

[40] Vgl. Wassink (2016). ExpertInnen-Interview 8.2.4, Antwort 01.
[41] Vgl. Eder (2016). ExpertInnen-Interview 8.2.5, Antwort 01.
[42] Vgl. Schleicher (2016). ExpertInnen-Interview 8.2.3, Antwort 01.

Themen wie Mode, Nahrungsmittel oder Automobilität sei es ein Problem, die Vereinfachung und Beschleunigung von Prozessen der B2B-Softwarelösung zu visualisieren. Außerdem würden mittelständische Unternehmen ihre innovativen Lösungen nicht detailliert abbilden wollen, da sie sich um Vertraulichkeit sorgen. Bei Videos sieht Eder die Herausforderung in der Entscheidung zwischen einem Fokus auf den AnwenderInnen oder dem Produkt. Es sei oft am besten, ein kurzes und unterhaltsames Erklärvideo zu produzieren.[43]

Jörg Wassink betont, auch die visuelle Kommunikation müsse zur Zielgruppe passen. Sein Unternehmen nutze daher ganz unterschiedliche Materialien und Bilderwelten je nach Ziel–gruppe. Für Produktionsmedien seien dies Bilder mit Maschinen und Menschen bei der Arbeit. Für PC-Magazine dagegen meist Screenshots. Marketingbilder würden selten abgedruckt, die würden auf der Webseite und in eigenen Broschüren genutzt. Es gebe dafür in seiner Firma auch eine eigene Bild-Datenbank, die regelmäßig aktualisiert werde. Auch Wassink kennt das Problem, Softwarelösungen zu visualisieren. Daher würden immer gerne Personen auf den Bildern genutzt, für Zitate und Pressemitteilungen vor allem Fotos von GeschäftsführerInnen. In seinem Unternehmen, eigentlich in jeder größeren Firma, hätten sich Studien als Werkzeug in der PR- und Marketingkommunikation etabliert. Zu diesen Studien erzeuge man entsprechende Bilderwelten, PR- und Infografiken, die von der Tageszeitung bis hin zum Blog genutzt werden könnten.[44]

Frank Schleicher nennt ebenfalls die Authentizität des visuellen Materials als wichtigstes Qualitätsmerkmal für den PR-Einsatz. Er rät den Unternehmen, bei der Kreierung von Bildern und Videos eher ein journalistisches als ein werbliches Konzept zu verfolgen. Um als redaktioneller Content verwendet zu werden, sollten die visuellen Kommunikationsinstrumente auf ein Branding verzichten oder damit zumindest sehr vorsichtig umgehen. MitarbeiterInnen im Bild könnten ein von den Redaktionen akzeptierter Weg sein, um dezent ein Branding zu transportieren. Bilder und Videos mit auffälligen Werbebotschaften werden in der Regel von den Medien nicht veröffentlicht.[45]

Als größte Hürden für den erfolgreichen Einsatz visueller Marketinginstrumente sieht Frank Schleicher die mangelnde Qualität von selbstproduziertem Material und fehlendes Wissen um

---

[43] Vgl. Eder (2016). ExpertInnen-Interview 8.2.5, Antwort 02.
[44] Vgl. Wassink (2016). ExpertInnen-Interview 8.2.4, Antwort 02.
[45] Vgl. Schleicher (2016). ExpertInnen-Interview 8.2.3, Antwort 02.

die Anforderungen von BildredakteurInnen und Medien und von der Bedeutung visueller Kommunikation, da sie als unwichtig gelte. Schleicher verweist auf das Beispiel der Pressemitteilungen, die in den Unternehmen häufig in Freigabeschleifen mehrfach redigiert und überarbeitet würden. Begleitendes Bild- oder Videomaterial erhalte nicht annähernd dieselbe Aufmerksamkeit. Deswegen stehe zu wenig Geld für die Produktion zur Verfügung. Die Budgets seien deutlich geringer als im Bereich der klassischen Werbung. Daher werden in den Unternehmen kostengünstige Eigenproduktionen bevorzugt, welche die angestrebte Außenwirkung häufig konterkarierten. Er empfiehlt eine selbstkritischere Prüfung und die Zusammenarbeit mit professionellen FotografInnen und Kameraleuten. Schleicher beobachtet neben mangelndem Wissen in den Unternehmen um die Abläufe in den Medienredaktionen auch ein zu starkes Senderbewusstsein. Kommunikationsabteilungen würden häufig die Bedürfnisse und Anforderungen ihrer AbnehmerInnen nicht ausreichend berücksichtigen.[46]

Jörg Wassink kennt die rechtlichen Herausforderungen an Kommunikationsverantwortliche in den Unternehmen. Durch die wachsende Zahl der internetbasierten neuen Kommunikationskanäle und der damit verbundenen viralen Verbreitung sind sie nicht mehr das einzige Sprachrohr in die Öffentlichkeit, sondern oftmals eher als DirigentInnen von vielen kommunizierenden MitarbeiterInnen anzusehen. Auf Maßnahmen wie Social-Media-Guidelines, rechtliche Schulungen, verbindliche Freigabeprozesse und eine Bild-Datenbank mit geprüftem und lizensiertem visuellem PR- und Marketingmaterial angesprochen, sagt Wassink: „Im Grunde hilft nur alles! Und tatsächlich haben wir das meiste davon auch wirklich gemacht." Sein Unternehmen habe einen eigenen Rechtsanwalt, der bei Fragen zu Bild- und Nutzungsrechten berät, Marketing-MitarbeiterInnen individuell schult und in Freigabeprozesse involviert sei. Der Pool an eigenem Bildmaterial würde sehr stark genutzt und reduziere das Risiko, gegen Bildrechte zu verstoßen. Die visuellen Materialien im Pool würden exklusiv für das Unternehmen erstellt, und dank entsprechenden Einkaufs habe man die kompletten Rechte auch für die landesübergreifende Verwendung. „Heute sind es nicht mehr nur der PR-Mann oder die PR-Frau, der Marketing-Mann oder die Marketing-Frau, sondern im Grunde genommen alle 13.000 Mitarbeiter unseres Unternehmens, die kommunizieren!" Deshalb, fährt er fort, sei es wichtig, die MitarbeiterInnen zum Verhalten auf den Social-Media-Plattformen zu schulen.[47]

---

[46] Vgl. Schleicher (2016). ExpertInnen-Interview 8.2.3, Antwort 03.
[47] Vgl. Wassink (2016). ExpertInnen-Interview 8.2.4, Antwort 04.

Nobert Eder bestätigt, dass Social-Media-Guidelines am besten seien, da sie einen Rahmen bilden. Auch Schulungen hält er für sehr wichtig. Dies könnte Teil des Onboarding-Prozesses sein. Aber auch Führungskräfte benötigten Schulungen, um ihre Teams anweisen zu können. Er fasst die Veränderungen für KommunikatorInnen zusammen: „Man spricht heute nicht mehr von einer ‚One-Voice-Policy', sondern von ‚One-Message-Many-Voices'!" Daher sei die Unternehmenskultur ein wesentlicher Aspekt. Gefragt seien KommunikatorInnen, die sich als TrainerInnen sehen und MitarbeiterInnen wie Führungskräfte befähigen, intern und nach außen professionell zu kommunizieren. Dazu sollte auch freigegebenes visuelles PR-Material für alle Hauptbotschaften des Unternehmens zur Verfügung stehen.[48]

Rechtsanwalt Florian Wagenknecht sagt: „Mir gefällt der Ausdruck ‚Ritt auf der Rasierklinge' sehr, weil das die Situation ziemlich gut beschreibt!" Rechtliche Schulungen in Unternehmen seien wichtig, um die MitarbeiterInnen dafür zu sensibilisieren, welche Fehler sie vermeiden sollten. Im Maßnahmen-Mix sollte es auch Internet-Richtlinien geben, zumindest bei größeren Unternehmen. Im Fall von Kleinunternehmen hält Wagenknecht das für schwieriger. In seiner Kanzlei berät er mit seinen KollegInnen Unternehmen beim Aufbau einer Datenbank mit lizensiertem visuellen Material, in der berechtigte MitarbeiterInnen Fotos, Videos und Grafiken recherchieren und herunterladen können. Während die Datenbank Hinweise liefert, wie das Material genutzt werden dürfe, müssten die MitarbeiterInnen beim Download den beabsichtigten Verwendungszweck angeben. Optional lasse sich dann noch ein Prüfungs- und Freigabeprozess einrichten. Den Mix sämtlicher Maßnahmen hält er für die beste Antwort, um rechtlichen Unsicherheiten zu begegnen und sicherzustellen, dass MitarbeiterInnen das visuelle Material nicht freihändig und unter Nichtbeachtung von Lizenzregelungen nutzten.[49]

Rechtsanwältin Sabine Heukrodt-Bauer bekräftigt, dass Unternehmen Schulungen, einen Pool mit Fotos und Videos sowie Nutzungs-Richtlinien bräuchten. Die Unternehmen gäben sich zwar viel Mühe, ausgefeilte Pressemitteilungen zu veröffentlichen, aber: „Das interessiert viele Mitarbeiter alles überhaupt nicht mehr, sie haben ihre Parallelwelt im Internet geschaffen – das ist eigentlich wie ein ‚Second Life' des Unternehmens!". Auch sie meint, es sei erst ein Bewusstsein bei den MitarbeiterInnen zu schaffen, damit diese nicht die Öffentlichkeit nach Lust und Laune informierten. Oft werde die gute Kinderstube vergessen, und im Internet

---

[48] Vgl. Eder (2016). ExpertInnen-Interview 8.2.5, Antwort 06.
[49] Vgl. Wagenknecht (2016). ExpertInnen-Interview 8.2.1, Antwort 17.

werden gar Unternehmensinterna veröffentlicht, die nicht für die Öffentlichkeit bestimmt seien, ohne dass dies den MitarbeiterInnen überhaupt bewusst sei. Man könne dies durch Schulungen und das Erstellen von Social-Media-Guidelines vermeiden, die alle MitarbeiterInnen auch unterschreiben müssen. Über die Schaffung eines Problembewusstseins hinaus müssten Unternehmen exakt beschreiben, was veröffentlicht werden dürfe, wer dazu berechtigt sei und was nicht über die Social-Media-Konten der MitarbeiterInnen an die Öffentlichkeit gegeben werden solle.[50]

Befragt zur Bedeutung von Metadaten, damit visuelles Kommunikations-Material besser sichtbar und auffindbar sei, bekräftigt Jörg Wassink die Wichtigkeit einer Verschlagwortung und ebenso von Metadaten. Als Beispiel nennt er Youtube als eine der größten Suchmaschinen der Welt. Dort gingen die Videos der Unternehmen unter, wenn sie nicht gut verschlagwortet und mit Metadaten versehen seien. Fotos auf der eigenen Unternehmenswebseite würden derzeit nicht über eingebettete Metadaten, sondern über HTML-Metatext beschriftet.[51]

Im Unternehmen von Norbert Eder gibt es noch keine Bild-Datenbank. Dennoch hält er Metadaten für sehr wichtig und kritisiert, dass diese zu selten angewendet werden – nicht zuletzt, da zu diesem Thema nicht professionell ausgebildet und geschult werde. Eine Verschlagwortung finde auf genutzten Internet-Plattformen statt, Metadaten würden genutzt, um Presseveröffentlichungen über Suchmaschinen leichter zu finden.[52]

Frank Schleicher erinnert daran, dass der Redaktionsalltag zu wenig bekannt sei. Täglich erhielten Redaktionen von den Unternehmen Dutzende oder Hunderte Videos gesendet. Hinzu kämen noch Tausende Bilder und Videos von Foto- und Nachrichtenagenturen. Medien könnten dieses Material nur durch entsprechende Beschriftung ordnen und im Archiv wiederfinden. Und da diese Archive heutzutage Software-Datenbanken seien, seien Metainformationen nötig, die in die Bild- oder Videodateien eingebettet seien. Frank Schleicher verweist auf seine Karrierestation in der Fotoredaktion einer großen Mediengruppe. Diesem Verlag konnte man nur Bilder anbieten, die beschriftet waren. Fotos ohne Beschriftung im IPTC-Format wären gleich gelöscht worden. Das IPTC-Verfahren, ein gemeinsamer Standard von internationalen Nachrichtenagenturen für die Beschriftung von Pressebildern, sei allen

---

[50] Vgl. Heukrodt-Bauer (2016). ExpertInnen-Interview 8.2.2, Antwort 15.
[51] Vgl. Wassink (2016). ExpertInnen-Interview 8.2.4, Antwort 05.
[52] Vgl. Eder (2016). ExpertInnen-Interview 8.2.5, Antwort 08.

Pressestellen empfohlen. Gerade in Zeiten von Social-Media entwickelten Bilder ein virales Eigenleben und sollten daher mit Copyright-Angaben, einer digitalen Bildlegende und Hin–weisen auf Nutzungsbeschränkungen versehen werden.[53]

Ein Marketing-Bild ist nicht immer ein geeignetes Pressefoto, und Bewegtbilder für PR eignen sich umgekehrt meist nicht als Social-Media-Trailer oder Werbespot. Frank Schleicher weiß aus Erfahrung, dass KommunikatorInnen in der Regel selber produzieren müssen, denn Authentizität sei ein wichtiges Qualitätskriterium für ein PR-Bild. Idealerweise erhielten Presseabteilungen ihr eigenes Budget für die Herstellung oder den Einkauf von visuellen Kommunikations-Instrumenten, damit sie nicht nur das Material nutzten, das für die Werbung erstellt werde. Es gebe auch Situationen, in denen es sich lohne, das Material aus dem Marketing genauer anzuschauen. Als Beispiel nennt er Portraitaufnahmen von Managern im Unternehmen. Schwierig dagegen sei es bei der Feature-Fotografie, da die Werbefotos auf Hochglanz poliert seien und daher in der Regel nicht authentisch. Das gelte ebenso für den Bewegtbildbereich.[54]

Social-Media-Kanäle mit ihrer Sharing-Kultur entziehen den KommunikatorInnen die Kontrolle über die Verbreitung ihres visuellen Materials. Aber auch Redaktionen können Fotos und Videos kontextfrei einsetzen. Jörg Wassink sieht darin kein grundsätzliches Problem: „Zunächst einmal ist es so, dass wir als Unternehmen Bildmaterialien zur Verfügung stellen, damit diese verwendet werden. Insofern freut uns natürlich die Verwendung unseres eigenen Materials. Das ist erstmal nichts Kritisches." Auch in der Krisenkommunikation würden sich Medien und JournalistInnen in Deutschland an die journalistischen Grundsätze halten und Bilder nicht verfälschen oder in einen falschen Kontext stellen. Die Presselandschaft in Deutschland sei sehr professionell und würde auch in Krisen selten Ausschnitte aus Unternehmensfilmen nehmen oder dann Statements und Zitate in einen sinnentstellenden Kontext rücken. Für besorgniserregender hält Wassink, dass Menschen auf Social-Media-Plattformen aus Spaß Bilder für Montagen zweckentfremden oder Ausschnitte von Videosequenzen in Kontexte packten, die nichts mit dem Unternehmen zu tun haben. Dies könne die Reputation des Unternehmens gefährden. Weil AutorInnen durch die weitverbreitete Nutzung von Pseudonymen auf Social-Media-Plattformen auch gar nicht einfach identifizierbar

---

[53] Vgl. Schleicher (2016). ExpertInnen-Interview 8.2.3, Antwort 04.
[54] Vgl. Schleicher (2016). ExpertInnen-Interview 8.2.3, Antwort 07.

seien, bleibe oft unklar, wer gerade das Unternehmen mit dessen eigenem visuellem Material unglaubwürdig oder lächerlich mache.[55]

Norbert Eder sieht dies ebenfalls kritisch: „Das hat die Krisenanfälligkeit von Unternehmen erhöht, weil die Bilder oder Videos nochmal eine ganz andere Wirkung als Texte haben!" Es komme heutzutage durch die Social-Media-Aktivitäten und das Sharing zur unkontrollierten Verbreitung des visuellen Materials. Dass Bildmaterial mit seiner stärker emotionalen Darstellung nicht auch negativ kontextualisiert werde, lasse sich kaum verhindern. Daher empfiehlt er, eine Krisenkommunikations-Strategie aufzubauen, um im Ernstfall angemessen reagieren zu können.[56]

Auch Frank Schleicher beobachtet, dass hauptsächlich Fotos, aber auch Videos und Infografiken, ein kontextfreies Eigenleben führen. Das Problem habe sich durch das Aufkommen von Social-Media verschärft. Aber eigentlich habe es nie die Möglichkeit einer Kontrolle von visuellen PR-Inhalten in den Medien gegeben: „Medien greifen dann einfach zu und sagen, das ist ein tolles Bild. Unabhängig von dem Unternehmen, das es veröffentlicht hat. Meine Empfehlung ist, damit entspannt umzugehen!" Damit müsse man rechnen, wenn man visuelles PR-Material herausgebe. Die Grenze sieht er bei der Verletzung von Persönlichkeits- oder Urheberrechten. Selbst wenn ein Pressebild eines Unternehmens im Falle einer kritischen Berichterstattung in einem negativen Kontext eingesetzt werde, sei dies besser, als wenn Medien ein beliebiges Bild aus anderen Quellen verwende.[57]

Schleicher bestätigt, dass journalistisch keine Nachricht ohne Bild erfolgt und Unternehmen daher gut beraten seien, selber gute, journalistische Bilder und Bewegtbilder verfügbar zu machen. In der TV-Berichterstattung sei es noch problematischer, wenn Bewegtbild-Material, gerade mit MitarbeiterInnen in Arbeitsumgebung aus dem Archiv der Sender geholt und als Klammermaterial in einem anderen Kontext wiederverwendet würde. Aber, so Schleicher, es würde bei Krisen auf jeden Fall berichtet und dann unter Umstände Fremdmaterial eingesetzt, das für die Unternehmen noch unerwünschter sei. Nicht Bösartigkeit, sondern Zeitdruck sei der Grund, warum TV-Medien auf Klammermaterial aus anderen Kontexten zurückgreifen.[58]

---

[55] Vgl. Wassink (2016). ExpertInnen-Interview 8.2.4, Antwort 06.
[56] Vgl. Eder (2016). ExpertInnen-Interview 8.2.5, Antwort 09.
[57] Vgl. Schleicher (2016). ExpertInnen-Interview 8.2.3, Antwort 11.
[58] Vgl. Schleicher (2016). ExpertInnen-Interview 8.2.3, Antworten 13 und 14.

Die in Frage 1 der Umfrage unter deutschen Unternehmensentscheidern erhobenen Ergebnisse zum regelmäßigen Einsatz von visuellen Marketinginstrumenten in den Unternehmen[59] und vor allem, dass größere Unternehmen die visuelle Kommunikation deutlich häufiger nutzen als der Mittelstand und KMU´s, bestätigt Jörg Wassink: „Absolut! Das entspricht komplett meiner Wahrnehmung!". Er selber arbeite für einen Konzern mit 13.000 Mitarbeitern mit einer großen Kommunikationsabteilung. Aber die eigenen KundInnen seien Mittelständler und Kleinunternehmen. Und diese könnten schon für das Referenzkundenmarketing meistens keine Bilder zur Verfügung stellen oder diese seien unbrauchbar. Das Umfrage-Ergebnis bestätige seine Wahrnehmung, wenngleich in seinem Unternehmen die Gewichtung der verwendeten visuellen Kommunikationsinstrumente abwichen. Als Softwareunternehmen mit B2B-Zielgruppe verwende man häufiger Produktfotos und sehr viel häufiger Infografiken. Er könne aber den Unterschied zwischen Großunternehmen und kleineren Firmen im Umgang mit visuellen Marketinginstrumenten völlig bestätigen.[60]

Auch Norbert Eder hält die Ergebnisse für realistisch und verweist auf seine eigene Erfahrung: „Der Mittelstand, der einen Großteil der Unternehmen in Deutschland ausmacht, hat generell bei der Professionalisierung der Kommunikation, der PR und des Marketings, einen großen Nachholbedarf!" Diese mangelnde Professionalisierung zeige sich in Ressourcenknappheit, an gut ausgebildetem Fachpersonal und an zu geringem Budget. Visuelle Kommunikationsinstrumente kosteten Geld und benötigen MitarbeiterInnen, die sich damit auskennen. Der stiefmütterliche Umgang mit dem Thema führe dazu, dass nicht genügend Bildmaterial produziert und eingesetzt werde. Liegen in Unternehmen die PR-Kommunikation und das Marketing in der Verantwortung der SekretärInnen oder anderen Nicht-Kommunikations-Profis, dann seien diese schon mit dem Tagesgeschäft so ausgelastet, dass sie in eine Spezialdisziplin wie die visuelle Kommunikation weder einsteigen können noch werden.[61]

Auch Frank Schleicher beobachtet, dass große Unternehmen häufiger visuelle Medien einsetzen, denn sie haben mehr Ressourcen, und weiß, dass es in kleineren Unternehmen oft Personal fehle, das sich ausschließlich mit Pressearbeit beschäftige. Das machen dann mitunter der Chef oder die Chefin selbst. Mit geringen Ressourcen würde auch weniger visuelles Material erstellt. Es gebe aber sehr wohl Mittelständler, die erkannten, dass sie durch den

---

[59] Vgl. Schwartz/YouGov (2016). Repräsentative Befragung 8.1.1, Abbildungen 14 und 15.
[60] Vgl. Wassink (2016). ExpertInnen-Interview 8.2.4, Antwort 07.
[61] Vgl. Eder (2016). ExpertInnen-Interview 8.2.5, Antwort 10.

Einsatz visueller Marketinginstrumente viel bewegen könnten. Meistens wurden sie dann bereits, so Frank Schleicher, von einer PR-Agentur beraten. Mittelständler würden nicht das schlechtere visuelle Material liefern, sondern seltener Geld dafür bereitstellen.[62]

Die Umfrage ergab weiterhin eine deutlich höhere Etablierung von Bewegtbild-Kommunikation in Großunternehmen, wenngleich Videos auch hier noch seltener genutzt werden als Fotos oder Infografiken.[63] Jörg Wassink kann dieses Ergebnis nachvollziehen und hätte dies auch ähnlich eingeschätzt. Seines Erachtens liegt das vor allem daran, dass Bewegtbilder teurer und aufwändiger zu produzieren sind als ein einfaches Foto. Da gerade KMU´s meist nicht die Finanzmittel und Ressourcen hätten, sei es nicht verwunderlich, wenn sie kein oder kein gutes Bewegtbild-Material produzierten. Sein eigenes Unternehmen habe vor ein paar Jahren eine eigenes kleines TV-Studio aufgebaut. Ein mittelständisches Unternehmen müsse schon 10.000 oder 15.000 Euro in Videotechnik investieren, um dann auch günstig und schnell eigene Videos produzieren zu können. Dennoch glaubt Wassink auch, dass sich viele Kleinunternehmen künstlich selbst beschränkten. Zumindest für das Internet und Social-Media gebe es viele bezahlbare Möglichkeiten, und es lassen sich auch mit günstiger Technik und Software Interviews oder Erklärvideos erstellen. Und das Veröffentlichen dieser Videos sei dank Youtube heutzutage so einfach wie noch nie. Er ist überzeugt, dass sich Video und Live-Bewegtbild-Übertragungen noch weiter durchsetzen werden, und appelliert an die Unternehmen, sich diesem Thema weiter zu öffnen und auch selbstbewusster zu werden.[64]

Norbert Eder sieht eine Hürde auch in der Angst bei kleineren Unternehmen, in Bewegtbildern zu viel Vertrauliches und zu viel Know-how preiszugeben. Das Nichtwissen über die Bedeutung der Bewegtbild-Kommunikation sei eine weitere Hürde. Unternehmensvideos seien am schwierigsten herzustellen, da hier eine ganze Corporate Story erzählt werden müsse. Einfacher und mit den geringsten Einstiegshürden könnten kleine Unternehmen Produkt- und Erklärvideos produzieren. Bei Interviews mit GeschäftsführerInnen oder Vorständen sieht Eder auch die ManagerInnen von Großunternehmen im Vorteil, da diese solche Szenarien eher gewöhnt seien. Das sei eine Frage der Personen.[65]

---

[62] Vgl. Schleicher (2016). ExpertInnen-Interview 8.2.3, Antwort 15.
[63] Vgl. Schwartz/YouGov (2016). Repräsentative Befragung 8.1.1, Abbildungen 14 und 15.
[64] Vgl. Wassink (2016). ExpertInnen-Interview 8.2.4, Antwort 08.
[65] Vgl. Eder (2016). ExpertInnen-Interview 8.2.5, Antwort 11.

Auch Frank Schleicher stellt fest, dass das Wissen um die geeignete Bewegtbild-Produktion noch wenig verbreitet und der Produktionsaufwand deutlich höher als bei der Fotografie sei. Zu diesem Aufwand gehöre auch, dass Presseverantwortliche bei einer Videoproduktion viel stärker zeitlich eingebunden seien: von der Konzeptentwicklung über die Dreharbeiten bis hin zu Schnitt und Abnahme. Dies gelte bei Bewegtbild auch dann, wenn ein Dienstleister beauftragt werde.[66]

Abschließend befragt zu den Trends in der visuellen Kommunikation glaubt Jörg Wassink nicht, dass Video das Foto verdrängen werde, da es immer auch Ziel-Medien gebe, für die Bewegtbild nicht funktioniere. Er glaubt weiterhin an Koexistenz. Die Bedeutung von Bewegtbildern werde steigen, nicht zuletzt durch die Möglichkeiten der Live-Übertragung. Aber das Foto oder auch Infografiken würden bleiben. Es komme auf die Zielgruppe, das Ziel-Medium und die Nutzungs-Situation an. Einen Trend sieht Wassink in animierten Bildern.[67]

Auch Norbert Eder glaubt nicht daran, dass Bewegtbilder das klassische Foto ablösen, nicht zuletzt, da ein Foto schneller angeschaut werden kann und Videos mehr Zeit benötige, um konsumiert zu werden. Er sieht vor allem, dass in Zukunft Infografiken sehr viel stärker von den Medien nachgefragt und eingesetzt werden und Unternehmen daher ihre Produkte und Prozesse verstärkt grafisch darstellen müssen.[68]

Frank Schleicher bekräftigt, dass die Infografik derzeit ein starkes Wachstum verzeichne. Erklärungsbedürftige Sachverhalte lassen sich damit gerade in Onlinemedien gut vermitteln. Er sieht auch eine verstärkte Video-Nutzung, verweist aber ebenfalls darauf, dass man ein Foto in wenigen Sekunden verstehe, ein Video jedoch deutlich längere Aufmerksamkeit erfordere. Schleicher sieht die visuelle Kommunikation insgesamt im Trend und empfiehlt KommunikatorInnen auf diese Werkzeuge zu setzen und in ihren Unternehmen für entsprechende Budgets zu kämpfen.[69]

---

[66] Vgl. Schleicher (2016). ExpertInnen-Interview 8.2.3, Antwort 16.
[67] Vgl. Wassink (2016). ExpertInnen-Interview 8.2.4, Antwort 09.
[68] Vgl. Eder (2016). ExpertInnen-Interview 8.2.5, Antwort 12.
[69] Vgl. Schleicher (2016). ExpertInnen-Interview 8.2.3, Antwort 17.

5. Rechtliche Rahmenbedingungen

5.1 Wichtige betroffene Rechtsordnungen

5.1.1 Überblick

Die Erstellung und vor allem die Nutzung visueller Kommunikationsinstrumente wird von einer ganzen Reihe an rechtlichen Normen geregelt. In der Zusammenarbeit mit FotografInnen oder VideografInnen müssen Unternehmen insbesondere das Urheberpersönlichkeitsrecht beachten, dass das Veröffentlichungsrecht gem. § 12 UrhG, die Anerkennung der Urheber–schaft gem. § 13 UrhG und den Integritätsschutz des Werkes gem. § 14 UrhG regelt. Außerdem gelten die Verwertungsrechte gem. § 15 UrhG, das Vervielfältigungsrecht gem. § 16 UrhG und das Verbreitungsrecht gem. § 17 UrhG.

Eine weitere für Unternehmen wichtige Vorschrift zur Einräumung und Beschränkung von Nutzungsrechten im Rahmen des Urhebervertragsrechts findet sich in § 31 UrhG. Nicht nur UrheberInnen, also FotografInnen oder FilmerInnen, sondern auch das Unternehmen als Nutzer müssen die Persönlichkeitsrechte abgebildeter Personen beachten. Diese Rechte regelt der § 22 KuG auf Grundlage der Artikel 1 und 2 des Grundgesetzes. Auch die Regelungen zur „Panoramafreiheit" nach § 59 UrhG und, bei Nutzung von Sozialen Medien und Webseiten, das Telemediengesetz[70] sind für kommunizierende Unternehmen relevant.

Die Unterscheidung im UrhG zwischen Lichtbildern und Lichtbildwerken, im Hinblick auf künstlerische Ansprüche, spielen für die rechtlichen Rahmenbedingungen von Unternehmen als BildnutzerInnen regelmäßig keine Rolle, es sei denn es geht um ältere Werke und die Frage der urheberrechtlichen Schutzdauer.[71]

---

[70] Vgl. Fechner (2016), S. 353.
[71] Vgl. Kötz/Brüggemann (2015), S. 21.

5.1.2 Urheberpersönlichkeitsrechte

§12 UrhG spricht FotografInnen und FilmerInnen ein alleiniges Bestimmungsrecht ihrer Werke zu. Sie entscheiden über eine Veröffentlichung und deren Ausgestaltung.[72] Mit Veröffentlichung ist die Erstveröffentlichung und nicht spätere Nutzungen gemeint. UrheberInnen haben zudem das Recht, zu verlangen, dass ihr Werk in einer bestimmten Form mit einem Urhebervermerk versehen wird.[73] Diese Ansprüche ergeben sich aus den Regelungen des § 13 UrhG zur Anerkennung der Urheberschaft. Für Unternehmen als Bildnutzer folgen daraus umfassende Kennzeichnungspflichten. Lediglich im reinen Werbeeinsatz können solche Kennzeichnungen regelmäßig entfallen.[74]

Oft unbekannt sind zudem die Regelungen des § 14 UrhG, der UrheberInnen vor einer Entstellung ihrer Werke schützen soll. In Zeiten digitaler Bearbeitung findet regelmäßig eine Veränderung der Bilddatei statt, die bereits eine Entstellung begründen kann. Auch das Wählen neuer Ausschnitte oder die Verwendung in Bildmontagen können zu einer Entstellung führen, ebenso wie die Nutzung in einem unerwünschten Sachzusammenhang. Es bleibt im Streitfall zu klären, ob es sich bei der Bearbeitung um Verfälschungen oder Verstümmelungen des Werkes handelt oder um Beeinträchtigungen, die weniger schwer zu bewerten sind.[75]

5.1.3 Verwertungsrechte und Vergabe von Nutzungsrechten

Die in den § 15 ff. UrhG geregelten Verwertungsrechte sichern den UrheberInnen das ausschließliche Recht zur Verwertung ihrer Werke in körperlicher oder unkörperlicher Form zu. Damit sind Vervielfältigung, Verbreitung, Ausstellung oder Vorführung, beispielsweise der Verkauf von Abzügen oder die öffentliche Wiedergabe, gemeint. Für die visuelle Kommunikation der Unternehmen ist dies nur dann relevant, wenn sie diese Rechte nutzen wollen. Das Urheberrecht von FotografInnen, FilmerInnen oder GrafikerInnen, ist nämlich nicht übertragbar. Wenn es also umgangssprachlich um die „Übertragung" von Rechten geht, ist damit meist die Einräumung von Nutzungsrechten gemeint, die in § 31 UrhG geregelt sind und wofür die jeweiligen UrheberInnen und die Unternehmen als Nutzer Lizenzverträge erstellen.

---

[72] Vgl. Wagenknecht/Tölle (2015), S. 77.
[73] Vgl. Wanckel (2012), S. 305.
[74] Vgl. Wanckel (2012), S. 335.
[75] Vgl. Buchholz/Pahlen (2012) in Castendyk (Hrsg.), S. 78.

Wichtige Unterscheidungen bei der Festlegung der Nutzungsrechte sind, ob diese einfach oder ausschließlich gewährt werden und ob weitere Beschränkungen im Hinblick auf Raum, Zeit oder Inhalt vereinbart werden.[76] Beim ausschließlichen Nutzungsrecht, das Unternehmen sich bei Auftragsproduktionen in der Regel wünschen, wird außerdem zwischen eingeschränkter und voller Ausschließlichkeit unterschieden. Im letzteren Fall können selbst die UrheberInnen ihre Werke nicht mehr nutzen.

Eine Besonderheit können Filmproduktionen darstellen, also Filmwerke, die nicht durch VideografInnen als Einzelkämpfer erstellt worden sind. Kommen mehrere Beteiligte Kreative, wie Kameraleute und RegisseurInnen als Miturheber[77] in Betracht sind Verwertungs- und Nutzungsrechte komplexer und eine automatische Rechtseinräumung zugunsten des Produzenten noch nicht im UrhG aufgenommen.[78] Diese stellt aber bei vielen Filmproduktionen im Dokumentations-, Industrie- und Werbefilmbereich die gelebte Praxis dar. Für Unternehmen als LizenznehmerInnen ergibt sich dadurch ein rechtliches Risiko.

5.1.4 Persönlichkeitsrechte abgebildeter Personen

Im § 22 des KuG wird geregelt, dass Bildnisse von Personen nur mit deren Einwilligung verbreitet oder der Öffentlichkeit zugängig gemacht werden dürfen. Dies betrifft im Regelfall also auch Fotos und Videos von MitarbeiterInnen[79] oder KundInnen. Unternehmen sollten daher mit abgebildeten Personen eine diesbezügliche Vereinbarung, auch „Model-Release" genannt, treffen oder eine solche von den UrheberInnen einfordern und einsehen. Wenn dabei ein Honorar an die abgebildete Person gezahlt wird, regelt das Gesetz weiterhin, dass bei Entlohnung eine Einwilligung im Zweifel als erteilt gilt. Ausnahmen dieser Einwilligungspflicht beschreibt § 23 KuG für mehrere Fallgruppen.

Die für die Unternehmen als Bildnutzer wichtigste Ausnahmebestimmung findet sich in Abs. 1 Nr. 3 im Hinblick auf Versammlungen und öffentliche Veranstaltungen. Die Ausnahme liegt vor, wenn der Zweck der Foto- oder Filmaufnahmen die Darstellung einer öffentlichen Veranstaltung, beispielsweise eine Messe, an der das Unternehmen teilnimmt, und nicht die

---

[76] Vgl. Wagenknecht/Tölle (2015), S. 89.
[77] Vgl. Dobberstein/Schwarz/Hansen (2011) in v. Hartlieb/Schwarz (Hrsg.), S. 164.
[78] Vgl. Dobberstein/Schwarz/Hansen (2011) in v. Hartlieb/Schwarz (Hrsg.), S. 171.
[79] Vgl. Solmecke/Kocatepe (2016), S. 222.

Darstellung einzelner Personen ist.[80] Als Maßstab gilt eine größere Ansammlung an teilnehmenden Menschen, aus der sich einzelne Personen nicht mehr bilddramaturgisch abheben.[81]

5.1.5 Wettbewerbsrecht

Lizensieren Unternehmen für sich ein Nutzungsrecht von Foto- oder Videomaterial, sollten sie dieses auch im Hinblick auf das Wettbewerbsrecht überprüfen. Das UWG könnte dann zum Greifen kommen, wenn ein markenrechtlich geschütztes Zeichen oder ein Produkt eines anderen Herstellers so in der Bilddramaturgie genutzt werden, dass beabsichtigt ist, den guten Ruf dieser dritten Unternehmen und deren Produkte auf die eigenen Waren und Dienst-leistungen zu übertragen.[82] Ein solcher beabsichtigter Imagetransfer könnte laut Wett-bewerbsrecht als Rufausbeutung angesehen werden und damit als unlautere Wettbewerbs-handlung geahndet werden.[83] Unterliegen Werbeideen nach heutiger Rechtsprechung nicht den Regelungen des UWG, so kann dennoch ein Nachahmungsverbot aus dem Urheberrecht oder dem Markenrecht vorliegen.[84]

5.2 Rechtliche Herausforderungen

5.2.1 Rechtliche Herausforderungen durch Einsatzgebiete

Die verschiedenen Einsatzgebiete der visuellen Kommunikationsinstrumente resultieren auch in verschiedenen rechtlichen Herausforderungen in der alltäglichen Kommunikation der Unternehmen.

5.2.1.1 Print

Die Verwendung von Fotos und Grafiken in Drucksachen wird in Lizenzverträgen meistens mit Regelungen über das Verbreitungsgebiet und die Auflagenhöhe versehen. Bei der daraus resultierenden Honorarfrage spielen auch Abdruckgrößen und der Einsatz im redaktionellen

---

[80] Vgl. Bezzenberger (2012) in Castendyk (Hrsg.), S. 285.
[81] Vgl. Helle (1991), S. 168.
[82] Vgl. Maaßen (2008) in Wandtke (Hrsg.), S. 561.
[83] Vgl. Bezzenberger (2012) in Castendyk (Hrsg.), S. 235.
[84] Vgl. Krimphove (2011), S. 143.

Kontext oder als Werbemotiv eine wichtige Rolle. Die KommunikatorInnen haben in der Regel eine Pflicht zur sorgfältigen Kennzeichnung der jeweiligen UrheberInnen, entweder in Bild–nähe oder in einem Abbildungsverzeichnis. Rechtliche Herausforderungen ergeben sich insbesondere durch eventuell von UrheberInnen gewünschten zeitlichen Nutzungsbeschränkungen, Folgeauflagen, Nach- und Sonderdrucke oder PDF-Versionen der Drucksache für die Onlinenutzung. Der Bildnutzer, also das Unternehmen, hat auch die Pflicht, die Einwilligung abgebildeter Person einzuholen oder nachweisen zu lassen, da deren Persönlichkeitsrechte betroffen sind.

5.2.1.2 TV

Sollen Fotos und Bewegtbild-Elemente oder ganze Filme im TV gesendet werden, sei es im redaktionellen Kontext oder in der Werbung, ist diese Verwendung in den Lizenzverträgen genau zu regeln. Wichtige Faktoren sind hierbei das Sendegebiet, die Sendereichweite und die Sendedauer. Letztere gilt bezogen auf das jeweilige urheberrechtlich geschützte Werk. Eine Werbeverwendung muss ausdrücklich mit dem Urheber oder der Urheberin vereinbart sein und auch die Einwilligung von abgebildeten Personen muss diese Nutzung abdecken.

Weitere rechtliche Herausforderungen ergeben sich aus Fragen zu Regelungen von Sendungswiederholungen, von Verbreitung über Online-Streamingdienste der Sender und zur Abspeicherung in Mediatheken. Unternehmen, die Sendern Fotos oder Bewegtbild-Footage im Rahmen ihrer PR zur Verfügung stellen, fällt es verständlicherweise schwer, hierzu Detailregelungen mit den Fernsehanstalten zu treffen. Umso wichtiger ist daher, sich auch über solche erweiterten TV-Nutzungen vorab mit dem Urheber oder der Urheberin zu einigen.

5.2.1.3 Online-Nutzung und Social-Media

Rechtliche Vereinbarungen zur Online-Nutzung visueller Kommunikationsinstrumenten, sei es auf Webseiten oder in Sozialen Medien, sind schon deshalb eine Herausforderung, da die konkrete Nutzung weder räumlich noch nach Auflage oder Nutzungsdauer effektiv festgeschrieben werden kann. Das Internet kennt keine nationalen Grenzen und gelungenes visuelles Material kann sich viral rasend verbreiten und viel mehr Reichweite erzielen als vom Unternehmen vorher geplant oder erhofft. Außerdem können Bilder und Videos nach der vereinbarten Nutzungsdauer zwar von der eigenen Webseite aktiv gelöscht werden, aber das

Internet „vergisst" bekanntlich nichts. Im Cache von Suchmaschinen verbleibt und findet sich das visuelle Material oft weiterhin, ohne dass das Unternehmen darauf Einfluss hat.

Im Segment Social-Media kommt hinzu, dass Bilder und Videos, die von anderen NutzerInnen weiterverteilt worden sind, nicht mehr zurückgerufen oder übergreifend gelöscht werden können. Die BetreiberInnen von Social-Media-Plattformen lassen sich hierfür umfassende Nutzungsrechte einräumen. Diese Nutzung muss das kommunizierende Unternehmen aber erst einmal von den UrheberInnen möglichst explizit zugestanden bekommen haben.[85]

5.2.1.4 Pressearbeit

In der PR-Arbeit veröffentlichen Unternehmen Pressefotos, Infografiken und Bewegtbild-Footage mit der klaren Absicht, dass dieses Material von möglichst vielen Medien aufgegriffen und weiterveröffentlicht wird. Die einzigen Vorgaben, die KommunikatorInnen treffen können, ist die Einschränkung auf die Nutzung im redaktionellen Kontext und die Verpflichtung der Medien zur Quellen- und UrheberInnenangabe. Oft wird letzteres „vergessen" oder erfolgt durch die Redaktionen wenig sorgfältig. Keinesfalls kann ein Unternehmen für solches visuelles Pressematerial den jeweiligen UrheberInnnen eine wirksame regionale oder zeitliche Nutzungsbeschränkung zusichern oder die Reichweite limitieren. Die rechtliche Herausforderung liegt also darin, die berechtigten Interessen von UrheberInnen und LizenznehmerInnen auszugleichen und dem Unternehmen so umfassende Rechte einzuräumen, dass eine unbestimmte Wiederveröffentlichung durch Medien aller Art –zumindest für die redaktionelle Nutzung – ausdrücklich erlaubt ist.

5.2.1.5 Events und Messen

Viele Unternehmen nutzen auf Messen und Events vorhandenes Bild- und Videomaterial, um ihren Messestand auffälliger zu gestalten oder durch multimediale Präsentationen Messe-besucherInnen zum Besuch des Standes zu bewegen. Eine solche Nutzung sollte im Lizenzvertrag mit UrheberInnen pauschal oder explizit geregelt sein. Da Messen in aller Regel als öffentliche Veranstaltung gelten, hat dies auch oft einen Einfluss auf die Honorar-vereinbarungen und die Wirksamkeit von „Model-Releases" mit abgebildeten Personen.

---

[85] Vgl. Solmecke/Kocatepe (2016), S. 212.

Eine besondere rechtliche Herausforderung für die Unternehmen ergibt sich insbesondere bei Events. Teilweise aber auch bei Messen, wenn das urheberrechtlich geschützte, visuelle Material in eine Bühnenshow des Events eingebettet und damit zum Teil eines neuen künstlerischen Werkes wird. Eine solche Nutzung greift sehr stark in das nicht übertragbare Urheberrecht der FotografInnen, GrafikerInnen oder der Filmproduktionsfirma ein und muss daher eindeutig vorher geregelt sein. Dies kann auch Folgeaspekte wie ein Foto- oder Filmverbot auf dem Event beinhalten.

5.2.2 Rechtliche Herausforderungen durch Internationalität

Das Urheberrecht, aber auch verwandte Leistungsschutzrechte sowie das Persönlichkeitsrecht sind keine international einheitlich ausgestalteten Rechtsordnungen. Selbst innerhalb der EU mit ihrer europäischen Urheberrechtsrichtlinie sind die Umsetzungen der Länder teils sehr unterschiedlich.[86]

Eine rechtliche Herausforderung für die KommunikatorInnen in den Unternehmen entsteht vor allem daher, dass es zur Bestimmung der anwendbaren Gesetze nicht auf den Sitz des Unternehmens oder den Standort seiner Server ankommt, sondern auf den Ort der Nutzung. Selbst wenn also UrheberInnen und das Unternehmen demselben Urheberrecht unterliegen und eine saubere Lizenzvereinbarung für Deutschland oder weitere Länder getroffen haben, kann eine virale Verbreitung über das Internet und die Sozialen Medien schnell dazu führen, dass abweichende oder erweiterte internationale Gesetze zum Greifen kommen. Insbesondere auch das Persönlichkeitsrecht oder die sogenannte „Panoramafreiheit" sind international sehr unterschiedlich geregelt.

Die Berner Übereinkunft aus dem Jahr 1979 hat das Gebot der Inländerbehandlung eingeführt. Dies stärkt in der Regel die Position der UrheberInnen, da Ihnen in allen beigetretenen Ländern dasselbe Schutzniveau für Ihre Rechte zusteht wie dort ansässigen UrheberInnen.[87] Der WIPO Urheberrechtsvertrag von 65 Mitgliedsstaten aus dem Jahr 1996 ist eine Erweiterung der Berner Übereinkunft und deshalb relevant, da hier auch die Nutzung von Werken im Internet dediziert geregelt werden.[88]

---

[86] Vgl. Fechner (2016), S. 224.
[87] Vgl. Fink/Cole/Keber (2008), S. 260.
[88] Vgl. Fink/Cole/Keber (2008), S. 261.

5.3 Rechtliche Chancen

5.3.1 Rechtliche Chancen beim markenrechtlichen Schutz

Im Markenrecht obliegt es dem antragstellenden Unternehmen eventuelle Konflikte mit vorhandenen Marken vorab zu prüfen. Bei der Zuteilung einer Marke wird vom Deutschen Patent- und Markenamt vorrangig die Schutzfähigkeit einer Marke für die beantragten Klassen geprüft, jedoch nicht die potentiellen Konflikte. Unternehmen sollten daher auch regelmäßig Neuanmeldungen beobachten und rechtzeitig Abwehrmaßnahmen zum Schutz ihrer eigenen Marken ergreifen. Handelt es sich dabei um Bildmarken oder Wort-Bildmarken, kann die eigene visuelle PR- und Marketing-Kommunikation eine wertvolle Hilfe im Streitfall darstellen. Denn diese kann die Nutzung der Marken sowohl zeitlich wie geografisch und nach Markenklassen dokumentieren und belegen.[89]

5.3.2 Rechtliche Chancen beim Schutz geistigen Eigentums

Der patentrechtliche Schutz eigener Innovationen stellt eine ständige Herausforderung für den Mittelstand dar, insbesondere für Hersteller von Maschinen und technischen Lösungen. Während die Unternehmen einerseits Foto- und Filmaufnahmen in ihren Produktionsstätten oder auf Messen als mögliches Vehikel für Industriespionage fürchten, können sie diese auch zur Stärkung ihres geistigen Eigentums nutzen. Wie auch beim Markenrecht spielt es für den patentrechtlichen Schutz eine wichtige Rolle, ob und wann die Innovation auch vermarktet und das geistige Eigentum damit genutzt wird. Produktfotos und -videos, Dokumentationen oder Bilder und Videos von Messen können hier im Streitfall den notwendigen Beweis erbringen. In der Praxis spielt dies meist dann eine Rolle, wenn Unternehmen zuerst einen nationalen Patentschutz beantragt haben, diesen später international erweitern wollen und es dann zum Konflikt mit ähnlichen Patentanträgen ausländischer Wettbewerber kommt.

5.3.3 Rechtliche Chancen in der Litigation-PR

Die Rechtsprechung sollte eigentlich ohne mediale Beeinflussung, unvoreingenommen und ohne Vorverurteilung stattfinden. Dem gegenüber steht, auch bei größeren Rechtsstreitigkeiten zwischen Unternehmen, bei Wirtschaftskriminalität durch UnterrnehmensmanagerInnen oder

---

[89] Vgl. Backhaus (2007) in Backhaus/Hoeren (Hrsg.), S. 12.

bei gerichtsanhängigen Streitfällen zwischen Unternehmen und staatlichen Institutionen, ein Interesse der Öffentlichkeit an der Berichterstattung, dem die Medien nachkommen.

Nachdem zudem in den letzten Jahren die Staatsanwaltschaften verstärkt PR in eigener Sache betreiben und damit die mediale Berichterstattung beeinflussen, hat sich der Bedarf nach Litigation-PR seitens der UnternehmerInnen und ManagerInnen drastisch verstärkt.[90] Viele große Kanzleien sind mittlerweile auf diese Form der PR-Begleitung von juristischen Streitfällen spezialisiert und nutzen dabei bewusst auch die visuelle Kommunikation, um Vertrauen und Sympathie der Öffentlichkeit für ihre Mandantschaft zu stärken und die mediale Berichterstattung zu deren Gunsten zu beeinflussen.[91] Es gilt, den Bildern vor Gericht, den TV-Statements von StaatsanwältInnen und den investigativen Reportagen von JournalistInnen eigene Bilder entgegenzusetzen, die zumindest für Ausgewogenheit sorgen oder idealerweise die eigene Position stärken können. Da Fotos und Bewegtbild – subtil oder offen – die Emotionalität ansprechen[92], sind sie zu diesem Zweck besser geeignet als juristische Statements oder Pressemitteilungen.

---

[90] Vgl. Holzinger/Wolff (2009), S. 170.
[91] Vgl. Heinrich (2009) in Rademacher/Schmitt-Geiger (Hrsg.), S. 35.
[92] Vgl. Boehme-Neßler (2010), S. 140.

5.4 Empirische Untersuchung mit quantitativer Methode

5.4.1 Stichprobe

Wie in Kapitel 4.6 erläutert habe ich mich zur Teilnahme an einer regelmäßigen Omnibus-Befragung des Marktforschungsinstituts YouGov entschieden, um eine repräsentative Stich–probe mit 503 EntscheiderInnen quer durch alle Branchen und Unternehmensgrößen befragen zu können. Diese wurden nach den etablierten Maßnahmen zur rechtskonformen Lizensierung von Bild-, Video und Grafikmaterial sowie der rechtlich einwandfreien Verwendung von visuellen Marketinginstrumenten befragt. Außerdem sollten die TeilnehmerInnen angeben, ob ihre Unternehmen die visuelle Kommunikation auch bewusst zur Stärkung ihrer Rechte rund um Marken und Produkte einsetzen.

5.4.2 Fragestellung der Erhebung

Die Erhebung beinhaltet für diesen Themenkomplex eine geschlossene Frage, die nachfolgend – im Hinblick auf die Original-Auswertungen im Anhang – als Frage 3 bezeichnet wird:

Frage 3 (Matrixfrage)

Wie häufig finden die folgenden Maßnahmen rund um die Erstellung und den Einsatz visueller Marketinginstrumente in Ihrem Unternehmen Anwendung?

(nie / selten / häufig / immer / kann ich nicht beurteilen / keine Angabe)

o Wir überprüfen bei Bildern, Videos, Grafiken im Einzelfall, ob für die geplante Verwendung alle notwendigen Rechte vorliegen. / Frage 3.1

o Bei Bildern mit Menschen (z.B. Mitarbeitern oder Kunden) holen wir uns deren schriftliche Erlaubnis („Model-Release"). / Frage 3.2

o Wir lassen Lizenzbedingungen von Bildagenturen, Fotografen, Videoproduzenten und Grafikern vorab überprüfen. / Frage 3.4

o Wir haben Richtlinien im Unternehmen zur Lizensierung und Verwendung von (urheberrechtlich geschütztem) visuellem Marketingmaterial. / Frage 3.5

o Im Unternehmen (Marketing-, PR- oder Rechtsabteilung) haben wir Ansprechpartner, die den Einsatz visueller Kommunikation rechtlich prüfen können. / Frage 3.6

- o Wir nutzen im Bedarfsfall auch das Wissen von auf das Urheberrecht spezialisierten Kanzleien. / Frage 3.7
- o Wir erwarten von unseren Dienstleistern (Fotografen, Agenturen etc.), dass sie in unserem Sinn auf geeignete Lizensierung und Rechteeinräumung achten. / Frage 3.8
- o Wir nutzen die visuelle Kommunikation gezielt, um den Schutzumfang unserer Marken und Produkte zu stärken. / Frage 3.9

Mit dieser 8-stufigen Matrixfrage sollen die Maßnahmen ermittelt werden, die in den befragten Unternehmen rund um den Einsatz visueller Marketinginstrumente etabliert sind. Diese Ergebnisse werden anschließend in den ExpertInnen-Interviews (Kapitel 5.5) analysiert.

5.4.3 Ergebnisse der Erhebung

Folgende in den Fragen 3.1 bis 3.8 abgefragten Maßnahmen finden bei der Erstellung und dem Einsatz visueller Marketinginstrumente Einsatz in den Unternehmen:

- 71 Prozent der Unternehmen überprüfen bei Bildern, Videos und Grafiken im Einzelfall, ob für die geplante Verwendung alle notwendigen Rechte vorliegen. Weitere 15 Prozent der Unternehmen machen dies zumindest häufig, jedoch 7 Prozent selten oder niemals.[93]

- 64 Prozent der Unternehmen holen bei Bildern mit Menschen, z.B. MitarbeiterInnen oder KundInnen, deren schriftliche Erlaubnis durch ein „Model-Release" ein. Weitere 19 Prozent machen dies zumindest häufig, jedoch 8 Prozent selten oder niemals.[94]

- 52 Prozent der Unternehmen geben an, dass sie immer unternehmensinterne Richtlinien zur Lizensierung und Verwendung von urheberrechtlich geschütztem visuellem

---

[93] Vgl. Schwartz/YouGov (2016). Repräsentative Befragung 8.1.1, Frage 3.1, Abbildung 22.
[94] Vgl. Schwartz/YouGov (2016). Repräsentative Befragung 8.1.1, Frage 3.2, Abbildung 22.

Marketingmaterial anwenden. Weitere 22 Prozent der Unternehmen wenden diese Richtlinien immerhin häufig an, 11 Prozent jedoch selten oder niemals.[95]

- 62 Prozent der Unternehmen erwarten immer von ihren Dienstleistern, zum Beispiel FotografInnen, VideoproduzentInnen oder Agenturen, dass diese im Sinn des Unternehmens auf geeignete Lizensierung und Rechteeinräumung achten. Weitere 20 Prozent der Unternehmen erwarten dies zumindest häufig, 5 Prozent jedoch selten oder nie.[96]

- 52 Prozent der Unternehmen lassen Lizenzbedingungen von Bildagenturen, FotografInnen, VideoproduzentInnen und GrafikerInnen immer vorab überprüfen. Weitere 23 Prozent der Unternehmen überprüfen dies zumindest häufig, 8 Prozent selten und 6 Prozent nie.[97]

- 51 Prozent der Unternehmen geben an, dass sie in ihren Marketing-, PR- oder Rechtsabteilungen immer AnsprechpartnerInnen haben, die den Einsatz visueller Kommunikation rechtlich prüfen können. Weitere 19 Prozent der Unternehmen können zumindest häufig auf solche AnsprechpartnerInnen zugreifen, 7 Prozent selten und 10 Prozent der Unternehmen nie.[98]

- 33 Prozent der Unternehmen nutzen im Bedarfsfall immer das ExpertInnenwissen von auf das Urheberrecht spezialisierten Kanzleien. Weitere 25 Prozent der Unternehmen schalten zumindest häufig Fachkanzleien ein, 14 Prozent lassen sich selten von externen Urheberrechts-AnwältInnen beraten und 16 Prozent niemals.[99]

---

[95] Vgl. Schwartz/YouGov (2016). Repräsentative Befragung 8.1.1, Frage 3.5, Abbildung 22.
[96] Vgl. Schwartz/YouGov (2016). Repräsentative Befragung 8.1.1, Frage 3.8, Abbildung 25.
[97] Vgl. Schwartz/YouGov (2016). Repräsentative Befragung 8.1.1, Frage 3.4, Abbildung 25.
[98] Vgl. Schwartz/YouGov (2016). Repräsentative Befragung 8.1.1, Frage 3.6, Abbildung 25.
[99] Vgl. Schwartz/YouGov (2016). Repräsentative Befragung 8.1.1, Frage 3.7, Abbildung 25.

Nach Unternehmensgröße ausgewertet, fällt insbesondere auf, dass Großunternehmen die abgefragten Maßnahmen deutlich häufiger „immer" einsetzen, also fest in die eigenen Prozesse integriert haben. In der Summe der „immer" und „häufig" Angaben liegen Großunternehmen immer vorne. Regelmäßig die größte Differenz bei Anwendung der Maßnahmen gibt es zwischen den Großunternehmen über 50 Millionen Euro Umsatz und Kleinstunternehmen mit weniger als 2 Millionen Euro Umsatz. Auch insgesamt lassen sich im Mittelstand regelmäßig Korrelationen zwischen der Häufigkeit von Maßnahmen und der Unternehmensgröße erkennen.

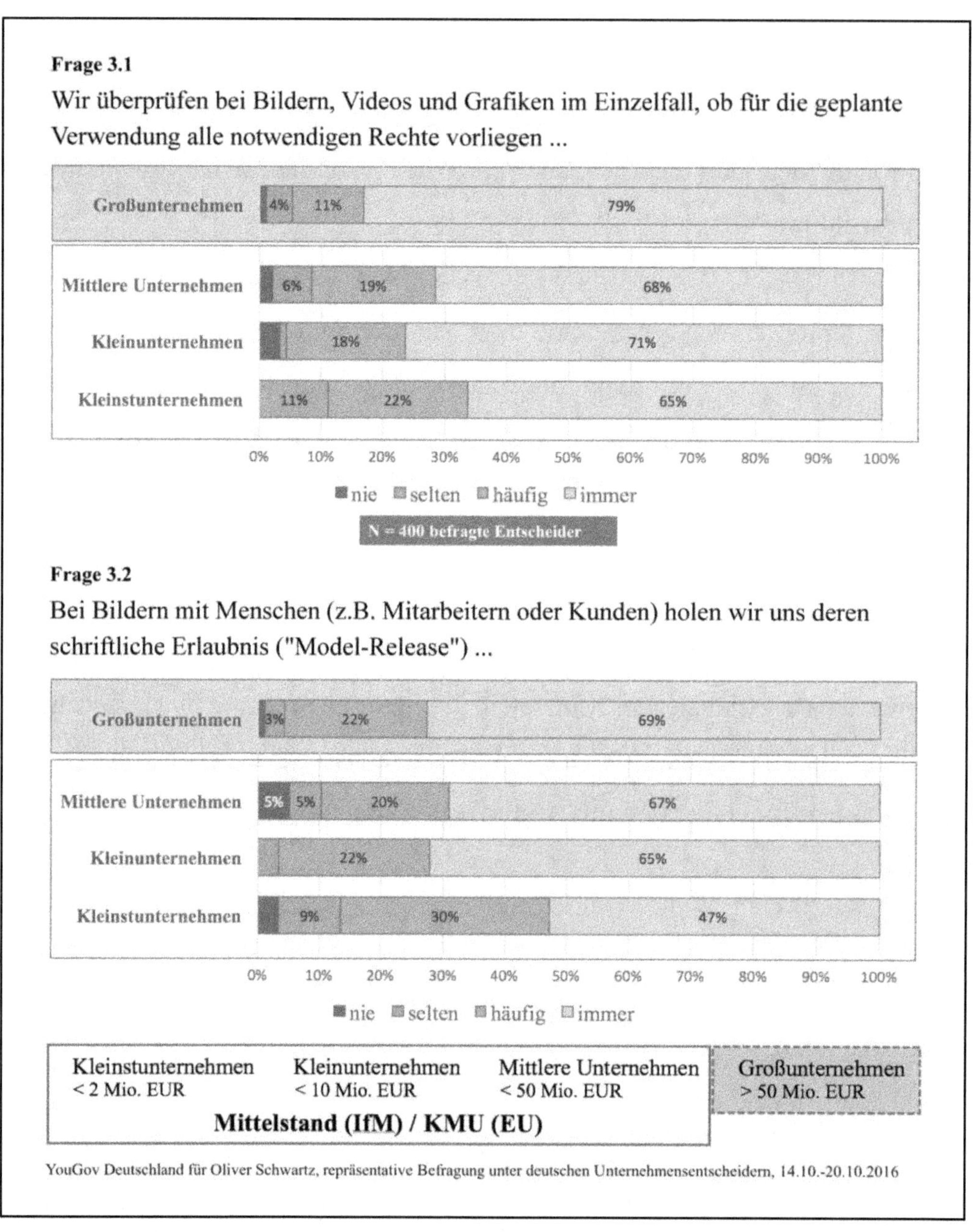

Abbildung 8: Repräsentative Befragung 8.1.1, Fragen 3.1 und 3.2, ausgewertet nach Unternehmensgrößen.
Quelle: Eigengrafik Oliver Schwartz

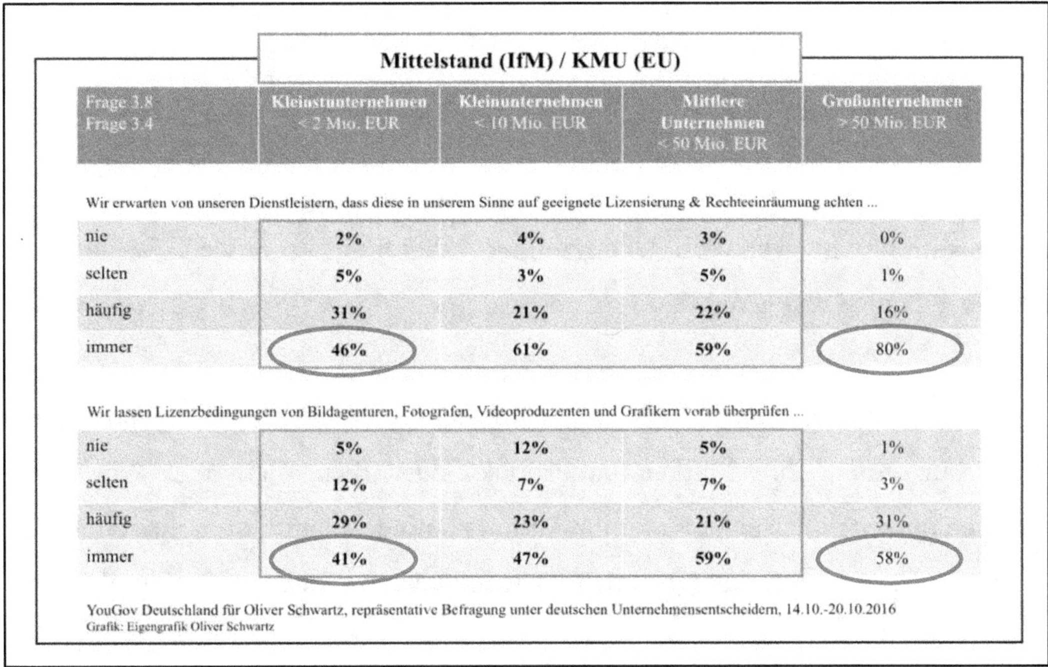

Frage 3.5	Kleinstunternehmen < 2 Mio. EUR	Kleinunternehmen < 10 Mio. EUR	Mittlere Unternehmen < 50 Mio. EUR	Großunternehmen > 50 Mio. EUR
Wir haben Richtlinien im Unternehmen zur Lizensierung & Verwendung von (urheberrechtlich geschütztem) visuellem Marketingmaterial ...				
nie	3%	14%	7%	2%
selten	10%	4%	9%	2%
häufig	31%	28%	24%	21%
immer	46%	42%	51%	66%

YouGov Deutschland für Oliver Schwartz, repräsentative Befragung unter deutschen Unternehmensentscheidern, 14.10.-20.10.2016
Grafik: Eigengrafik Oliver Schwartz

Abbildung 9: Repräsentative Befragung 8.1.1, Frage 3.5, ausgewertet nach Unternehmensgrößen.
Quelle: Eigengrafik Oliver Schwartz

Frage 3.8 Frage 3.4	Kleinstunternehmen < 2 Mio. EUR	Kleinunternehmen < 10 Mio. EUR	Mittlere Unternehmen < 50 Mio. EUR	Großunternehmen > 50 Mio. EUR
Wir erwarten von unseren Dienstleistern, dass diese in unserem Sinne auf geeignete Lizensierung & Rechteeinräumung achten ...				
nie	2%	4%	3%	0%
selten	5%	3%	5%	1%
häufig	31%	21%	22%	16%
immer	46%	61%	59%	80%
Wir lassen Lizenzbedingungen von Bildagenturen, Fotografen, Videoproduzenten und Grafikern vorab überprüfen ...				
nie	5%	12%	5%	1%
selten	12%	7%	7%	3%
häufig	29%	23%	21%	31%
immer	41%	47%	59%	58%

YouGov Deutschland für Oliver Schwartz, repräsentative Befragung unter deutschen Unternehmensentscheidern, 14.10.-20.10.2016
Grafik: Eigengrafik Oliver Schwartz

Abbildung 10: Repräsentative Befragung 8.1.1, Fragen 3.8 und 3.4, ausgewertet nach Unternehmensgrößen.
Quelle: Eigengrafik Oliver Schwartz

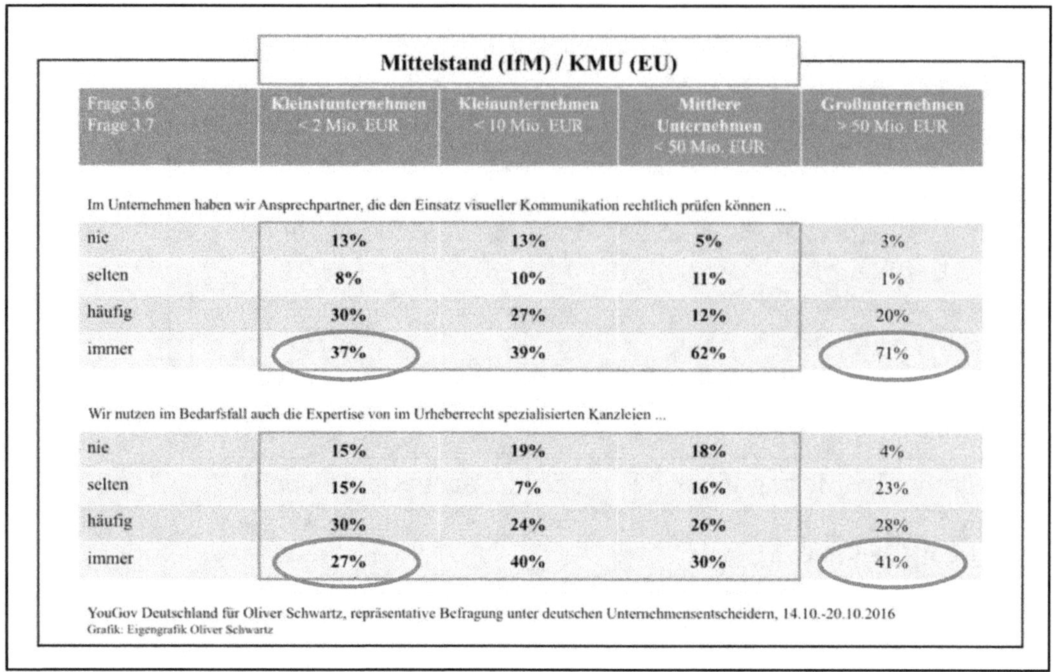

Frage 3.6 Frage 3.7	Kleinstunternehmen < 2 Mio. EUR	Kleinunternehmen < 10 Mio. EUR	Mittlere Unternehmen < 50 Mio. EUR	Großunternehmen > 50 Mio. EUR
Mittelstand (IfM) / KMU (EU)				
Im Unternehmen haben wir Ansprechpartner, die den Einsatz visueller Kommunikation rechtlich prüfen können ...				
nie	13%	13%	5%	3%
selten	8%	10%	11%	1%
häufig	30%	27%	12%	20%
immer	37%	39%	62%	71%
Wir nutzen im Bedarfsfall auch die Expertise von im Urheberrecht spezialisierten Kanzleien ...				
nie	15%	19%	18%	4%
selten	15%	7%	16%	23%
häufig	30%	24%	26%	28%
immer	27%	40%	30%	41%

YouGov Deutschland für Oliver Schwartz, repräsentative Befragung unter deutschen Unternehmensentscheidern, 14.10.-20.10.2016
Grafik: Eigengrafik Oliver Schwartz

Abbildung 11: Repräsentative Befragung 8.1.1, Fragen 3.6 und 3.7, ausgewertet nach Unternehmensgrößen.
Quelle: Eigengrafik Oliver Schwartz

Visuelle Kommunikation wird von den Unternehmen, abgefragt in Frage 3.9, auch als rechtliche Chance verstanden und genutzt:

- 47 Prozent der Unternehmen nutzen die visuelle Kommunikation gezielt, um immer auch den Schutzumfang ihrer Marken und Produkte zu stärken. Weitere 27 Prozent der Unternehmen nutzen die visuelle Kommunikation zumindest häufig, um ihre rechtliche Position entsprechend zu stärken, jeweils 6 Prozent dagegen selten oder niemals.[100]

Ausgewertet nach Unternehmensgröße fällt auf, dass in der Frage der Stärkung des Schutzumfangs von Marken und Produkten durch visuelle Kommunikation die Unterschiede zwischen Großunternehmen und dem Mittelstand weniger stark ausfallen. Auch im Mittelstand beträgt der Abstand zwischen mittleren und Kleinstunternehmen maximal 5 Prozent.

---

[100] Vgl. Schwartz/YouGov (2016). Repräsentative Befragung 8.1.1, Frage 3.9, Abbildung 28.

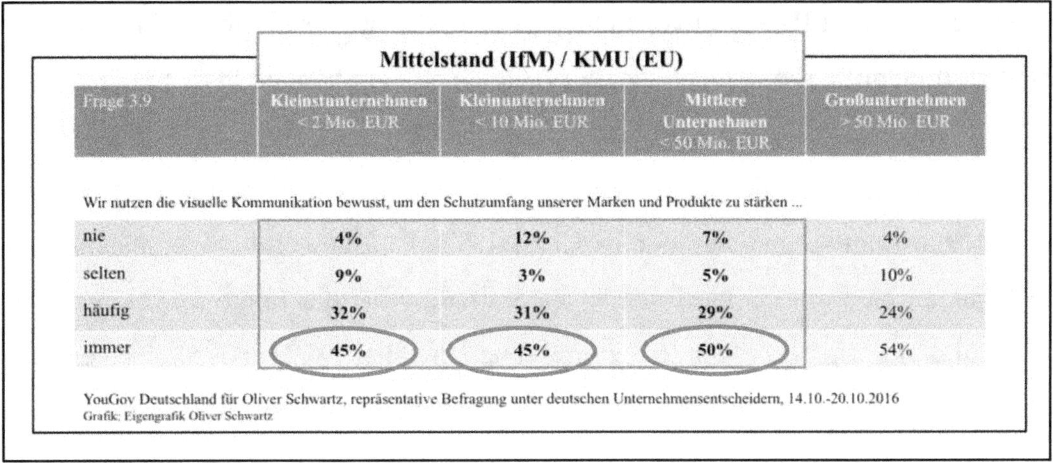

Abbildung 12: Repräsentative Befragung 8.1.1, Frage 3.9, ausgewertet nach Unternehmensgrößen.
Quelle: Eigengrafik Oliver Schwartz

5.4.4 Ergänzende Umfrage des Bundesverbands deutscher Pressesprecher

In einer Blitzumfrage im Rahmen eines Webinars des Bundesverbands deutscher Presse–sprecher äußerten sich 51 teilnehmende PR-Verantwortliche ebenfalls dazu, welche Maß–nahmen rund um die Erstellung und den Einsatz visueller PR in ihren Unternehmen statt–finden[101]:

- 80 Prozent der PR-Abteilungen der repräsentierten Unternehmen überprüfen, ob die Rechte für die Verwendung vorliegen.

- 40 Prozent der befragten PR-Verantwortlichen nutzen bei Bildern mit Menschen ein „Model-Release".

- 80 Prozent der KommunikatorInnen lassen die Lizenzbedingungen von FotografInnen und Agenturen vorher überprüfen.

- 35 Prozent der Unternehmen der Umfrage-TeilnehmerInnen besitzen Richtlinien zur Lizensierung und Verwendung von visuellem Material.

---

[101] Vgl. BdP (2016). Webinar-Blitzumfrage 8.1.2, Abbildung 32.

- Nur 10 Prozent der PR-Verantwortlichen geben an, dass sich ihre Unternehmen regelmäßig durch auf Urheberrecht spezialisierte Kanzleien beraten lassen.

Auffällig sind die Abweichungen der Aussagen der 51 PR-Verantwortlichen in dieser nicht-repräsentativen Blitzumfrage gegenüber der in Kapitel 5.4.3 ausgewerteten repräsentativen Umfrage unter UnternehmensentscheiderInnen[102] insbesondere bei der Frage nach Unternehmens-Richtlinien und der Beratung durch externe Fachanwälte. Während 52 Prozent der EntscheiderInnen angeben, dass entsprechende Unternehmens-Richtlinien immer zum Einsatz kommen und weitere 22 Prozent zumindest eine häufige Anwendung der Richtlinien in ihren Unternehmen bestätigen, so sprechen nur 35 Prozent der PR-Verantwortlichen von einer regelmäßigen Anwendung von Richtlinien.

Noch stärker ist die Abweichung bei der Konsultation von spezialisierten Kanzleien. Nur 10 Prozent der KommunikatorInnen können bestätigen, dass sich ihre Unternehmen regelmäßig in Sachen Urheberrecht beraten lassen, während immerhin 33 Prozent der EntscheiderInnen angeben, dass sich ihre Unternehmen im Bedarfsfall immer anwaltlich beraten lassen, und weitere 25 Prozent, dass zumindest häufig das ExpertInnenwissen von auf das Urheberrecht spezialisierten Kanzleien eingeholt werde.

---

[102] Vgl. Schwartz/YouGov (2016). Repräsentative Befragung 8.1.1, Abbildung 25.

5.5 Empirische Untersuchung mit qualitativer Methode

5.5.1 Allgemein

In 30- bis 45-minütigen ExpertInnen-Interviews werden zwei auf Urheberrecht und gewerb–
liche Schutzrechte spezialisierte FachanwältInnen befragt. Außerdem wurden zwei langjährige
Kommunikatoren und ein auf visuelle Kommunikation spezialisierter Dienstleister interviewt
(s. 4.7). Die telefonischen ExpertInnen-Interviews wurden als Audiodateien mitgeschnitten,
transkribiert und von den ExpertInnen autorisiert.

5.5.2 Fragestruktur der ExpertInnen-Interviews

5.5.2.1 Rechtliche Rahmenbedingungen für die visuelle Kommunikation

Bei Herstellung, Beauftragung oder Lizensierung von visuellen Marketinginstrumenten
sind verschiedene Rechte einzuholen oder abzuklären: Urheberrecht, Nutzungsrecht,
Persönlichkeitsrecht. Was sind die größten rechtlichen Herausforderungen für PR- und
Marketingverantwortliche in den Unternehmen?

In Zeiten des Internets gibt es keine klar abzugrenzenden Druckauflagen oder
Verbreitungsgebiete mehr. Das Grundprinzip des Sharings in den Sozialen Medien
durchbricht auch die klaren Rollen von Publisher und Empfänger. Jeder Empfänger
kann und wird selbst wieder zum Publisher. Sind denn Urheberrecht und weitere
betroffene Rechtsordnungen entsprechend global? Wie schütze ich mein Unternehmen
vor unliebsamen Überraschungen durch die – ja auch gewünschte – stark virale
Verbreitung meiner Inhalte?

Fotografen, Videoproduzenten, aber auch Bildagenturen arbeiten mit Formulierungen
in Verträgen, auf Aufträgen oder in den AGB, die vom unspezifischen „mit allen
Rechten" bis hin zum 8-seitigen „Kleingedruckten" reichen. Gilt hier der Rat, dass ich
auf eine konkret ausformulierte Rechteeinräumung achten soll – oder eher darauf, dass
meine gewünschte Nutzung nicht untersagt wird?

In Deutschland lässt sich das Urheberecht nicht übertragen, verbleibt damit beim Fotografen, Videofilmer, Grafiker usw. Kann und darf ich dann in meinem Auftrag erstelltes und lizensiertes visuelles Marketingmaterial auf Internet-Plattformen hochladen, die sich per AGB weitreichende eigene Nutzungsrechte einräumen lassen? Dies reicht ja bei einigen Social-Media-Plattformen bis hin zu unbegrenztem Nutzungsrecht für das Eigenmarketing des Plattformbetreibers.

PR- und Marketing-Bilder sowie -Videos leben von Menschen, in der Regel keine Schauspieler, sondern Mitarbeiter oder Kunden. In welchen Fällen ist deren Abbildung ohne konkrete Einwilligung erlaubt, und wann benötige ich in jedem Fall ein Model-Release zur Übertragung von Persönlichkeitsrechten?

In einigen Rechtsgebieten sehen wir bereits weit verbreitet, dass europäisches Recht in den Vordergrund getreten ist. Wie sieht das beim Urheberrecht und weiteren betroffenen Rechtsordnungen aus? Und gibt es derzeit anstehende Veränderungen auf Gesetzesebene, die Verantwortliche im Unternehmen unbedingt kennen und beachten sollten?

Neben den rechtlichen Risiken beim Einsatz visueller Marketinginstrumente gibt es ja sicherlich auch Chancen, zum Beispiel um durch gezielten Einsatz den Schutzumfang von Marken und Produkten zu stärken. Können Sie hier eine Empfehlung aussprechen?

5.5.2.2 Einschätzung der Ergebnisse der quantitativen Erhebung

Große Unternehmen haben Rechtsabteilungen, die in der Regel einschätzen können, wann die Einbindung externer Fachanwälte notwendig wird. Doch wie sieht es im Mittelstand und bei Kleinunternehmen aus? In einer aktuellen repräsentativen Studie für diese Arbeit haben 33 Prozent aller Unternehmen angegeben, immer derartiges ExpertInnenwissen einzuholen, und weitere 25 Prozent, dass dies zumindest häufig vorkommt. Und 16 Prozent lassen sich nie extern beraten. Bei dem Teilsegment der Großunternehmen mit einem Umsatz über 50 Millionen Euro lagen die Anteile dagegen bei 41 Prozent (immer), 28 Prozent (häufig) und nur bei 4% (nie). Wie erleben Sie dies in der Praxis?

In einer nicht-repräsentativen Blitzumfrage im Rahmen eines Webinars vom Bundesverband deutscher Pressesprecher gaben sogar nur 10 Prozent der PR-Verantwortlichen an, sich durch auf Urheberrecht spezialisierte Kanzleien beraten zu lassen. Und nur 35 Prozent der repräsentierten Unternehmen hat Richtlinien zur Lizensierung und Verwendung. Wird heutzutage aus Ihrer Juristensicht zu nachlässig mit den rechtlichen Risiken bei der Verwendung von Fotos, Videos und Grafikmaterial umgegangen?

5.5.2.3 Empfehlungen für die visuelle Kommunikation in der Unternehmens-Praxis

Das Internet hat ja auch dafür gesorgt, dass Kommunikationsverantwortliche in den Unternehmen nicht mehr das einzige Sprachrohr in die Öffentlichkeit sind, sondern heute oftmals mehr Dirigenten einer Vielzahl von kommunizierenden Mitarbeitern, die direkt oder indirekt im Namen des Unternehmens veröffentlichen oder dem Unternehmen zumindest zugerechnet werden. In Kombination mit den unüberschaubar vielen Kommunikationskanälen und der viralen Verbreitung ist dies ja aus rechtlicher Sicht wie ein Ritt auf der Rasierklinge. Was würden Sie als wichtige Maßnahmen empfehlen: Internetrichtlinien, rechtliche Schulungen, verbindliche Freigabeprozesse oder einen Pool an vorher geprüftem, „wasserdicht" lizensiertem visuellem PR- und Marketingmaterial?

5.5.3 Kurzprofile der befragten ExpertInnen

5.5.3.1 Rechtsanwalt Florian Wagenknecht

Rechtsanwalt Florian Wagenknecht ist auf das Urheberrecht und den gewerblichen Rechtsschutz spezialisiert. In der Kanzlei Tölle Wagenknecht berät er Mandanten auch in Fragen des IT- und Datenschutzrechts.[103]

5.5.3.2 Rechtsanwältin Sabine Heukrodt-Bauer

Rechtsanwältin Sabine Heukrodt-Bauer von der Kanzlei RESMEDIA doziert über IT-Recht an der Johannes Gutenberg-Universität in Mainz. Sie ist Mitglied im Ausschuss „IT-Recht" der Bundesrechtsanwaltskammer, hält regelmäßig Vorträge auf Fachkongressen und publiziert zu Fragen des E-Commerce und des IT-Rechts.[104]

5.5.3.3 Weitere befragte Experten

Im Rahmen der ExpertInnen-Interviews zur Bedeutung der visuellen Kommunikation für den Mittelstand (s. 4.7) wurden die PR- und Marketing-Profis Jörg Wassink (s. 4.7.3.1), Norbert Eder (s. 4.7.3.2) und Frank Schleicher (s. 4.7.3.3) auch zu rechtlichen Aspekten befragt. Ihre Aussagen fließen damit auch in die nachstehenden Ergebnisse mit ein.

5.5.4 Ergebnisse der ExpertInnen-Interviews

Die größten rechtlichen Herausforderungen im Umgang mit visuellen Marketinginstrumenten liegen für PR- und Marketingverantwortliche in den Unternehmen nach Sabine Heukrodt-Bauer darin, die rechtlichen Fallstricke zu erkennen, ein Rechte- und Lizenz-Management zu etablieren und den MitarbeiterInnen ein Problembewusstsein zu vermitteln, was im Urheberrecht erlaubt ist und was nicht.[105]

Auch Florian Wagenknecht sieht die größte Herausforderung in der Koordination in den Unternehmen, wo die meisten Fehler passieren. Es muss dabei sichergestellt werden, dass die

---

[103] Vgl. Wagenknecht (2016). ExpertInnen-Interview 8.2.1, Vita.
[104] Vgl. Heukrodt-Bauer (2016). ExpertInnen-Interview 8.2.2, Vita.
[105] Vgl. Heukrodt-Bauer (2016). ExpertInnen-Interview 8.2.2, Antwort 01.

MitarbeiterInnen das visuelle Material nur im Umfang vereinbarter Lizenzen nutzen.[106] Zu dem Problem trage bei, dass im Regelfall die Person, die sich im Unternehmen um die Lizenzeinholung kümmert und die Rechteverhandlungen führt, nicht auch die ist, die anschließend das visuelle Marketingmaterial auch nutzt. Insofern sieht auch Wagenknecht das als wichtigen Punkt im unternehmensinternen Rechte-Management und der für die NutzerInnen verständlichen Kommunikation über den Rechteumfang und erlaubte Verwendung.[107]

Die nicht-planbare virale und internationale Verbreitung von urheberrechtlich geschützten, visuellen Marketinginstrumente durch das Sharing im Internet trifft nach Einschätzung von Wagenknecht auf urheberrechtliche sowie markenrechtliche Rechtsordnungen, die nur begrenzt global gültig sind. Als Beispiel nennt er die europäische Urheberrechtsrichtlinie, deren Umsetzung den nationalen Staaten obliegt, was in der Praxis dazu führt, dass bereits in der EU die Mitgliederländer unterschiedliche Urheberrechte haben und schon unser Nachbarland Schweiz sich nicht an EU-Normen halten muss. Unternehmen könnten sich daher nur durch möglichst „wasserdichte" Verträge schützen, was Rechtskenntnisse aus den jeweiligen Ländern der UrheberInnen voraussetze.[108]

Sabine Heukrodt-Bauer betont ebenfalls, dass die Auslegung von Nutzungsarten in den unterschiedlichen Ländern verschieden erfolgen könne und dass deswegen möglichst ausdrückliche Lizenzen benötigt werden, die zum Beispiel bei der Internetnutzung auch das Sharing einschließen. Sie verweist dabei auf Rechtsprechung, dass das Nutzungsrecht „Internetnutzung" nicht gleichzeitig auch das Nutzungsrecht „Sharing" umfasst, das aber notwendig sei, um beispielsweise Social-Media-NutzerInnen das Teilen und Re-tweeten von Inhalten zu erlauben, denn dies sei eine Weiter-Lizensierung, zu der man von den jeweiligen UrheberInnen berechtigt sein sollte.[109]

Florian Wagenknecht ergänzt, dass Unternehmen im Kontext der Internet-Nutzung die Rechte immer örtlich unbegrenzt für eine globale Nutzung einholen sollten, und empfiehlt ebenfalls die klare Regelung der Verwendung in den Sozialen Medien, da eine Zustimmung der

---

[106] Vgl. Wagenknecht (2016). ExpertInnen-Interview 8.2.1, Antwort 01.
[107] Vgl. Wagenknecht (2016). ExpertInnen-Interview 8.2.1, Antwort 02.
[108] Vgl. Wagenknecht (2016). ExpertInnen-Interview 8.2.1, Antwort 03.
[109] Vgl. Heukrodt-Bauer (2016). ExpertInnen-Interview 8.2.2, Antwort 02.

UrheberInnen zu einer solchen Nutzung faktisch eine automatische Einwilligung in das Sharing und die Nutzung des visuellen Marketingmaterials über nationale Grenzen hinaus sei.[110]

Stolpersteine in den Formulierungen von Lizenzverträgen sieht Sabine Heukrodt-Bauer in unspezifischen Formulierungen wie „mit allen Rechten", die häufig genutzt werden. Sie betont, dass pauschale Formulierungen nicht ausreichen, um Nutzungsrechte formal korrekt zu übertragen. Sie empfiehlt den PR- und Marketingverantwortlichen eine genaue Planung der zukünftigen Verwendung des visuellen Materials und eine explizite Vertragsregelung entlang dieser spezifischen Planung. Wichtig sei auch die Beachtung von Regelungen zur zeitlichen Beschränkung, die Frage der Exklusivität der Rechtseinräumung und der Aspekt räumlicher Beschränkungen.[111]

Florian Wagenknecht verweist darauf, dass in Deutschland unscharf formulierte Regelungen fast immer zu Gunsten der UrheberInnen ausgelegt werden. Auch er rät den Unternehmen zu einer möglichst konkreten Ausformulierung und Spezifizierung der angestrebten Rechte und der Sichtweise, dass alles, was über diese konkreten Formulierungen hinausgehe, verboten sei. Jede gewünschte Nutzung sollte in den Verträgen mit den UrheberInnen auch so eingeräumt worden sein. Bei einer sehr umfangreichen oder allumfassenden Einräumung von Nutzungsrechen warnt Wagenknecht zudem davor, dass dann unter Umständen die gebotene Angemessenheit der Vergütung nicht gegeben sein könnte.[112]

Gerade bei der Nutzung von visuellem Material in Sozialen Medien ist die Nichtübertragbarkeit des Urheberrechts in Deutschland ein potenzielles Problem, da sich die Plattform-Betreiber in ihren AGB wiederum sehr weitreichende Nutzungsrechte einräumen lassen, über die das veröffentlichende Unternehmen nicht verfügen kann. Wagenknecht rät daher pragmatisch dazu, in den Lizenzverträgen nicht „Nutzung in Social-Media". sondern konkret „Nutzung auf Facebook" zu vereinbaren. Idealerweise verständigt man sich zudem mit den jeweiligen UrheberInnen auch darüber, dass für diese Nutzung die AGB von Facebook gelten und Vertragsbestandteil werden sollen. Bei einer solchen spezifischen Vereinbarung könne unterstellt werden, dass die UrheberInnen die Plattform kennen und im Wissen um deren

---

[110] Vgl. Wagenknecht (2016). ExpertInnen-Interview 8.2.1, Antwort 04.
[111] Vgl. Heukrodt-Bauer (2016). ExpertInnen-Interview 8.2.2, Antwort 03.
[112] Vgl. Wagenknecht (2016). ExpertInnen-Interview 8.2.1, Antwort 05.

Besonderheiten die Rechte einräumen.[113] Bei einer zu pauschalen Formulierung dagegen werde im Streitfall wiederum regelmäßig zugunsten der UrheberInnen ausgelegt, und diese könnte sich darauf berufen, bestimmte Soziale Medien und die Weiternutzung des visuellen Materials dort nicht bedacht zu haben.[114]

Auch Sabine Heukrodt-Bauer stellt klar, dass es im Urheberrecht nicht darum geht, was sich die UrheberInnen vorbehalten haben, sondern welche konkreten Rechte die EinkäuferInnen von Nutzungsrechten erhalten haben.[115] Sie empfiehlt den Unternehmen ebenfalls, sich nicht nur das Nutzungsrecht für die Nutzung im Internet einräumen zu lassen, sondern die Nutzung auf gewünschten Social-Media-Kanälen ausdrücklich zu vereinbaren und im Zweifel die von den UrheberInnen unerwünschten und die für die NutzerInnen zulässigen Plattformen und Kanäle ausdrücklich zu benennen. Von einer solchen konkreten Vereinbarung mit verengten Rechtsverhältnissen sei dann aber umgekehrt eine künftige Nutzung des Materials auf neuen Plattformen ausgeschlossen.[116]

Ein wesentlicher Aspekt bei der Erstellung und Nutzung von visuellen Marketinginstrumenten ist die Abbildung von Menschen und deren erforderliche Einwilligung. Meist handelt es sich um MitarbeiterInnen oder KundInnen, oft auch um BesucherInnen von Messen und Veranstaltungen. Florian Wagenknecht verweist auf das im Kunsturheberrechtsgesetz geregelte Persönlichkeitsrecht der abgebildeten Menschen und stellt fest, dass jede Veröffentlichung eines Bildnisses einer Person verboten ist, sofern keine explizite Einwilligung vorliegt. Er empfiehlt daher in jedem Fall mit einem Model-Release-Vertrag zu arbeiten, um das von der betroffenen Person schriftlich genehmigen zu lassen. Dies sei bei eigenen MitarbeiterInnen sogar Pflicht.[117] Eine pauschale Rechtseinräumung „für alle Marketingzecke" sei im Persönlichkeitsrecht möglich und einfacher als im Urheberrecht. Dennoch empfiehlt er, auch bei der Ausformulierung eines Model-Releases auf eine möglichst konkrete Rechtseinräumung zu achten, Beispiele aufzuführen und zu regeln, dass diese Nutzungs-Beispiele nicht abschließend sind und die tatsächliche Nutzung im Rahmen der eingeräumten Rechte darüber hinausgehen kann.[118]

---

[113] Vgl. Wagenknecht (2016). ExpertInnen-Interview 8.2.1, Antworten 06 und 07.
[114] Vgl. Wagenknecht (2016). ExpertInnen-Interview 8.2.1, Antwort 08.
[115] Vgl. Heukrodt-Bauer (2016). ExpertInnen-Interview 8.2.2, Antwort 04.
[116] Vgl. Heukrodt-Bauer (2016). ExpertInnen-Interview 8.2.2, Antwort 05.
[117] Vgl. Wagenknecht (2016). ExpertInnen-Interview 8.2.1, Antwort 09.
[118] Vgl. Wagenknecht (2016). ExpertInnen-Interview 8.2.1, Antwort 10.

Sabine Heukrodt-Bauer bekräftigt, dass beim Recht am eigenen Bild immer ein Einverständnis der betroffenen Person einzuholen ist, verweist aber auch auf die Ausnahmen im Persönlichkeitsrecht. So werden für sogenannte VIPs die Persönlichkeitsrechte im öffentlichen Verkehrsraum eingeschränkt. Wenn Personen nicht im Bildmittelpunkt stehen, also eher ein kompositorisches Beiwerk sind und zufällig auf dem Bild oder im Video erscheinen oder nicht individuell zu erkennen sind, ist die Einholung einer Genehmigung entbehrlich. Eine weitere, geregelte Ausnahme sind Foto- und Filmaufnahmen auf öffentlichen Veranstaltungen.[119] Bei Messen könne man regelmäßig davon ausgehen, dass es sich um öffentliche Veranstaltungen handele und dann Fotos von BesucherInnen am Messestand auch veröffentlicht werden. Insbesondere, wenn sich diese BesucherInnen im Messe-Gespräch ablichten lassen, sei dies als Einverständnis zur Veröffentlichung zu werten.

Bei unternehmensinternen Events ohne den Charakter einer öffentlichen Veranstaltung müsse jedoch jede abgebildete Person einzeln um Erlaubnis gefragt werden. Sabine Heukrodt-Bauer empfiehlt hier den Unternehmen, bereits bei der Einladung auf Foto- und Filmaufnahmen hinzuweisen und Hinweisschilder am Eingang aufzustellen. Eine Besonderheit, die zu rechtlichen Streitigkeiten führen könnte, seien auch Aufnahmen mit minderjährigen Auszubildenden. Hier empfehle sich immer, zusätzlich das Einverständnis der Eltern einzuholen.[120] Bei prominenten Personen sei zu unterscheiden, ob diese zum Beispiel bei einer Messe oder bei einem Besuch einer öffentlichen Veranstaltung zu Dokumentations- oder PR-zwecken fotografiert oder gefilmt werden, oder ob ein Unternehmen die Abbildung eines Prominenten ungefragt in einer Werbekampagne benutze. Dann könnten sehr wohl Persönlichkeitsrechte verletzt sein.[121]

Bei der Ausgestaltung von einem Model-Release rät auch Sabine Heukrodt-Bauer zu einer möglichst spezifischen Regelung. Die Rechtsprechung tendiere dahin, pauschale Verein—barungen für alle Zukunft und alle zukünftigen Nutzungsarten für unzulässig zu erklären. Zumindest die wesentlichen Nutzungsarten, wie die Veröffentlichung in Drucksachen, die Internetnutzung oder die Veröffentlichung auf Social-Media-Plattformen sollten konkret ausformuliert sein.[122]

---

[119] Vgl. Heukrodt-Bauer (2016). ExpertInnen-Interview 8.2.2, Antwort 06.
[120] Vgl. Heukrodt-Bauer (2016). ExpertInnen-Interview 8.2.2, Antwort 07.
[121] Vgl. Heukrodt-Bauer (2016). ExpertInnen-Interview 8.2.2, Antwort 08.
[122] Vgl. Heukrodt-Bauer (2016). ExpertInnen-Interview 8.2.2, Antwort 09.

Im Hinblick auf die Abbildung von MitarbeiterInnen betont Sabine Heukrodt-Bauer, dass das Recht am eigenen Bild nicht beschränkbar sei und die Einräumung von Abbildungs-Geneh–migungen nur so lange gelten, bis sie widerrufen werden. Eine Möglichkeit für Unternehmen, sich im Hinblick auf die Nutzungsrechte an MitarbeiterInnen-Abbildungen eine gewisse Planungssicherheit zu verschaffen, seien neben einem Model-Release daher auch Zusätze zum Arbeitsvertrag. Die Erteilung einer unwiderruflichen Einverständniserklärung durch die MitarbeiterInnen sei dabei möglich, müsste jedoch sorgfältig formuliert und explizit vereinbart werden.[123]

Gefragt, ob die Zahlung eines zumindest symbolischen Honorars einen abgeschlossenen Model-Release stärkt, bestätigt Florian Wagenknecht, dass eine Geldzahlung laut Gesetz tatsächlich eine Einwilligung vermuten lässt. Dann muss die abgebildete Person beweisen, dass sie trotz Entlohnung keine Einwilligung zur Veröffentlichung erteilt hat.[124]

Sabine Heukrodt-Bauer betont zwar, dass es beim Recht am eigenen Bild nicht erforderlich ist, dass Gelder fließen, um eine Einverständniserklärung rechtssicher einzuholen, bestätigt aber ebenfalls, dass ein Honorar eine Art von rechtlichem Gegenseitigkeitsverhältnis begründet, und empfiehlt deswegen eine Honorarzahlung, um dem „Model" unstrittig klarzumachen, dass es eine Gegenleistung erhalten hat, und so zu vermeiden, dass die Einverständniserklärung einfach widerrufen wird.[125]

Florian Wagenknecht erläutert, dass es unerheblich sei, ob das Model-Release auf die FotografInnen beziehungsweise die Filmproduktionsfirma als jeweilige UrheberInnen oder direkt auf das Unternehmen als NutzerIn des visuellen Materials ausgestellt ist, solange der abgebildeten Person, die ihre Einwilligung erteilt, eindeutig erkennbar gemacht wurde, wer später die Veröffentlichung vornimmt und wo das Bild- oder Filmmaterial veröffentlicht werden soll.[126] Im Fall von Bildagentur-Portalen, die visuelles Material der UrheberInnen zwar oft mit „vorliegendem Model-Release" anbieten, jedoch ohne dass das einwilligende Model den Endnutzer vorher kennen kann, genügt es laut Florian Wagenknecht, wenn die FotografInnen oder VideoproduzentInnen sich die konkrete Einwilligung von abgebildeten

---

[123] Vgl. Heukrodt-Bauer (2016). ExpertInnen-Interview 8.2.2, Antworten 10 und 11.
[124] Vgl. Wagenknecht (2016). ExpertInnen-Interview 8.2.1, Antwort 11.
[125] Vgl. Heukrodt-Bauer (2016). ExpertInnen-Interview 8.2.2, Antwort 12.
[126] Vgl. Wagenknecht (2016). ExpertInnen-Interview 8.2.1, Antwort 13.

Personen geholt haben, das Material über eine sogenannte Stock-Agentur zu vertreiben. Bei solchen pauschalen Einwilligungen werde aber meist eine Veröffentlichung im pornographischen oder politischen Kontext ausgeschlossen. Wagenknecht rät dem Unternehmen dennoch, wo möglich, von der Bildagentur Einblick auf das Model-Release zu erhalten.[127]

Norbert Eder arbeitet als Kommunikator noch nicht mit formellen Model-Releases, sondern lässt sich Fotos und Videos von KundInnen und MitarbeiterInnen freigeben, meist per E-Mail. Bei Fotos von Veranstaltungen werde dieser Aspekt der Rechteklärung oft nicht berücksichtigt. Einen kritischen Fall im Zusammenhang mit Persönlichkeitsrechten und einer anschließenden Rechte-Diskussion habe es mit umgekehrten Vorzeichen gegeben, als ein Medium ein Foto des CEO des Unternehmens der Webseite entnommen und zu seinem Unwillen in einem Artikel veröffentlicht habe.[128]

Die in Frage 3.8 der Umfrage unter deutschen UnternehmensentscheiderInnen erhobenen Ergebnisse zur Häufigkeit der Einbindung externer FachanwältInnen[129] bestätigt Florian Wagenknecht und stellt fest, dass sich kleine Unternehmen wegen der beträchtlichen Kosten vor anwaltlicher Beratung zurückschreckten und sich häufig diese, statt im Vorfeld, erst im Streitfall holten. Größere Unternehmen hätten schlicht mehr finanzielle Mittel, um sich im Urheber-, Persönlichkeits-, Medien- oder IT-Recht beraten zu lassen.[130]

Auch Sabine Heukrodt-Bauer kann die Umfrageergebnisse bestätigen. Sie berichtet, kleinere Unternehmen würden das Kostenrisiko von Rechtsverletzungen und Abmahnungen verkennen und wenig Geld in Rechtsberatung investieren. Sie zweifelt an der ausreichenden rechtlichen Kompetenz dieser Unternehmen und ihrer GeschäftsführerInnen, um sich fachgerecht selber zu informieren, und empfiehlt Rechtsberatung durch einen Anwalt oder eine Anwältin. Deren Kosten betrügen schließlich nur einen Bruchteil der Kosten einer Abmahnung.[131]

Die Ergebnisse einer Blitzumfrage im Rahmen eines Webinars vom Bundesverband deutscher Pressesprecher, nach denen sich sogar deutlich weniger PR-Verantwortliche durch auf

---

[127] Vgl. Wagenknecht (2016). ExpertInnen-Interview 8.2.1, Antwort 14.
[128] Vgl. Eder (2016). ExpertInnen-Interview 8.2.5, Antwort 05.
[129] Vgl. Schwartz/YouGov (2016). Repräsentative Befragung 8.1.1, Abbildungen 25 und 26.
[130] Vgl. Wagenknecht (2016). ExpertInnen-Interview 8.2.1, Antwort 15.
[131] Vgl. Heukrodt-Bauer (2016). ExpertInnen-Interview 8.2.2, Antwort 13.

Urheberrecht spezialisierte Kanzleien beraten lassen und nur ein Drittel der Unternehmen über Richtlinien zur Lizensierung und Verwendung von visuellem Marketingmaterial verfügen[132], bestätigt Florian Wagenknecht. Seines Erachtens werde in den Unternehmen zu nachlässig mit den rechtlichen Risiken bei der Verwendung von Fotos, Videos und Grafikmaterial umgegangen. Denn enorme Streitwerte hätten gerade für kleinere Unternehmen ein enormes Gefahrenpotenzial. Es sei nicht immer eindeutig, ob Nachlässigkeit oder Unwissenheit die Ursache dafür sei. Es herrsche vielfach der Glaube, dass die einfache Nutzung fremder Bilder und Videos im Internet dadurch auch regelfrei möglich sei. Viele Unternehmen würden nicht einmal die Rechtsseminare von Verbänden nutzen und ließen sich nur schwer sensibilisieren.[133]

Auch Sabine Heukrodt-Bauer kritisiert das mangelnde Problembewusstsein. JuristInnen würden von den Verantwortlichen als schwer verständlich und schwierig eingeschätzt. Es sei aber auch eine Frage der Risikoabwägung. Verantwortliche, die jahrelang keine Abmahnung erlebt hätten, wären an möglichen rechtlichen Risiken wenig interessiert. Großunternehmen und Konzerne würde diesbezüglich wesentlich professioneller arbeiten. Darauf würden auch die Rechtsabteilungen der Großunternehmen achten.[134]

Auf die Frage nach den größten rechtlichen Herausforderungen für PR- und Marketingverantwortliche bekennt Jörg Wassink, dass er schon zweimal eine Abmahnung von auf Verstöße gegen Bildrechte spezialisierte AnwältInnen erhalten habe. In beiden Fällen sei es nicht um die ordentliche Lizensierung, sondern um die unsaubere Quellenangabe bei der Veröffentlichung gegangen. Für KommunikatorInnen wie ihn, die als Nicht-JuristInnen auch nicht in der Tiefe der Rechtsprechung informiert sind, seien Urheber- und Persönlichkeitsrechte immer ein schwieriges Thema. Das gelte gerade für die Eventfotografie. Man versuche grundsätzlich, diese Rechte sehr sorgfältig zu beachten und für das Foto- und Filmmaterial in der eigenen Brand-Library die Nutzungsrechte von den FotografInnen und die Einwilligungen zur Veröffentlichung von den Abgebildeten einzuholen.[135]

Norbert Eder hält die Unkenntnis über die Komplexität der Rechtsgebiete für eine Herausforderung. Die PR-Abteilungen hätten sich damit meist nicht professionell auseinander-

---

[132] Vgl. BdP (2016). Webinar-Blitzumfrage 8.1.2, Abbildung 32.
[133] Vgl. Wagenknecht (2016). ExpertInnen-Interview 8.2.1, Antwort 16.
[134] Vgl. Heukrodt-Bauer (2016). ExpertInnen-Interview 8.2.2, Antwort 14.
[135] Vgl. Wassink (2016). ExpertInnen-Interview 8.2.4, Antwort 03.

gesetzt. Das Thema der visuellen Kommunikationsinstrumente sei aus dem Alltag hinein–
gewachsen und überfordere manche Kommunikationsabteilung. Es fehle dann oft ein Freigabe–
prozess oder ein Rechtemanagement. Vor allem sei wenigen Unternehmen klar, dass die Her–
stellung von Bildern und Videos etwas koste und dafür ein Budget notwendig sei. Für ein
professionelles Management der visuellen Kommunikationsarbeit müsse man einen eigenen
Kompetenzbereich aufbauen.[136]

Aus eigener Erfahrung im Mittelstand stellt Norbert Eder fest, dass immer noch die Textarbeit
dominiere und visuelle Elemente oft erst zum Schluss dazukommen. Die Frage nach Rechten
würde unter Zeitdruck oft nicht ernstgenommen. Meistens würden Rechtsabteilungen nicht
involviert und externe FachanwältInnen nur dann konsultiert, wenn es bereits ein rechtliches
Problem gäbe.[137]

Frank Schleicher verbreitet mit seinem Arbeitgeber, einem Distributionsdienstleister, im Jahr
mehrere tausend Pressefotos und viele hundert PR- und Marketing-Videos. Dabei erlebt er nur
selten Rechteprobleme, die zu einem Rechtsstreit führen. Dies begründet er damit, dass sich
seine KundInnen verpflichten müssen, vorher den Rechtestatus des zu verbreitenden visuellen
Marketingmaterials zu kontrollieren. Außerdem würden Metadaten genutzt, um wichtige
Rechteinformationen und Nutzungsbeschränkungen deutlich zu kommunizieren.[138]

Insbesondere bei Fotos und Videos mit Menschen empfiehlt Frank Schleicher, sich an den
journalistischen Gepflogenheiten der Nachrichten- und Footage-Agenturen zu orientieren und
mittels der IPTC-Metadaten-Felder eine Bildlegende mit Urheberinformationen und Nut–
zungsbeschränkungen in das visuelle Material zu integrieren. Dabei könne man das Material
für einen bestimmten Veröffentlichungszweck freigeben und auch Restriktionen im Hinblick
auf die Persönlichkeitsrechte abgebildeter Personen einfordern. Denn auch ein Medium, in dem
visuelles PR-Material eines Unternehmens genutzt werde, unterliege der Sorgfaltspflicht.[139]

Im Hinblick auf das Urheberrecht und weitere für die Nutzung von visuellen Marketing–
instrumenten relevante Rechtsordnungen sieht Florian Wagenknecht derzeit wenig Bewegung

---

[136] Vgl. Eder (2016). ExpertInnen-Interview 8.2.5, Antwort 03.
[137] Vgl. Eder (2016). ExpertInnen-Interview 8.2.5, Antwort 04.
[138] Vgl. Schleicher (2016). ExpertInnen-Interview 8.2.3, Antwort 08.
[139] Vgl. Schleicher (2016). ExpertInnen-Interview 8.2.3, Antwort 09.

dahingehend, dass eine Überarbeitung der europäischen Urheberrechtsrichtlinie mehr Einheitlichkeit in der EU gewährleisten werde. Derzeit werde nationales Recht noch nicht durch internationale Rechtsordnungen verdrängt, sondern diese Richtlinien in der Regel anschließend in nationales Recht umgesetzt. Für Unternehmer als RechtenutzerInnen sei es eine viel zu hohe Hürde, sich mit multinationalen Urheberechtsverträgen wie dem WIPO-Vertrag auseinanderzusetzen. Dies sei Aufgabe von FachanwältInnen. Aber er empfiehlt trotzdem einen Blick auf europäische Initiativen, da in einigen verwandten Rechtsordnungen alles im Wandel sei. Als Beispiel nennt er Einschränkungen im Leistungsschutzrecht, die eine Bedeutung für Internet-Suchmaschinen hätten. Wichtig sei vor allem ein treffsicheres Gefühl für grundsätzliches Recht.[140]

Sabine Heukrodt-Bauer sieht ebenfalls derzeit keine Bewegung in Richtung eines einheitlichen EU-Urheberrechts, obwohl die Diskussionen schon seit den 1970er-Jahren geführt werden. Aus ihrer Sicht sind die EU-Staaten sich untereinander uneinig, und die einzelnen Länder möchten auf ihre nationalen Regelungen auch nicht verzichten. Ein prominentes Beispiel sei die „Panoramafreiheit", die in einigen EU-Ländern eingeschränkt sei, in Deutschland aber nach wie vor frei sei und frei bleiben sollte. Auch unterschiedliche, urheberrechtliche Fristenregelungen würden Probleme bereiten und verstärkt diskutiert.[141]

Die Frage nach der Wirksamkeit einzelner gesetzlicher Regelungen richtet sich, so betont Sabine Heukrodt-Bauer, nicht primär nach dem eigenen Firmensitz, dem Standort der Server oder dem Sitz der RechteinhaberInnen, sondern nach dem „Tatort". Vergleichbar mit dem Wettbewerbsrecht seien das Urheberrecht und Verletzungen von Nutzungsrechten eine Art Nebenstrafrecht. Der „Tatort" sei dort, wo das Werk genutzt werde. Die Verwendung von visuellem Material auf Facebook und anderen Internet-Kanälen könnte schnell einen weltweiten Tatort schaffen. Im Wettbewerbsrecht würde man dies als Marktortprinzip bezeichnen. Es gehe also um den Ort, an dem Bilder und Videos abrufbar sind.[142]

Das Haftungsrisiko für die visuell kommunizierenden Unternehmen ist enorm, so Sabine Heukrodt-Bauer, da die RechtenutzerInnen für die ganze Nutzungskette hafte. Unterschiedliche Schutzumfänge des Urheberrechts in den USA und in Deutschland oder anderen europäischen

---

[140] Vgl. Wagenknecht (2016). ExpertInnen-Interview 8.2.1, Antwort 18.
[141] Vgl. Heukrodt-Bauer (2016). ExpertInnen-Interview 8.2.2, Antwort 17.
[142] Vgl. Heukrodt-Bauer (2016). ExpertInnen-Interview 8.2.2, Antwort 18.

Ländern könnten dazu führen, dass ein Unternehmen trotz ordnungsgemäßer Lizensierung bei US-UrheberInnen dennoch in vielen Tatortregionen gegen geltendes Recht verstoße. Es sei im Urheberrecht zudem nicht möglich, eine Bild- oder Video-Lizenz gutgläubig zu erwerben. Selbst wenn eine zwischengeschaltete Agentur eine Mitschuld treffen würde, müsse das haftende Unternehmen im Zweifel eine Unterlassungserklärung unterschreiben.[143]

Die rechtlichen Chancen im Einsatz visueller Marketinginstrumente sieht Florian Wagenknecht durch gezielten Einsatz zur Stärkung des Schutzumfangs von Marken. Sowohl bei eingetragenen wie auch bei nicht-eingetragenen Marken gelte das einfache Prinzip, dass je weiter die Verbreitung erfolgt und je mehr Menschen dadurch eine Marke auch wahrnehmen, umso besser könne man den Schutz der Marke durchsetzen.[144]

Beim Markenrecht sei es so, erklärt Sabine Heukrodt-Bauer, dass eine Marke auch genutzt werden müsse, um ein Markenrecht zu begründen. Was früher schon ein Messekatalog sein konnte, seien heute Internet und Social-Media, über die sich auch eine gewerbliche Nutzung der Marke belegen lasse. Gerade dieser Beleg der Markennutzung könnte veröffentlichtes, visuelles Marketingmaterial sein.[145]

Jörg Wassink weiß, dass eine stringente Corporate Identity mit definierten Bilderwelten Marken schützenwerter macht, sieht darin aber nur einen Randaspekt der visuellen Kommunikation. Für sein Unternehmen seien der Markenaufbau und die Erzeugung von Bekanntheit und Wiedererkennbarkeit durch prägnante Bilderwelten und hochwertige Videos wichtiger als rechtliche Aspekte des Markenschutzes.[146]

Norbert Eder glaubt, dass der Aspekt wichtiger wird und für Start-ups und kleine Unternehmen große Chancen eröffnet. Sein Fazit: „Wenn visuelle Marketinginstrumente helfen, die rechtlichen Schutzmechanismen von Marken und Produkten zu aktivieren, sind das gerade für den Mittelstand wertvolle Werkzeuge!"[147]

---

[143] Vgl. Heukrodt-Bauer (2016). ExpertInnen-Interview 8.2.2, Antwort 19.
[144] Vgl. Wagenknecht (2016). ExpertInnen-Interview 8.2.1, Antwort 19.
[145] Vgl. Heukrodt-Bauer (2016). ExpertInnen-Interview 8.2.2, Antworten 20 und 21.
[146] Vgl. Wassink (2016). ExpertInnen-Interview 8.2.4, Antwort 10.
[147] Vgl. Eder (2016). ExpertInnen-Interview 8.2.5, Antwort 13.

6. Conclusio

Die Unternehmenskommunikation befindet sich im Wandel, ebenso wie bereits die Medienlandschaft. An den neuen, internetbasierten Kommunikationskanälen – insbesondere den großen Social-Media-Plattformen – kommen auch die Kommunikationsverantwortlichen mittelständischer Unternehmen nicht vorbei. Und sie sollten diese Kanäle auch nicht ignorieren, denn ihre KundInnen und vor allen ihre MitarbeiterInnen nutzen diese bereits. Auch in der mittelstandstypischen B2B-Kommunikation, sei es auf Webseiten oder Onlinemedien, dem eigenen Onlineshop oder Plattformen wie Facebook und Youtube, sind visuelle Kommunikationsinstrumente wie Bilder, Videos oder Infografiken gefragt, denn das Medienverhalten der KommunikationsempfängerInnen ist multimedialer und schnelllebiger geworden.

Visuelle Elemente verdichten und beschleunigen die Informationsvermittlung, stellen Alleinstellungsmerkmale von Produkten, Anwendungsvorteile oder herausragende Prozesse in kürzerer Zeit, eingängiger und bei Bedarf auch emotionaler dar als reine Textinformationen.

53 Prozent der für diese Masterthesis befragten 503 EntscheiderInnen einer repräsentativen Stichprobe (Kapitel 4.5.2) bewerten die unterstützende Wirkung visueller Kommunikation für die Vermittlung ihrer Unternehmensbotschaften positiv bis sehr positiv und 50 Prozent bestätigen, dass ihre KundInnen eine Kommunikation durch Fotos, Videos oder Infografiken erwarten. Zudem sind 49 Prozent der Überzeugung, dass die visuelle Kommunikation für ihr Unternehmen an Bedeutung gewinnen wird. Pressefotos mit nachrichtlichem Charakter werden immerhin in 41 Prozent der Unternehmen genutzt, Infografiken in 34 Prozent und Produktvideos in 30 Prozent. Alle weiteren visuellen Kommunikationsinstrumente kommen seltener zum Einsatz und immerhin 15 Prozent der befragten EntscheiderInnen geben an, dass sie keine visuellen Marketinginstrumente einsetzen.

In der Analyse nach Unternehmensgröße zeigt sich einheitlich, dass Großunternehmen mit mehr als 50 Millionen Euro Umsatz alle Facetten der visuellen Kommunikation bereits deutlich stärker nutzen als der Mittelstand. Und auch innerhalb des Mittelstands gibt es ein durchgehendes Gefälle zwischen Mittleren Unternehmen, Kleinunternehmen und Kleinstunternehmen unter 2 Millionen Euro Umsatz. Dies bedeutet, dass fast 20 Jahre nach der Digitalisierung der Foto- und Videotechnik, 13 Jahre nach der Gründung von Facebook,

12 Jahre nach der Gründung von Youtube und trotz eines krisenhaften Umbruchs der Medienlandschaft, der ebenfalls bereits mehr als 10 Jahre andauert, immer noch die Hälfte der mittelständischen Unternehmen nicht von den Vorteilen des Einsatzes visueller Kommunikation überzeugt sind. Sie sind sich unsicher über die diesbezügliche Erwartung ihrer KundInnen und daraus resultierend über die zukünftige Bedeutung visueller Werkzeuge. Und sie setzen einzelne dieser Werkzeuge heutzutage immer noch, je nach Unternehmensgröße, bis zu 26 Prozent seltener ein als Großunternehmen.

Bei einem Einsatz visueller Marketinginstrumente in der Unternehmenskommunikation sind verschiedene Hürden zu nehmen. Der technische Aufwand und die Kosten für die Produktion von Fotos und Videos haben zunehmend abgenommen und stellen heute für kein Unternehmen mehr ein unüberwindbares Hindernis dar. Trotzdem ist eine visuelle Kommunikation in der Herstellung signifikant teurer als beispielsweise die Erstellung von Pressemitteilungen, Broschüren oder Webseiten, die aber ihrerseits ohne hochwertige Bilder, Grafiken und Bewegtbildinhalte geringere Erfolgsaussichten haben.

Eine größere Hürde besteht in dem Zeitaufwand für die KommunikatorInnen in den Unternehmen und deren erforderliche Qualifikation sowie Erfahrung in der Zusammenarbeit mit Bildagenturen, FotografInnen, FilmerInnen und GrafikerInnen. Die Konzeptentwicklung, das Briefing der Kreativen, die Shooting-Organisation und -Betreuung, die Nachbearbeitung, Freigabe und Veröffentlichung erfordern nicht nur große zeitliche Ressourcen, sondern auch Know-how.

Die personelle Ausstattung der PR- und Marketing-Abteilungen im Mittelstand ist deutlich geringer als in den Großunternehmen, ebenso die Bereitschaft, in diese Disziplinen zu investieren, so der Tenor der geführten ExpertInnen-Interviews (Kapitel 4.6.4). Eine nicht unerhebliche Herausforderung für die KommunikatorInnen stellen aber auch die rechtlichen Rahmenbedingungen dar: Das Wissen um und die Sensibilität für die betroffen Rechtsordnungen des Urheberrechts und der Persönlichkeitsrechte sowie die Anforderungen an eine saubere Lizensierung und das Einholen geeigneter Nutzungsrechte sind im Mittelstand wenig ausgeprägt, wie die einhellige Meinung der befragten ExpertInnen gezeigt hat (Kapitel 5.5.4). Insbesondere die interviewten JuristInnen gingen dabei mit dem Mittelstand und seinen verantwortlichen UnternehmerInnen und GeschäftsführerInnen noch strenger ins Gericht als die ebenfalls kritischen, mittelstandserfahrenen KommunikatorInnen.

Diese wissenschaftliche Arbeit hat die rechtlichen Herausforderungen und Chancen der visuellen Kommunikation im Kontext der mittelständischen Unternehmenskommunikation und für die Praxis der KommunikatorInnen in den Unternehmen untersucht. So konnte sie eine Lücke zwischen rechtswissenschaftlichen und marketingwissenschaftlichen Untersuchungen und Veröffentlichungen schließen. Die Ergebnisse der empirischen Erhebungen, sowohl die Befragung von UnternehmensentscheiderInnen und die Auswertung ergänzender Befragungen von PR- und E-Commerce-Verantwortlichen als auch die ExpertInnen-Interviews mit auf das Urheberrecht spezialisierten RechtsanwältInnen, mittelstandserfahrenen KommunikatorInnen und Dienstleistern, ergänzen sich dabei zu einem konsistenten Bild. Ebenfalls ergeben sich klare, nachfolgend aufgelistete Handlungsempfehlungen für den Mittelstand.

Die Arbeit an dieser Masterthesis hat aber auch Aspekte aufgeworfen, die in weiteren wissenschaftlichen Arbeiten vertieft werden müssten. So geben die Ergebnisse der Befragungen und die ExpertInnen-Interviews Anlass für eine tiefergehende Untersuchung, warum GeschäftsführerInnen oder EntscheiderInnen in Unternehmen ein deutlich abweichendes Bild von den etablierten rechtlichen Maßnahmen zeichnen als ihre kommunikationsverantwortlichen MitarbeiterInnen oder die befragten externen RechtsanwältInnen. Ein weiterer Ausgangspunkt für vertiefende Untersuchungen könnte die Clusterung nach Branchen sein, um weitere Erkenntnisse darüber zu gewinnen, ob sich die Etablierung visueller Kommunikation in den einzelnen Branchen des Mittelstands unterscheidet. Beide Aspekte konnten im zeitlichen Rahmen dieser Masterthesis nicht vertieft analysiert werden.

Mittelständische Unternehmen nutzen visuelle Kommunikationsinstrumente noch nicht im gleichen Umfang wie Großunternehmen. Lediglich Produktfotos sind in den Mittleren Unternehmen mit 52 Prozent genauso etabliert wie in Großunternehmen. Fast alle weiteren Werkzeuge konnten sich bislang deutlich weniger durchsetzen. Dies gilt offensichtlich insbesondere für Formate, deren Produktion besonders hohe Anforderungen an Konzeption und begleitende Betreuung durch die unternehmenseigenen KommunikatorInnen aufweisen. So nutzen nur 16-23 Prozent der mittelständischen Unternehmen Erklärvideos, in Großunternehmen sind dies bereits 30 Prozent. Unternehmensvideos erstellen nur 21-33 Prozent der Mittelständler, dagegen 45 Prozent der Großunternehmen. Ein ähnliches Bild zeigt sich auch bei Feature-Fotos und Pressefotos mit nachrichtlichem Charakter.

Verbindet man diese Ergebnisse mit den Aussagen der ExpertInnen in den Interviews wird klar, dass der Mittelstand folgende strukturelle Nachteile hat:

- In den mittelständischen Unternehmen gibt es entweder noch keine dedizierten Abteilungen für die Unternehmenskommunikation oder diese sind in ihren personellen Ressourcen und in dem vorhandenen Know-how zu visueller Kommunikation zu schwach aufgestellt.

- Der Mittelstand scheut häufiger als Großunternehmen den Investitionsaufwand in Produktion oder Lizensierung visueller Kommunikationsinstrumente – trotz technologisch bedingt deutlich gesunkenen Kosten. Dies dürfte auch damit zusammenhängen, dass gerade in den Kleinstunternehmen – so die Umfrageergebnisse – häufiger EntscheiderInnen unsicher oder zweifelnd sind, ob ihre KundInnen eine visuelle Kommunikation erwarten und ob die Bedeutung solcher Kommunikationsinstrumente zunehmen wird.

In dieser Ausgangssituation sind die mittelständischen Unternehmen mit den rechtlichen Herausforderungen zum Einsatz visueller Kommunikation konfrontiert.

- Im Mittelstand gibt es weniger AnsprechpartnerInnen, die den Einsatz visueller Kommunikation rechtlich prüfen könnten: Können 91 Prozent der Großunternehmen immer oder häufig auf solche AnsprechpartnerInnen zurückgreifen, meist in den eigenen Rechtsabteilungen, so sind dies im Mittelstand nur 66-78 Prozent der Unternehmen.

- Auch die rechtliche Beratung durch Fach-Kanzleien nehmen mittelständische Unternehmen, nach Aussage der befragten EntscheiderInnen, weniger regelmäßig in Anspruch. Wobei der Unterschied zu den Großunternehmen geringer ausfällt als es die Einschätzungen der AnwältInnen und KommunikatorInnen in den ExpertInnen-Interviews vermuten ließe.

- Nur 42-51 Prozent der mittelständischen Unternehmen verfügen über Richtlinien zur Lizensierung und Verwendung von urheberrechtlich geschütztem, visuellen

Marketingmaterial, die regelmäßig zum Einsatz kommen. Immerhin 66 Prozent der Großunternehmen haben solche Richtlinien und nutzen diese immer.

Dieser mangelnde Zugriff auf urheberrechtliches Fachwissen im eigenen Unternehmen und das häufige Fehlen von Unternehmensrichtlinien wirken sich nicht nur negativ auf die rechtliche Absicherung im Mittelstand aus, sondern dürften verantwortliche KommunikatorInnen auch davon abhalten, verstärkt solche visuellen Kommunikationsinstrumente zum Einsatz zu bringen, bei denen die Identifizierung des benötigten Rechteumfangs und dessen Lizensierung sich komplexer gestalten oder das rechtliche Risiko als gefühlt zu hoch eingeschätzt wird.

Wie ernst das rechtliche Risiko für Unternehmen bei der nicht ausreichend abgesicherten Nutzung visueller Kommunikationsinstrumente ist, zeigt aktuell der soeben beendete Rechts–streit des österreichischen Fotografen Klemens Horvath mit dem Wiener Hotel Sofitel am Donaukanal. Eine initiale Honorar- und Lizenzzahlung von 5.000 Euro mündete durch jahre–lange sorglose „Ausdehnung" der unzureichenden Nutzungsrechte und eine nicht mit dem Fotografen hinreichend vereinbarte, virale und weltweite Verbreitung des Bildmaterials in Schadensersatzforderungen Horvath´s in Millionenhöhe. Der Rechtsstreit endete mit einem für das Hotel, das lange die Dimensionen der eigenen, unabsichtlichen Urheberrechtsverletzungen unterschätzt hat, teuren außergerichtlichen Vergleich.[148]

Abbildung 13: Sofitel Vienna, zwei der vom Rechtsstreit betroffenen Fotografien. Quelle: Horvath (2017): klemenshorvath.com (08.02.2017)

Doch es gibt nicht nur rechtliche Herausforderungen. Die visuelle Kommunikation bietet auch rechtliche Chancen zur Stärkung des Schutzumfangs eigener Marken und Patente. Gerade für

---

[148] Vgl. Krutzler (DER STANDARD 2017), online.

den Mittelstand dürfte eine solche vorsorgliche Stärkung der eigenen Rechtsposition deutlich attraktiver sein als spätere Rechtsstreitigkeiten. Die Befragung unter den EntscheiderInnen ergibt auch, dass mit 76-79 Prozent beinahe genauso viele mittelständische Unternehmen immer oder zumindest häufig darauf achten wie Großunternehmen. Angesichts der Bedeutung des Patent- und Markenschutzes für mittelständische Maschinenbauer oder weitere Technologieunternehmen, überraschen diese hohen Werte nicht. Die Ergebnisse der ExpertInnen-Interviews belegen aber, dass zumindest die KommunikatorInnen diese Ziele nicht systematisch verfolgen.

Die Forschungsfrage lässt sich zusammenfassend wie folgt beantworten:

Die Bedeutung von Onlinekommunikation und den neuen Kommunikationskanälen der Sozialen Plattformen nimmt auch für den Mittelstand in dem Maße zu, in dem ihre KundInnen, VertriebspartnerInnen und MitarbeiterInnen diese Informationsquellen und Kommunikationswege verstärkt nutzen, während traditionelle Medien sich im krisenhaften Wandel befinden und an Reichweite und Bedeutung verlieren. Die neuen Sozialen Medien fördern mit ihren Kommunikationsangeboten, angewendeten Filter-Algorithmen und Rankings die visuelle Kommunikation mit einer besseren Sichtbarkeit. Gleichzeitig erleichtern die Plattformen das Hosting, das Veröffentlichen und das virale Verbreiten von Bildern und Videos für jedes noch so kleine Unternehmen und auch für Privatleute.

Diese Möglichkeiten wiederum haben in den letzten Jahren zu massiven Veränderungen in der Unternehmenskommunikation geführt, die nach den Großunternehmen nun verstärkt den Mittelstand erreichen. Jede Mitarbeiterin und jeder Mitarbeiter sind heute potentielle KommunikatorInnen. Die Trennung zwischen geschäftlichen und privaten Kommunikationskanälen ist nicht mehr gegeben und die UnternehmenskommunikatorInnen stellen nicht mehr das einzige Sprachrohr zur Öffentlichkeit dar. Sie müssen stattdessen Richtlinien und Rahmen setzen und alle MitarbeiterInnen mit geeignetem Content in die Lage versetzen, entlang der Unternehmens-Story zu kommunizieren. Auch hierfür eignen sich Bilder und Videos besser als Textbotschaften.

Die weiter oben genannten Änderungsprozesse und der verstärkte Einsatz visueller Kommunikation in dem erweiterten Spektrum an Kommunikationskanälen stellt die mittelständischen Unternehmen vor die Herausforderung der Einholung ausreichender Lizenz- und

Nutzungsrechte sowie von rechtskonformen Abbildungsgenehmigungen von MitarbeiterInnen oder KundInnen im Bild oder Bewegtbild. Das „Sharing"-Prinzip der Sozialen Medien und die Umstände, dass das Internet weder Grenzen kennt noch Inhalte wirklich „vergisst", erhöhen die Anforderungen an die zu schließenden Verträge mit den jeweiligen UrheberInnen. Für diese neuen Herausforderungen ist der Mittelstand personell und fachlich schlechter aufgestellt als Großunternehmen.

Umso mehr können mittelständische Unternehmen aber auch rechtliche Chancen durch den Einsatz visueller Kommunikationsinstrumente nutzen. Denn mit einem strategischen Einsatz der Bilderwelten zur Stärkung des Schutzniveaus von Marken und Patenten lassen sich preiswerte, vorbeugende Maßnahmen ergreifen, die spätere, kostspielige patent- oder markenrechtliche Rechtsstreitigkeiten zu vermeiden helfen.

Folgende Handlungsempfehlungen ergeben sich für den Mittelstand:

- Aufbau von Know-how in den hauseigenen PR- oder Marketingabteilungen zum Umgang mit visuellen Kommunikationsinstrumenten und deren UrheberInnen und LizenzgeberInnen in der Unternehmenskommunikation.

- Schaffung oder Identifizierung von fachjuristischen AnsprechpartnerInnen, in der eigenen Rechtsabteilung oder einer spezialisierten Kanzlei, auf die KommunikatorInnen nicht nur im Problemfall, sondern als Teil eines Qualitätsprozesses zugreifen können.

- Rechtliche Schulungen von zuständigen PR- oder Marketing-KommunikatorInnen für eine bessere Sensibilisierung auf rechtliche Stolpersteine hin. Zugleich die Vermittlung von ausreichendem Wissen um die entscheidenden Variablen eines Lizenz- und Nutzungsvertrages oder die Sorgfaltspflichten bei der Nutzung des visuellen Materials.

- Etablierung von verbindlichen unternehmensinternen Prozessen für Lizensierung und Nutzung von urheberrechtlich geschütztem Material wie Fotos, Videos oder Infografiken.

- Sorgfältige Verschlagwortung und Beschriftung der visuellen Kommunikationsinstrumente mit Hinweisen zur Nutzungsbeschränkung und den Pflichtangaben zu
  den UrheberInnen.

- Aufbau einer Datenbank mit lizensiertem, beschriftetem und verschlagwortetem
  Bild- oder Bewegtbildmaterial zur Nutzung durch die KommunikatorInnen, aber
  auch als Hilfestellung für weitere kommunizierende MitarbeiterInnen und als
  Grundlage für den Aufbau einer Social-Media-Richtlinie.

- Grundlagenschulung von zuständigen KommunikatorInnen im Marken- und
  Patentrecht.

- Aufnahme des strategischen Ziels – der Stärkung des Schutzumfangs von Marken
  und Patenten – in die vereinbarten Kommunikationsziele des Unternehmens.

- Erarbeitung einer Checkliste, mit deren Hilfe KommunikatorInnen bei der
  Produktion neuer visueller Kommunikationsinstrumente prüfen können, ob auch die
  rechtlichen Chancen für ihr Unternehmen genutzt werden.

Jedes mittelständische Unternehmen, das verstärkt auf die visuelle Kommunikation setzt und
dabei zumindest einige der vorgestellten Handlungsempfehlungen berücksichtigt, sollte von
einer Stärkung seiner Unternehmenskommunikation und einer besseren Sichtbarkeit in den
Sozialen Medien profitieren. Umgekehrt bleibt festzuhalten, dass der bereits fortgeschrittene
Umbruch der Medienlandschaft, die erfolgreiche Etablierung der vielfältigen neuen Social-
Media-Kommunikationskanäle und der seit Jahren zu beobachtende Wandel der Unternehmenskommunikation den KommunikatorInnen im Mittelstand keine andere Wahl lassen
wird. Um dies zu überprüfen, wäre es daher interessant, Teile dieser wissenschaftlichen
Untersuchung in Form von jährlichen oder zweijährlichen Erhebungen in der Stichprobe zu
wiederholen und fortzuführen.

7. Literatur- und Quellenverzeichnis

7.1 Fachliteratur

Backhaus/Hoeren (2007): Marken im Internet.

> 1. Auflage, München.

Berzler (2009): Visuelle Unternehmenskommunikation.

> 1. Auflage, Innsbruck.

Boehme-Neßler (2010): BilderRecht.

> 1. Auflage, Berlin/Heidelberg.

Bruhn (2014 a): Integrierte Unternehmens- und Markenkommunikation.

> 6. Auflage, Stuttgart.

Bruhn (2014 b): Unternehmens- und Marketingkommunikation.

> 3. Auflage, München.

Castendyk (2012): Fotorecht.

> 2. Auflage, Berlin.

Fechner (2016): Medienrecht.

> 17. Auflage, Tübingen.

Fink/Cole/Keber (2008): Europäisches und Internationales Medienrecht.

> 1. Auflage, Heidelberg.

Häder (2015): Empirische Sozialforschung.

> 3. Auflage, Wiesbaden.

Helle (1991): Besondere Persönlichkeitsrechte im Privatrecht.

> 1. Auflage, Tübingen.

Holzinger/Wolff (2009): Im Namen der Öffentlichkeit.

    1. Auflage, Wiesbaden.

Kötz/Brüggemann (2015): Fotografie und Recht.

    2. Auflage, Frechen.

Krimphove (2011): Werberecht.

    1. Auflage, Stuttgart.

Lammenett (2017): Praxiswissen Online-Marketing.

    6. Auflage, Wiesbaden. Online-Ressource über Springer Professional:

    https://www.springerprofessional.de/internet-video-marketing/11968618 (14.02.2017)

Meffert/Burmann/Kirchgeorg (2014): Marketing.

    12. Auflage, Wiesbaden.

Müller-Brockmann (1971): Geschichte der visuellen Kommunikation.

    1. Auflage, Stuttgart.

Müller/Geise (2015): Grundlagen der Visuellen Kommunikation.

    2. Auflage, Konstanz/München.

Rademacher/Schmitt-Geiger (2012): Litigation-PR: Alles was Recht ist.

    1. Auflage, Wiesbaden.

Sachs (1972): Statistische Auswertungsmethoden.

    3. Auflage, Berlin.

Sammer/Heppel (2015): Visual Storytelling.

    1. Auflage, Köln.

Schäfer (2014): Erfolgsfaktor Corporate Identity.

    1. Auflage, Wiesbaden.

Schindler/Liller (2014): PR im Social Web.

    3. Auflage, Köln.

Solmecke/Kocatepe (2016): Recht im Online-Marketing.

    1. Auflage, Bonn.

v. Hartlieb/Schwarz (2011): Handbuch des Film-, Ferneh- und Videorechts.

    5. Auflage, München.

Wagenknecht/Tölle (2015): Recht am Bild.

    2. Auflage, Heidelberg.

Wanckel (2012): Foto- und Bildrecht.

    4. Auflage, München.

Wandtke (2008): Medienrecht.

    1. Auflage, Berlin.

Weinberg (2014): Social Media Marketing.

    4. Auflage, Köln.

Zerfaß/Piwinger (2014): Handbuch Unternehmenskommunikation.

    2. Auflage, Wiesbaden.

7.2 ExpertInnen-Interviews

Eder (2016): telefonisches ExpertInnen-Interview vom 08.12.2016.

    Autorisierte Transkription vom 13.12.2016, Anhang (8.2.5)

Heukrodt-Bauer (2016): Telefonisches ExpertInnen-Interview vom 29.11.2016.

    Autorisierte Transkription vom 12.12.2016, Anhang (8.2.2)

Schleicher (2016): Telefonisches ExpertInnen-Interview vom 30.11.2016.
Autorisierte Transkription vom 05.12.2016, Anhang (8.2.3)

Wagenknecht (2016): Telefonisches ExpertInnen-Interview vom 29.11.2016.
Autorisierte Transkription vom 08.12.2016, Anhang (8.2.1)

Wassink (2016): Telefonisches ExpertInnen-Interview vom 06.12.2016.
Autorisierte Transkription vom 19.12.2016, Anhang (8.2.4)

7.3 Umfragen

BdP (2016): Kurzumfrage im Rahmen eines Webinars des Bundesverband deutscher
Pressesprecher e.V. am 03.11.2016. Ergebnis-Grafiken, Anhang (8.1.2).
Freigegebener Video-Mitschnitt unter https://youtu.be/XqHr6HklLY4.

IFH Köln (2016): Tendenzumfrage vom Institut für Handelsforschung Köln im Rahmen einer
Erhebung zum B2B E-Commerce Konjunkturindex. Ergebnis-Grafiken,
Anhang (8.1.3). Ergebnisse veröffentlicht im Berichtsband 05/06-2016 am
25.08.2016 unter http://www.b2b-ecommerce-index.de.

IFH Köln (2016): Tendenzumfrage vom Institut für Handelsforschung Köln im Rahmen einer
Erhebung zum B2B E-Commerce Konjunkturindex. Ergebnis-Grafiken,
Anhang (8.1.4). Ergebnisse veröffentlicht im Berichtsband 07/08-2016 am
11.10.2016 unter http://www.b2b-ecommerce-index.de.

Schwartz/YouGov (2016): Repräsentative Befragung unter 503 deutschen
Unternehmensentscheidern vom 14.10.-20.10.2016. Ergebnis-Grafiken,
Anhang (8.1.1). Ergebnis-Daten auf DVD-Rom.

7.4 Sonstige Quellen

Audi AG (ots/obs 2015): Audi liefert mit DHL und Amazon das Komfort-Paket, http://www.presseportal.de/pm/6730/3002988 (20.09.2016).

Robert Bosch GmbH (YouTube 2015): Interview Volkmar Denner (CEO Robert Bosch GmbH), https://www.youtube.com/watch?v=Xl8Atu6nWgE (4.12.2016).

Ericsson GmbH (ots/obs 2016): 5G-ConnectedMobility: Bundesminister Dobrindt und Ericsson unterzeichnen Absichtserklärung, http://www.presseportal.de/pm/13502/3486725 (17.11.2016).

Horvath (klemenshorvath.com 2017): Sofitel Vienna, http://www.klemenshorvath.com/architecture.html (08.02.2017).

IntelliShop AG (YouTube 2013): IntelliShop eCommerce Plattform: "Der Workshop" (How-To Video), https://www.youtube.com/watch?v=jpKJWCUuNJ4 (18.01.2017).

Krutzler (derstandart.at 2017): Wiener Hotel verletzte Foto-Urheberrechte, http://derstandard.at/2000052043134/Wiener-Hotel-verletzte-Foto-Urheberrechte-Millionenvergleich-erzielt/ (05.02.2017).

Lies (springerprofessional.de 2015): Praxis des PR-Managements, https://www.springerprofessional.de/praxis-des-pr-managements/4321112 (12.01.2017).

8. Anhang

Im Anhang finden sich die vollständigen Auswertungs-Grafiken der empirischen Erhebung mit quantitativer Methode, weitere erstellte Grafiken zu zitierten Umfragen Dritter sowie die autorisierten Transkriptionen der ExpertInnen-Interviews.

Hinweis:

Eine Excel-Datei mit den Original-Daten der empirischen Erhebung und die Audio-Dateien der ExpertInnen-Interviews befinden sich auf der DVD-ROM. Die Zeitangaben in den Transkriptionen beziehen sich auf den Timecode der Audio-Dateien.

8.1 Auswertungs-Grafiken

8.1.1 Repräsentative Befragung unter deutschen UnternehmensentscheiderInnen (14.10.-20.10.2016)

Alle folgenden Grafiken visualisieren die eigenhändig ausgewerteten Ergebnisse einer repräsentativen Befragung unter deutschen UnternehmensentscheiderInnen. Die Durchführung der Befragung erfolgte im Auftrag des Verfassers durch YouGov Deutschland.

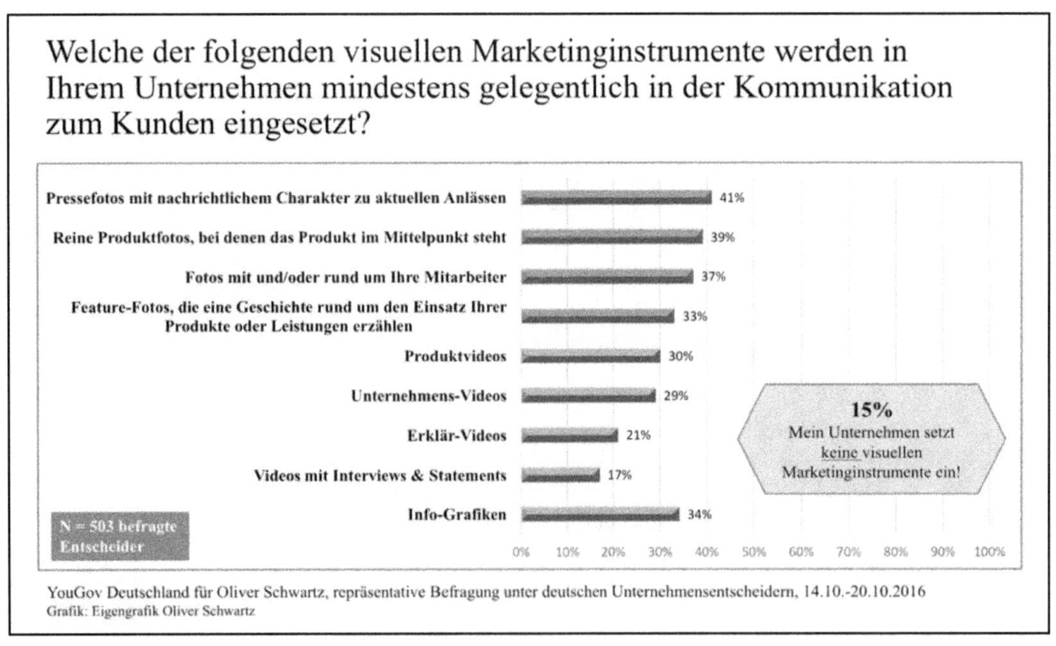

Abbildung 14: Einsatz visueller Marketinginstrumente in Unternehmen (Frage 1). Quelle: Eigengrafik Oliver Schwartz

Frage 1	Kleinstunternehmen < 2 Mio. EUR	Kleinunternehmen < 10 Mio. EUR	Mittlere Unternehmen < 50 Mio. EUR	Großunternehmen > 50 Mio. EUR
Pressefotos mit nachrichtlichem Charakter	34%	39%	45%	57%
Reine Produktfotos	31%	35%	52%	52%
Fotos mit/rund um Mitarbeiter	34%	36%	39%	46%
Feature-Fotos	25%	34%	35%	41%
Produktvideos	21%	36%	38%	47%
Unternehmens-Videos	21%	36%	33%	45%
Erklär-Videos	23%	19%	16%	30%
Videos mit Interviews	12%	16%	25%	23%
Info-Grafiken	29%	28%	40%	48%
Keine visuellen Marketinginstrumente	26%	15%	8%	12%

YouGov Deutschland für Oliver Schwartz, repräsentative Befragung unter deutschen Unternehmensentscheidern, 14.10.-20.10.2016
Grafik: Eigengrafik Oliver Schwartz

Abbildung 15: Einsatz visueller Marketinginstrumente im Mittelstand (Frage 1).
Quelle: Eigengrafik Oliver Schwartz

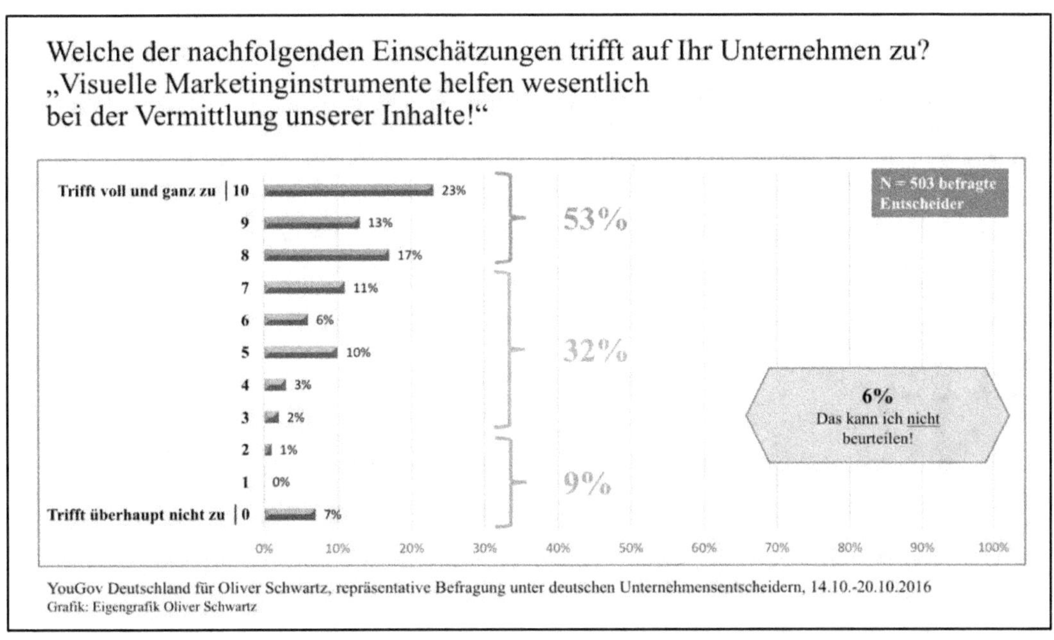

Abbildung 16: Bedeutung visueller Marketinginstrumente zur Vermittlung von Inhalten der Unternehmen (Frage 2.1).
Quelle: Eigengrafik Oliver Schwartz

| **Mittelstand (IfM) / KMU (EU)** | | | |
Frage 2.1	Kleinstunternehmen <2 Mio. EUR	Kleinunternehmen < 10 Mio. EUR	Mittlere Unternehmen < 50 Mio. EUR	Großunternehmen > 50 Mio. EUR
Trifft voll und ganz zu | 10	23%	26%	30%	23%
9	11%	13%	15%	20%
8	15%	21%	20%	19%
7	8%	10%	8%	10%
6	4%	5%	6%	7%
5	17%	11%	8%	8%
4	4%	1%	1%	5%
3	2%	3%	3%	2%
2	2%	0%	0%	2%
1	0%	2%	0%	0%
Trifft überhaupt nicht zu | 0	9%	3%	6%	4%

YouGov Deutschland für Oliver Schwartz, repräsentative Befragung unter deutschen Unternehmensentscheidern, 14.10.-20.10.2016
Grafik: Eigengrafik Oliver Schwartz

Abbildung 17: Bedeutung visueller Marketinginstrumente zur Vermittlung von Inhalten im Mittelstand (Frage 2.1).
Quelle: Eigengrafik Oliver Schwartz

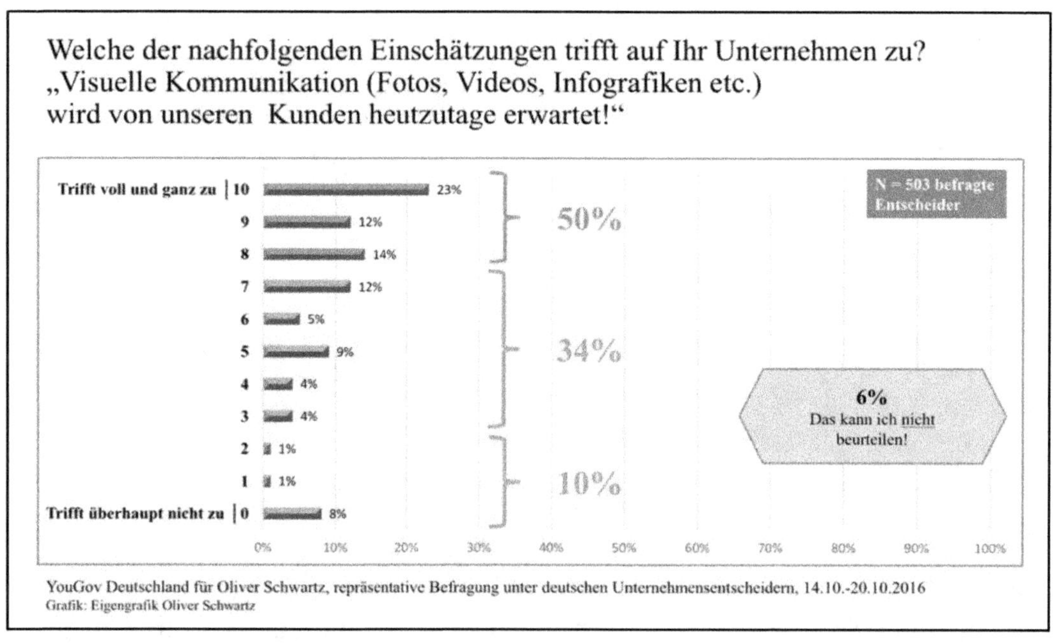

Abbildung 18: KundInnenerwartungen im Hinblick auf visuelle Kommunikation der Unternehmen (Frage 2.2).
Quelle: Eigengrafik Oliver Schwartz

| **Mittelstand (IfM) / KMU (EU)** | | | |
Frage 2.2	Kleinstunternehmen < 2 Mio. EUR	Kleinunternehmen < 10 Mio. EUR	Mittlere Unternehmen < 50 Mio. EUR	Großunternehmen > 50 Mio. EUR
Trifft voll und ganz zu | 10	20%	28%	25%	26%
9	8%	13%	25%	15%
8	13%	15%	13%	19%
7	8%	9%	12%	12%
6	6%	8%	5%	3%
5	16%	11%	4%	6%
4	8%	0%	2%	3%
3	1%	4%	3%	3%
2	1%	1%	0%	4%
1	1%	2%	0%	3%
Trifft überhaupt nicht zu | 0	13%	3%	8%	3%

YouGov Deutschland für Oliver Schwartz, repräsentative Befragung unter deutschen Unternehmensentscheidern, 14.10.-20.10.2016
Grafik: Eigengrafik Oliver Schwartz

Abbildung 19: Kundinnenerwartungen im Hinblick auf visuelle Kommunikation im Mittelstand (Frage 2.2).
Quelle: Eigengrafik Oliver Schwartz

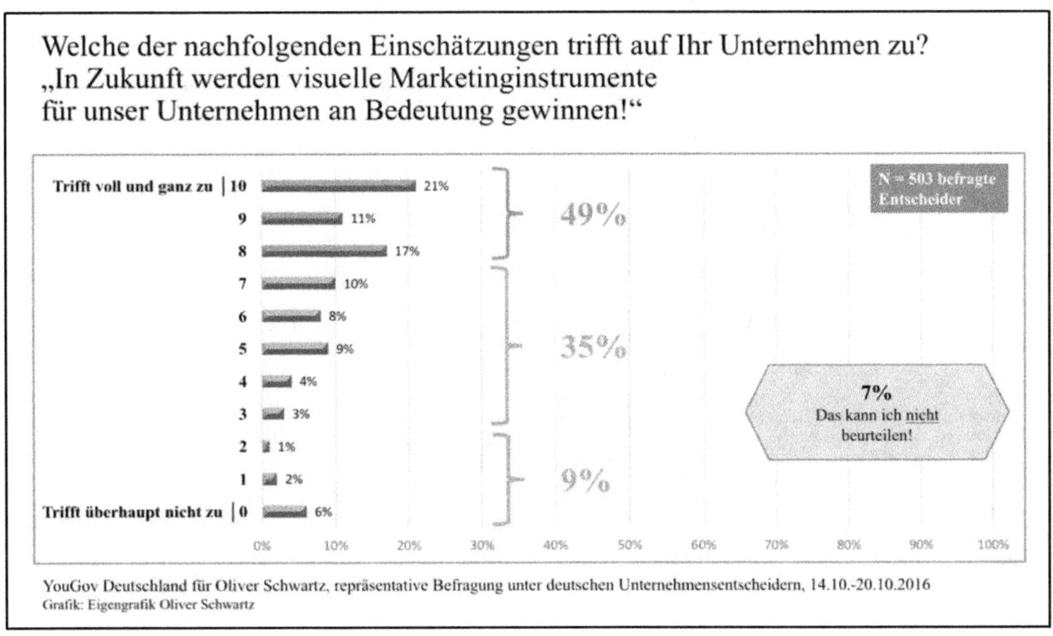

YouGov Deutschland für Oliver Schwartz, repräsentative Befragung unter deutschen Unternehmensentscheidern, 14.10.-20.10.2016
Grafik: Eigengrafik Oliver Schwartz

Abbildung 20: Einschätzungen der Unternehmen zur künftigen Bedeutung visueller Marketinginstrumente (Frage 2.3).
Quelle: Eigengrafik Oliver Schwartz

Frage 2.3	Kleinstunternehmen < 2 Mio. EUR	Kleinunternehmen < 10 Mio. EUR	Mittlere Unternehmen < 50 Mio. EUR	Großunternehmen > 50 Mio. EUR
Trifft voll und ganz zu | 10	23%	24%	29%	21%
9	9%	10%	19%	15%
8	13%	18%	14%	17%
7	7%	13%	5%	15%
6	10%	16%	6%	7%
5	11%	8%	8%	9%
4	7%	1%	3%	6%
3	4%	0%	2%	3%
2	1%	1%	0%	0%
1	1%	1%	3%	1%
Trifft überhaupt nicht zu | 0	7%	3%	6%	2%

YouGov Deutschland für Oliver Schwartz, repräsentative Befragung unter deutschen Unternehmensentscheidern, 14.10.-20.10.2016
Grafik: Eigengrafik Oliver Schwartz

Abbildung 21: Einschätzungen des Mittelstands zur künftigen Bedeutung visueller Marketinginstrumente (Frage 2.3).
Quelle: Eigengrafik Oliver Schwartz

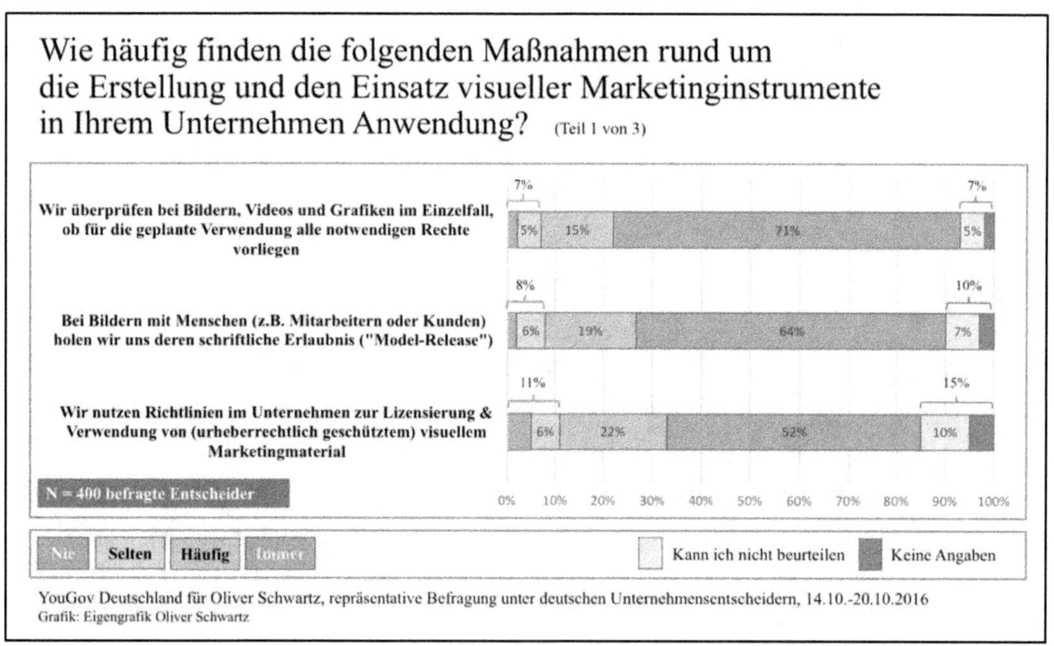

Abbildung 22: Maßnahmen im Unternehmen rund um Erstellung und Einsatz visueller Marketinginstrumente (Fragen 3.1, 3.2 und 3.5).
Quelle: Eigengrafik Oliver Schwartz

Mittelstand (IfM) / KMU (EU)

Frage 3.1 Frage 3.2	Kleinstunternehmen < 2 Mio. EUR	Kleinunternehmen < 10 Mio. EUR	Mittlere Unternehmen < 50 Mio. EUR	Großunternehmen > 50 Mio. EUR
Wir überprüfen bei Bildern, Videos und Grafiken im Einzelfall, ob für die geplante Verwendung alle notwendigen Rechte vorliegen ...				
nie	0%	3%	2%	1%
selten	11%	1%	6%	4%
häufig	22%	18%	19%	11%
immer	65%	71%	68%	79%
Bei Bildern mit Menschen (z.B. Mitarbeitern oder Kunden) holen wir uns deren schriftliche Erlaubnis ("Model-Release") ...				
nie	3%	0%	5%	1%
selten	9%	3%	5%	3%
häufig	30%	22%	20%	22%
immer	47%	65%	67%	69%

YouGov Deutschland für Oliver Schwartz, repräsentative Befragung unter deutschen Unternehmensentscheidern, 14.10.-20.10.2016
Grafik: Eigengrafik Oliver Schwartz

Abbildung 23: Maßnahmen im Mittelstand rund um Erstellung und Einsatz visueller Marketinginstrumente (Fragen 3.1 und 3.2).
Quelle: Eigengrafik Oliver Schwartz

Mittelstand (IfM) / KMU (EU)

Frage 3.5	Kleinstunternehmen < 2 Mio. EUR	Kleinunternehmen < 10 Mio. EUR	Mittlere Unternehmen < 50 Mio. EUR	Großunternehmen > 50 Mio. EUR
Wir haben Richtlinien im Unternehmen zur Lizensierung & Verwendung von (urheberrechtlich geschütztem) visuellem Marketingmaterial ...				
nie	3%	14%	7%	2%
selten	10%	4%	9%	2%
häufig	31%	28%	24%	21%
immer	46%	42%	51%	66%

YouGov Deutschland für Oliver Schwartz, repräsentative Befragung unter deutschen Unternehmensentscheidern, 14.10.-20.10.2016
Grafik: Eigengrafik Oliver Schwartz

Abbildung 24: Maßnahmen im Mittelstand rund um Erstellung und Einsatz visueller Marketinginstrumente (Frage 3.5).
Quelle: Eigengrafik Oliver Schwartz

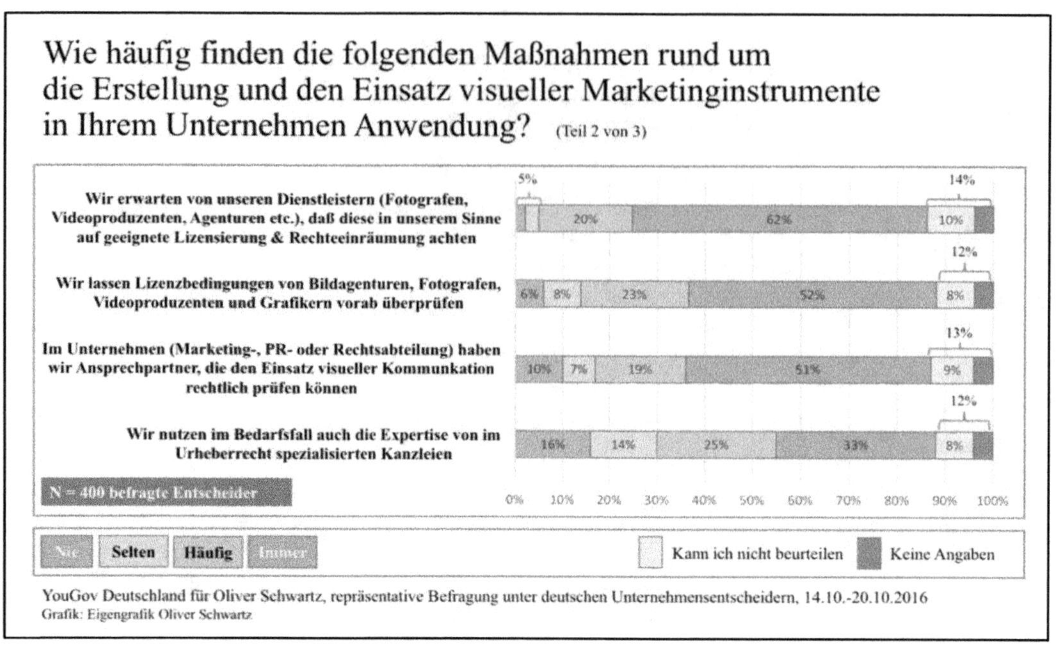

Abbildung 25: Maßnahmen im Unternehmen rund um Erstellung und Einsatz visueller Marketinginstrumente (Fragen 3.8, 3.4, 3.6 und 3.7).
Quelle: Eigengrafik Oliver Schwartz

Mittelstand (IfM) / KMU (EU)				
Frage 3.8 Frage 3.4	Kleinstunternehmen < 2 Mio. EUR	Kleinunternehmen < 10 Mio. EUR	Mittlere Unternehmen < 50 Mio. EUR	Großunternehmen > 50 Mio. EUR
Wir erwarten von unseren Dienstleistern, dass diese in unserem Sinne auf geeignete Lizensierung & Rechteeinräumung achten ...				
nie	2%	4%	3%	0%
selten	5%	3%	5%	1%
häufig	31%	21%	22%	16%
immer	46%	61%	59%	80%
Wir lassen Lizenzbedingungen von Bildagenturen, Fotografen, Videoproduzenten und Grafikern vorab überprüfen ...				
nie	5%	12%	5%	1%
selten	12%	7%	7%	3%
häufig	29%	23%	21%	31%
immer	41%	47%	59%	58%

YouGov Deutschland für Oliver Schwartz, repräsentative Befragung unter deutschen Unternehmensentscheidern, 14.10.-20.10.2016
Grafik: Eigengrafik Oliver Schwartz

Abbildung 26: Maßnahmen im Mittelstand rund um Erstellung und Einsatz visueller Marketinginstrumente (Fragen 3.8 und 3.4).
Quelle: Eigengrafik Oliver Schwartz

Frage 3.6 Frage 3.7	Kleinstunternehmen < 2 Mio. EUR	Kleinunternehmen < 10 Mio. EUR	Mittlere Unternehmen < 50 Mio. EUR	Großunternehmen > 50 Mio. EUR
Mittelstand (IfM) / KMU (EU)				
Im Unternehmen haben wir Ansprechpartner, die den Einsatz visueller Kommunikation rechtlich prüfen können ...				
nie	13%	13%	5%	3%
selten	8%	10%	11%	1%
häufig	30%	27%	12%	20%
immer	37%	39%	62%	71%
Wir nutzen im Bedarfsfall auch die Expertise von im Urheberrecht spezialisierten Kanzleien ...				
nie	15%	19%	18%	4%
selten	15%	7%	16%	23%
häufig	30%	24%	26%	28%
immer	27%	40%	30%	41%

YouGov Deutschland für Oliver Schwartz, repräsentative Befragung unter deutschen Unternehmensentscheidern, 14.10.-20.10.2016
Grafik: Eigengrafik Oliver Schwartz

Abbildung 27: Maßnahmen im Mittelstand rund um Erstellung und Einsatz visueller Marketinginstrumente (Fragen 3.6 und 3.7).
Quelle: Eigengrafik Oliver Schwartz

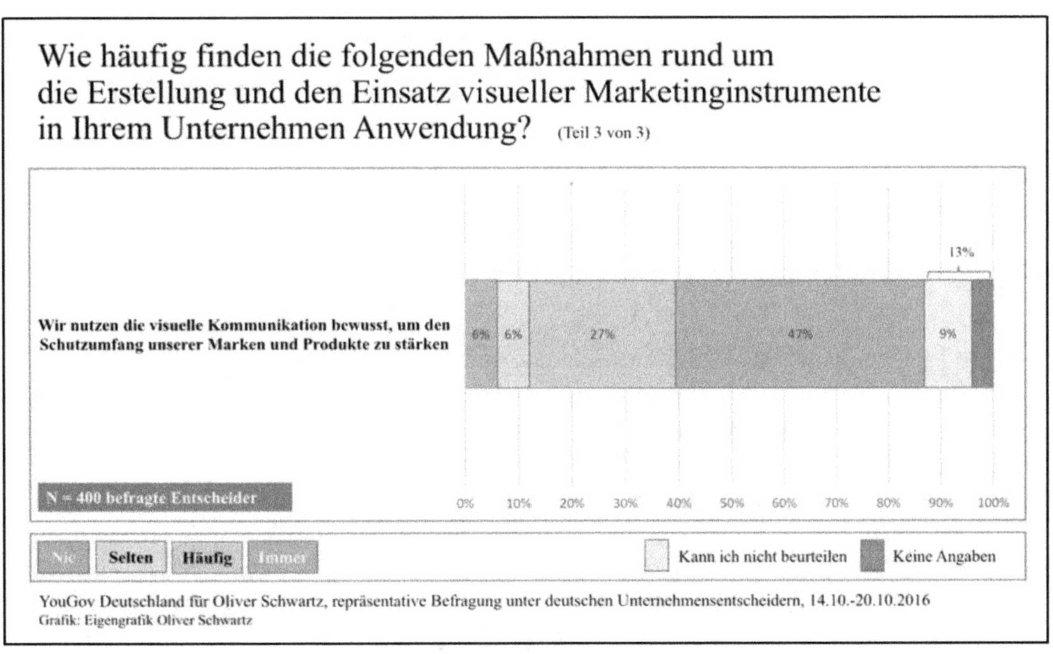

Abbildung 28: Maßnahmen im Unternehmen rund um Erstellung und Einsatz visueller Marketinginstrumente (Frage 3.9).
Quelle: Eigengrafik Oliver Schwartz

Mittelstand (IfM) / KMU (EU)

Frage 3.9	Kleinstunternehmen < 2 Mio. EUR	Kleinunternehmen < 10 Mio. EUR	Mittlere Unternehmen < 50 Mio. EUR	Großunternehmen > 50 Mio. EUR
Wir nutzen die visuelle Kommunikation bewusst, um den Schutzumfang unserer Marken und Produkte zu stärken ...				
nie	4%	12%	7%	4%
selten	9%	3%	5%	10%
häufig	32%	31%	29%	24%
immer	45%	45%	50%	54%

YouGov Deutschland für Oliver Schwartz, repräsentative Befragung unter deutschen Unternehmensentscheidern, 14.10.-20.10.2016
Grafik: Eigengrafik Oliver Schwartz

Abbildung 29: Maßnahmen im Mittelstand rund um Erstellung und Einsatz visueller Marketinginstrumente (Frage 3.9).
Quelle: Eigengrafik Oliver Schwartz

8.1.2 Umfrage im Rahmen eines Webinars des Bundesverbands deutscher Pressesprecher (03.11.2016)

Die Kurzumfrage erfolgte im Rahmen eines Webinars mit Diskussionsrunde, das der BdP e.V. am 03.11.2016 veranstaltet und anschließend unter https://youtu.be/XqHr6HklLY4 ver–öffentlicht hat.

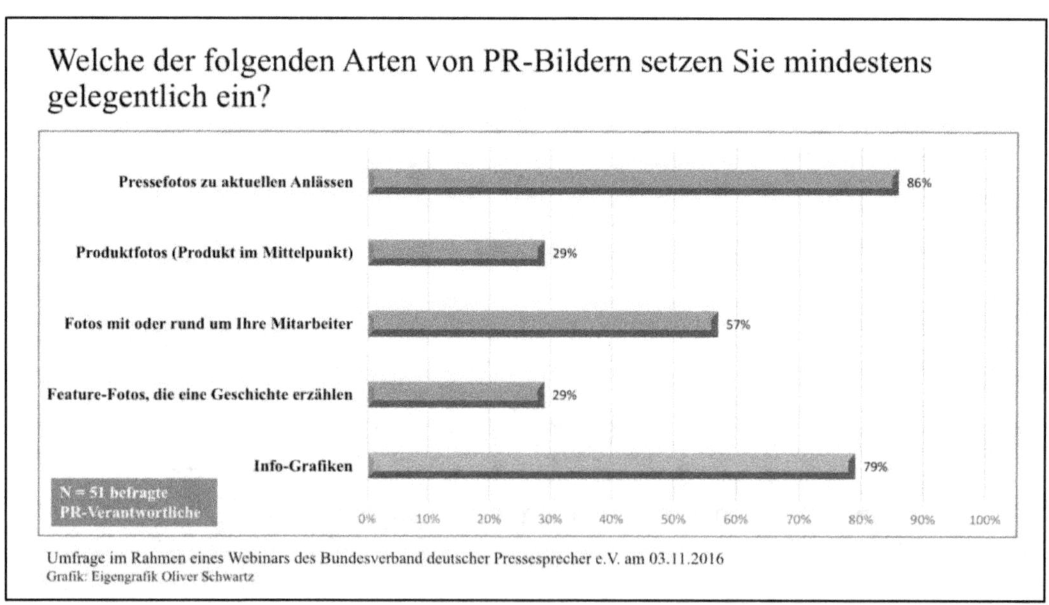

Umfrage im Rahmen eines Webinars des Bundesverband deutscher Pressesprecher e.V. am 03.11.2016
Grafik: Eigengrafik Oliver Schwartz

Abbildung 30: Einsatz verschiedener Arten von Bildern in der PR-Arbeit.
Quelle: BdP/Youtube – Grafik: Eigengrafik Oliver Schwartz

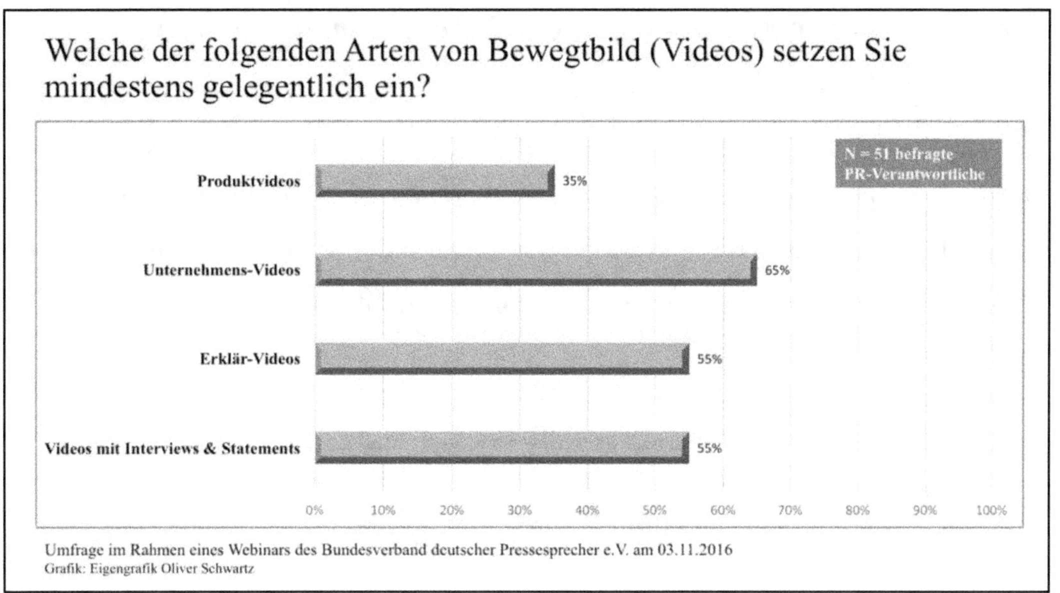

Abbildung 31: Einsatz verschiedener Arten von Bewegtbildern in der PR-Arbeit.
Quelle: BdP/Youtube – Grafik: Eigengrafik Oliver Schwartz

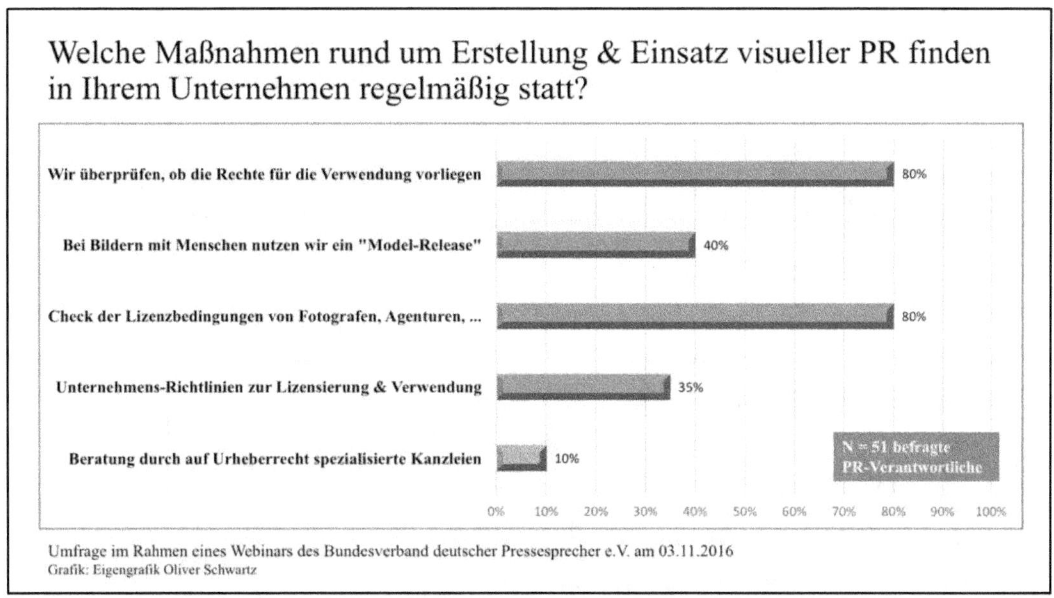

Abbildung 32: Maßnahmen rund um Erstellung und Einsatz visueller PR in Unternehmen.
Quelle: BdP/Youtube – Grafik: Eigengrafik Oliver Schwartz

8.1.3 B2B E-Commerce-Konjunkturindex 05/06-2016, Tendenzumfrage unter B2B-E-Commerce-Entscheidern (25.08.2016)

Die Tendenzumfrage wurde vom Institut für Handelsforschung Köln im Rahmen einer Erhebung zum B2B E-Commerce-Konjunkturindex erhoben und am 25.08.2016 im Berichtsband 05/06-2016 unter http://www.b2b-ecommerce-index.de veröffentlicht.

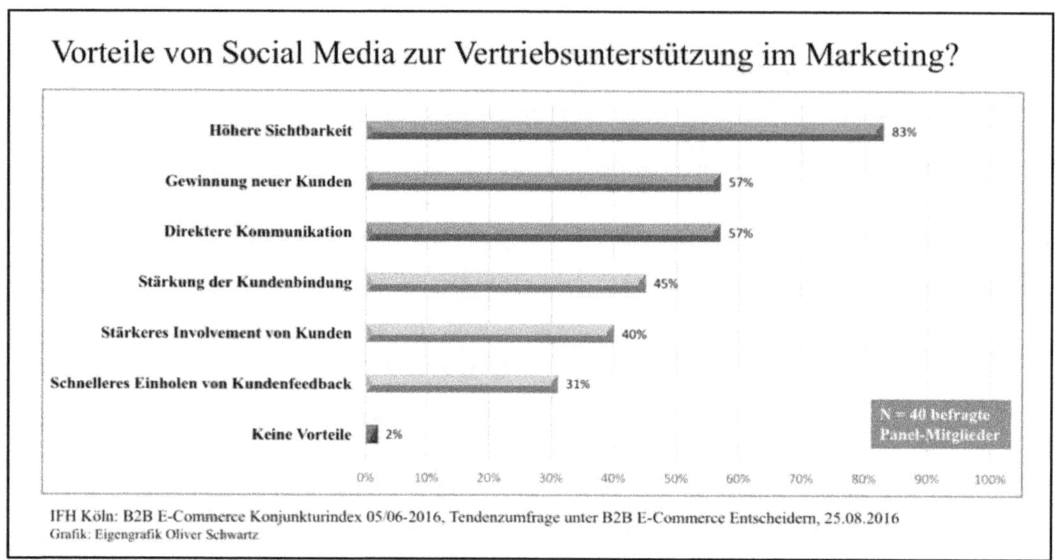

Abbildung 33: Vorteile von Social-Media zur Vertriebsunterstützung.
Quelle: B2B E-Commerce-Konjunkturindex – Grafik: Eigengrafik Oliver Schwartz

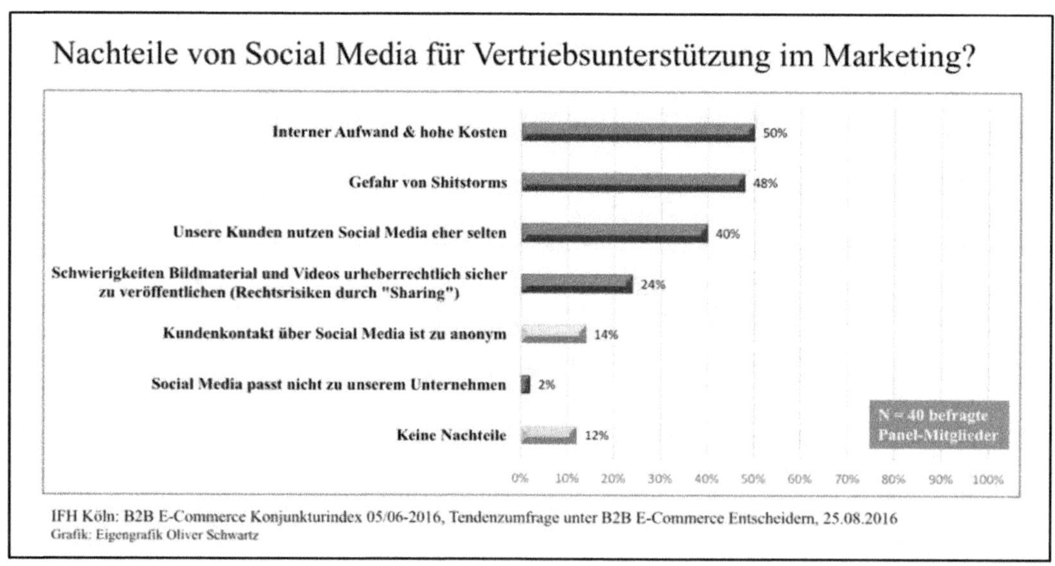

Abbildung 34: Nachteile von Social-Media zur Vertriebsunterstützung.
Quelle: B2B E-Commerce-Konjunkturindex – Grafik: Eigengrafik Oliver Schwartz

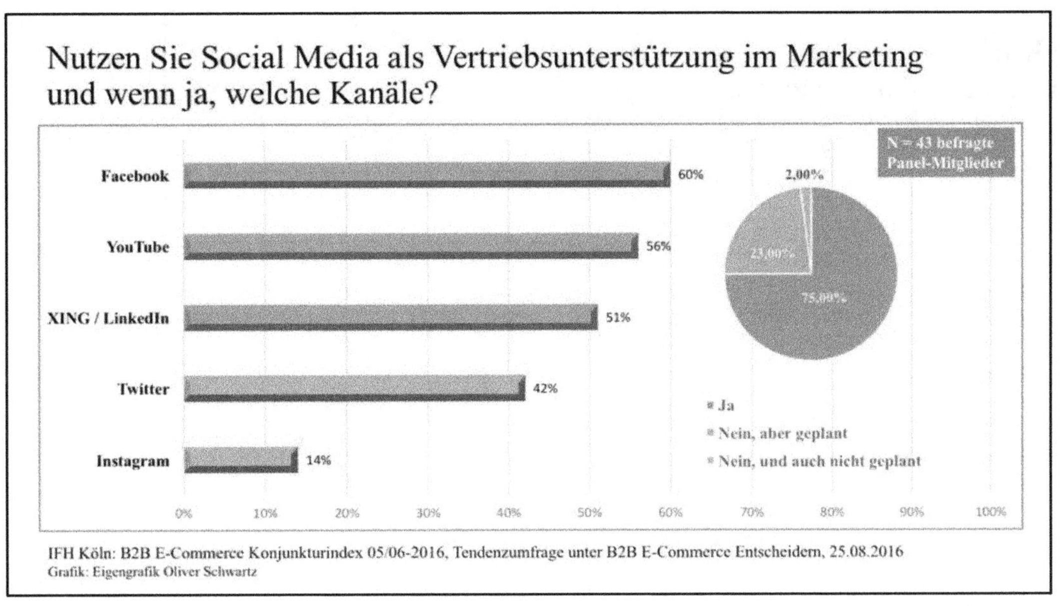

Abbildung 35: Nutzung von Social-Media-Kanälen zur Vertriebsunterstützung.
Quelle: B2B E-Commerce-Konjunkturindex – Grafik: Eigengrafik Oliver Schwartz

8.1.4 B2B E-Commerce-Konjunkturindex 07/08-2016, Tendenzumfrage unter B2B-E-Commerce-Entscheidern (11.10.2016)

Die Tendenzumfrage wurde vom Institut für Handelsforschung Köln im Rahmen einer Erhebung zum B2B E-Commerce-Konjunkturindex erhoben und am 11.10.2016 im Berichts–band 07/08-2016 unter http://www.b2b-ecommerce-index.de veröffentlicht.

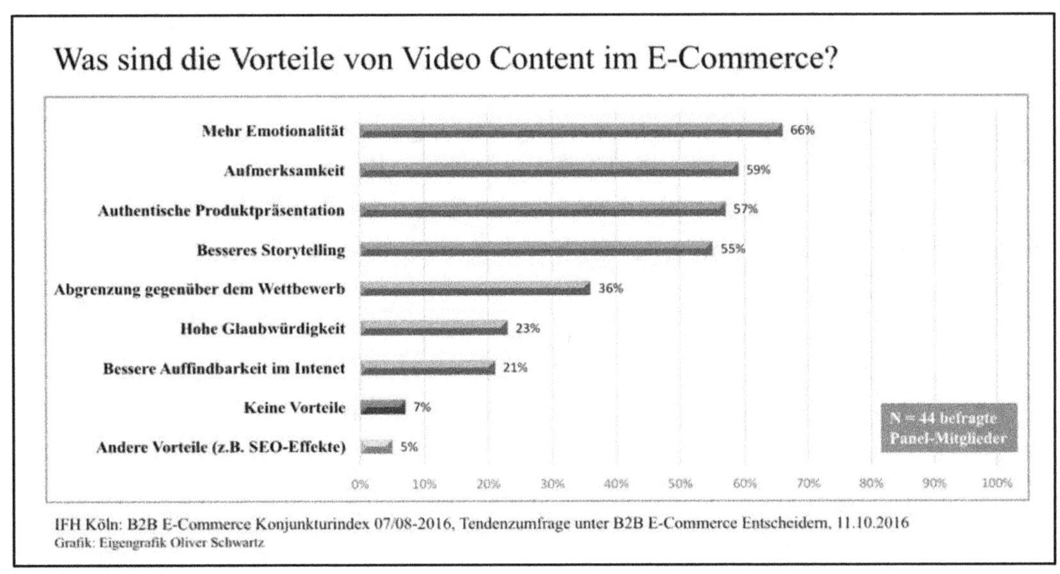

Abbildung 36: Vorteile von Video-Content im E-Commerce.
Quelle: B2B E-Commerce-Konjunkturindex – Grafik: Eigengrafik Oliver Schwartz

119

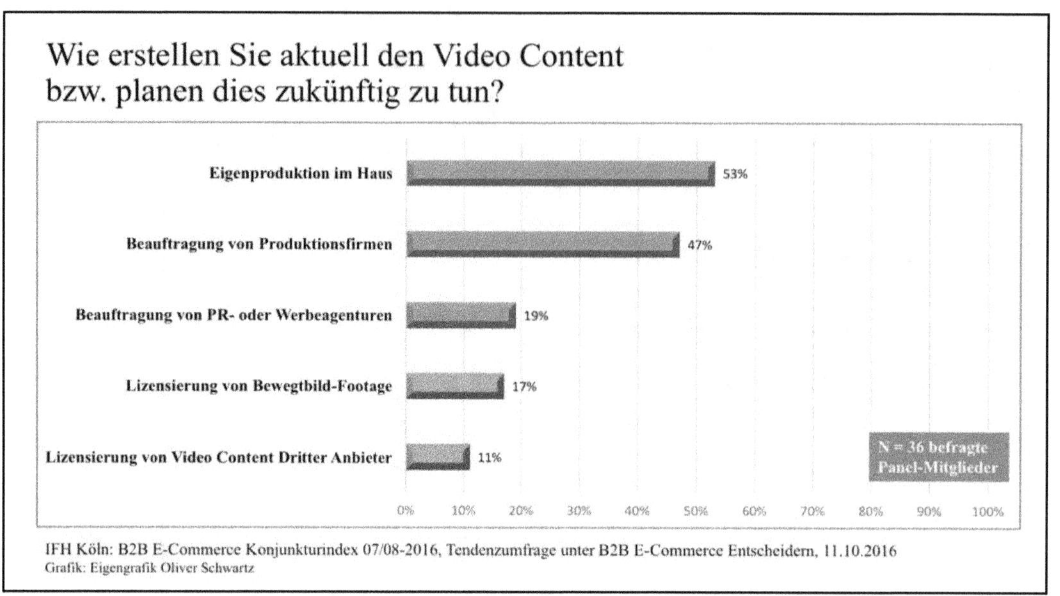

Abbildung 37: Erstellung von Video-Content.
Quelle: B2B E-Commerce-Konjunkturindex – Grafik: Eigengrafik Oliver Schwartz

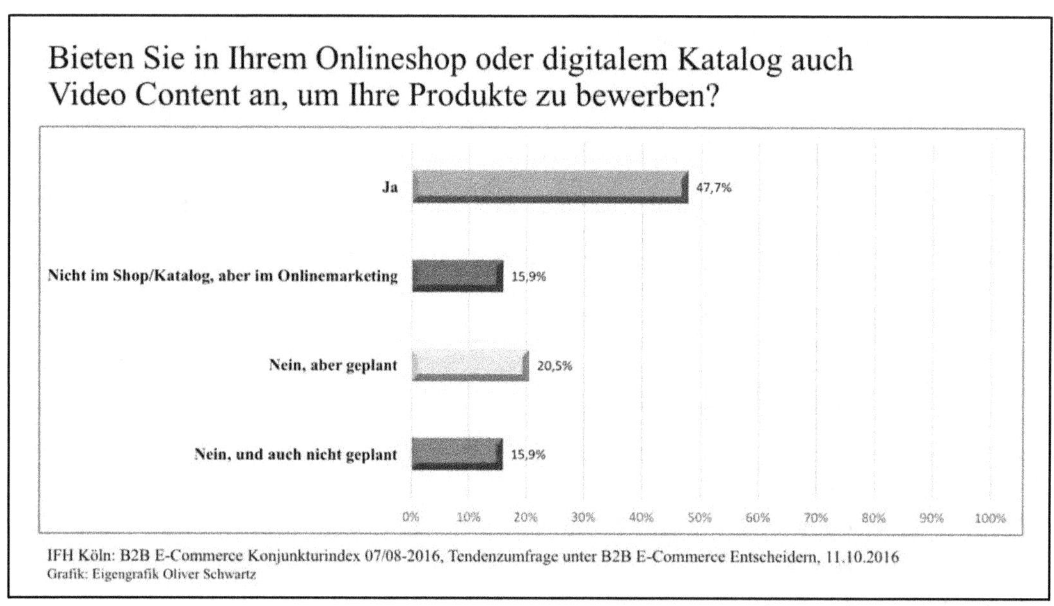

Abbildung 38: Nutzung von Video-Content im Onlineshop oder digitalem Katalog.
Quelle: B2B E-Commerce-Konjunkturindex – Grafik: Eigengrafik Oliver Schwartz

8.2 Autorisierte Transkriptionen der ExpertInnen-Interviews

8.2.1 ExpertInnen-Interview mit Rechtsanwalt Florian Wagenknecht (29.11.2016)

Florian Wagenknecht ist Rechtsanwalt bei der Kanzlei Tölle Wagenknecht. Er hat sich auf die Bereiche des gewerblichen Rechtsschutzes und des Urheberrechts spezialisiert. Seine Man–danten betreut er zudem bei Fragen des IT- und Datenschutzrechts. Auch steht er Unternehmen und Privatpersonen bei Fragen zum Persönlichkeits- und Äußerungsrecht zur Seite.

Wagenknecht hat Rechtswissenschaften in Bonn mit dem Schwerpunkt auf „Wirtschaft und Wettbewerb" studiert und sein Referendariat bei dem Oberlandesgericht Köln mit Stationen bei der Deutschen Welle in Bonn und einer großen Anwaltskanzlei in Köln absolviert. 2013 schloss er die Zusatzausbildung „Journalismus und Recht" ab. Seit 2010 ist Florian Wagenknecht Chefredakteur des Online-Magazins „rechtambild.de", in dem er regelmäßig publiziert. Er ist Mitautor des Buches „Recht am Bild: Wegweiser zum Fotorecht für Fotografen und Kreative".

Die Freigabe der folgenden Transkription erfolgte am 08.12.2016:

Frage 01
Oliver Schwartz:
„Bei Herstellung, Beauftragung oder Lizensierung von visuellen Marketinginstrumenten sind verschiedene Rechte einzuholen oder abzuklären: Urheberrecht, Nutzungsrecht, Persönlich–keitsrecht ... – was sind die größten rechtlichen Herausforderungen für PR- und Marketing–verantwortliche in den Unternehmen?"
(#00:00:32-5#)

Antwort 01
Florian Wagenknecht:
„Die größte Herausforderung ist einerseits, die entsprechenden Rechte überhaupt einzuholen für das, was man tatsächlich möchte, und andererseits auch die Koordination innerhalb des Unternehmens, dass die Mitarbeiter auch das visuelle Material dann nur so nutzen, wie es vereinbart wurde. Dass die Mitarbeiter wissen, was sie da mit diesen Werken, mit den Bildern und dem Bewegtbild-Material, auch tatsächlich machen dürfen, an wen sie es weitergeben

dürfen. Die interne Koordination ist, glaube ich, mit das Entscheidende, wo es ganz oft hakt. Wo dann auch die Fehler passieren und die unberechtigten Nutzungen entstehen." (#00:01:18-1#)

Frage 02
Oliver Schwartz:

„Das heißt, wir haben zum einen auf der Seite der Marketing- und PR-Verantwortlichen nicht unbedingt den juristischen Background, um die Rechtesituation immer gleich umfassend einschätzen zu können, und auf der anderen Seite haben wir dann im Gesamtunternehmen mittlerweile sehr, sehr viele Kommunikatoren. Über die Sozialen Medien. Und, wie Sie sagen, fehlt dann ein stringenter Prozess im Unternehmen zum Einsatz des lizensierten Materials?" (#00:02:08-4#)

Antwort 02
Florian Wagenknecht:

„Genau! Der Regelfall ist ja, dass derjenige, der eigentlich für die Rechteeinräumung zuständig ist und mit den Fotografen die Rechte verhandelt, nicht immer gleichzeitig auch derjenige ist, der dann Bild, Videos etc. auch nutzt. Sondern er muss ja sagen, ich habe hier die Rechte, das Material darf in der bestimmten Sparte genutzt werden, und dieses Unternehmen hier oder jenes Tochterunternehmen darf es so und so nutzen. Dann zerstreut sich das Problem schon enorm." (#00:02:45-7#)

Frage 03
Oliver Schwartz:

„In Zeiten des Internets gibt es keine klar abzugrenzenden Druckauflagen oder Verbrei–tungsgebiete mehr. Das Grundprinzip des Sharings in den sozialen Medien durchbricht auch die klaren Rollen von Publisher und Empfänger. Jeder Empfänger kann und wird selbst wieder zum Publisher. Sind denn Urheberrecht und weitere betroffene Rechtsordnungen entsprechend global, und wie schütze ich mein Unternehmen vor unliebsamen Überraschungen durch die – ja auch gewünschte – starke virale Verbreitung meiner Inhalte?" (#00:03:35-6#)

Antwort 03

Florian Wagenknecht:

„Urheberrechtliche Rechtsordnungen oder auch damit zusammenhängende markenrechtliche Rechtsordnungen sind nur begrenzt global gültig. Klar, wir haben im Urheberrecht die Urheberrechtsrichtlinie, die gilt aber auch wiederum nur für Europa und nicht darüber hinaus. Und das ist auch nur eine Richtlinie! Die Umsetzung obliegt dann den nationalen Staaten. Jedem für sich selbst. Das heißt, die können dann jeweils ein wenig modifizieren. Deutschland hat einfach ein ganz anderes Urheberrecht als Italien, Holland oder England. Wenn England bald nicht mehr dabei ist, wird das sowieso noch ein großes Problem. Aber tatsächlich treten die größten Probleme auf, wenn es wirklich international werden soll. Schon in der DACH-Region muss sich die Schweiz noch nicht einmal an die EU-Normen halten. Das heißt, die haben noch einmal ein ganz anderes Recht. Wie auch Amerika. Schützen kann man sich da tatsächlich nur insofern, dass man wirklich wasserdichte Verträge abschließt. Aber es heißt so schön, dass nichts absolut wasserdicht ist. Man müsste als Kommunikator im Prinzip entweder das interne Justiziariat oder externe Rechtsanwälte bemühen, die sich dann in den jeweiligen Ländern auskennen, wo der Urheber sitzt! Darauf kommt es an, weil der Urheber kann in seinem Land das Urheberrecht durchsetzen. Die Rechtsanwälte oder die Justiziare müssen wissen, wie das jeweilige nationale oder internationale Recht ausgestaltet ist und worauf geachtet werden muss, damit das Unternehmen dann keine böse Überraschung erlebt." (#00:05:36-1#)

Frage 04

Oliver Schwartz:

„... das heißt aber, ich muss doch eigentlich die Rechte, die ich mir einhole, in Zeiten des Internets immer örtlich unbegrenzt für eine globale Nutzung einholen. Weil selbst, wenn ich das visuelle Material nur auf unserer deutschen Facebook-Seite veröffentliche, kann ja doch einer meiner Follower wiederum einen großen Freundeskreis in USA haben, es dort sharen, und dort könnten meinem Unternehmen dann schon wieder die ausreichenden Rechte fehlen?" (#00:06:12-2#)

Antwort 04

Florian Wagenknecht:

„Das muss man dann tatsächlich! Es kommt in der Tat immer darauf an, wer Urheber dieses Materials ist und wo dieser Urheber sitzt und was er ursprünglich an Rechten eingeräumt hat.

Wenn jetzt aber das Unternehmen ein Bild auf der Internetseite veröffentlicht und das auch für die sozialen Netzwerke freigibt, dann muss eine solche Verwendung natürlich mit dem Urheber abgesprochen sein. Wo das Material dann innerhalb dieser sozialen Netzwerke überall landet, ist dann relativ unbeachtlich, weil dadurch, dass der Urheber einer Nutzung in den sozialen Netzwerken zugestimmt hat, willigt er automatisch damit ein, dass auch wie wild geteilt werden darf. Und dann darf das visuelle Marketingmaterial auch über die nationalen Grenzen hinaus genutzt werden."
(#00:07:06-5#)

Frage 05

Oliver Schwartz:

„Fotografen, Videoproduzenten, aber auch Bildagenturen arbeiten mit Formulierungen in Verträgen, auf Aufträgen oder in den AGBs, die vom unspezifischen ‚mit allen Rechten' bis hin zum 8-seitigen ‚Kleingedruckten' reichen. Gilt hier der Rat, dass ich auf eine konkret ausformulierte Rechteeinräumung achten soll – oder darauf, dass meine gewünschte Nutzung nicht untersagt wird? Was sind die Fallen oder die Stolpersteine, auf die ich besonders in solchen Vertragsformulierungen oder Allgemeinen Geschäftsbedingungen achten muss?"
(#00:07:54-1#)

Antwort 05

Florian Wagenknecht:

„Ja, wir haben in Deutschland gerade die Besonderheit, dass alles, was ein wenig unscharf formuliert ist, also nicht eindeutig geklärt ist, regelmäßig zu 99 Prozent zugunsten des Urhebers ausgelegt wird. Das heißt, wenn im Vertrag irgendwie gestritten wird, was soll jetzt heißen ‚mit allen Rechten', was heißt ‚im Internet', was heißt ‚auf Website' und so weiter, wird im Zweifel immer zugunsten des Urhebers entschieden. Das heißt, derjenige, der Rechte sich einräumen lässt, dem kann eigentlich nur geraten werden, genau das, was er möchte, muss so konkret wie möglich ausformuliert sein und spezifiziert werden. Alles, was nämlich darüber hinausgeht ist verboten. Das heißt, wenn ich eine ganz bestimmte Nutzung haben möchte, dann muss diese auch im Vertrag so eingeräumt werden. Es geht natürlich, dass man sich einräumen lässt, für alles und jeden darf ich das nutzen. Das kennt man aus vielen AGBs. Nur läuft man dann Gefahr, dass die Angemessenheit der Vergütung vielleicht nicht vorliegt. Da kommen dann viele Folgeprobleme auf. Deswegen der Rat, alles so konkret wie möglich zu vereinbaren!"
(#00:09:25-4#)

Frage 06

Oliver Schwartz:

„In Deutschland lässt sich das Urheberecht ja nicht übertragen, verbleibt damit beim Fotografen, Videofilmer oder Grafiker – kann und darf ich dann in meinem Auftrag erstelltes und lizensiertes visuelles Marketingmaterial auf Internet-Plattformen hochladen, die sich per AGB sehr weitreichende eigene Nutzungsrechte einräumen lassen? Dies reicht ja bei einigen Social-Media-Plattformen bis hin zu unbegrenztem Nutzungsrecht für das Eigenmarketing des Plattformbetreibers."

(#00:10:24-8#)

Antwort 06

Florian Wagenknecht:

„Wenn in den Nutzungsrechtseinräumungen der Lizenz steht, dass zum Beispiel ein Bild auf der eigenen Präsenz bei Facebook genutzt werden darf, dann reicht das aus. Und dann vereinbart man am besten noch, um es ganz sicher zu machen, dass die AGBs von Facebook entsprechend gelten und Vertragsbestandteil werden. Der Fotograf weiß, was Facebook ist und wie das genutzt wird oder wie die Bilder auf der Plattform genutzt werden – das gleiche gilt für den Filmer und Grafiker. Und entsprechend gilt das auch auf anderen Plattformen wie Twitter oder Instagram. Man muss die Vereinbarungen so spezifisch wie möglich treffen, dass das visuelle Material für bestimmte soziale Plattformen genutzt werden soll. Wenn der Urheber dem zustimmt, dann reichen auch die Nutzungsrechte vollkommen aus."

(#00:11:28-6#)

Frage 07

Oliver Schwartz:

„... das heißt, auch hier gilt die ganz klare Empfehlung, dass im Vertrag nicht drinstehen sollte ‚Nutzung in Social-Media', sondern ganz konkret ‚Nutzung auf Facebook', ‚Nutzung auf Instagram'?"

(#00:11:46-0#)

Antwort 07

Florian Wagenknecht:

„Genau!"

(#00:11:46-3#)

Oliver Schwartz:

„... damit dann auch klar ist, dass auch die Nutzungsbedingungen dieser Social-Plattformen eingeschlossen werden?"

(#00:11:56-8#)

Antwort 08

Florian Wagenknecht:

„Genau, denn, wenn man nämlich nur pauschal sagen würde ‚in sozialen Medien', dann wird im Zweifel wieder zugunsten des Urhebers ausgelegt. Dass dieser ein bestimmtes soziales Medium vielleicht gerade nicht bedacht hatte und dass dann auch das Eigenmarketing dieses Plattformbetreibers bei der Rechteeinräumung nicht mit bedacht wurde. Dann steht man vor Problemen, die sich durch Konkretisierungen vermeiden lassen!"

(#00:12:23-0#)

Frage 09

Oliver Schwartz:

„PR- und Marketing-Bilder sowie Videos leben ja von Menschen. In der Regel keine Schauspieler, sondern Mitarbeiter oder Kunden. In welchen Fällen ist deren Abbildung ohne konkrete Einwilligung erlaubt, und wann benötige ich in jedem Fall ein Model-Release zur Übertragung von Persönlichkeitsrechten?"

(#00:12:49-7#)

Antwort 09

Florian Wagenknecht:

„Eine kurze Frage mit einem enormen Antwortpotenzial! Wir befinden uns hier im Kunsturheberrechtsgesetz, im Persönlichkeitsrecht von den Betroffenen, da gilt prinzipiell, dass jede Foto-Veröffentlichung einer Person, jedes Bildnis, verboten ist – es sei denn, sie ist explizit erlaubt! Und damit kommen wir auch zur einfachen Antwort: Empfohlen wird ein Model-Release in jedem Fall. Gerade wenn das visuelle Material für PR oder Marketing genutzt werden soll! Wir empfehlen auch immer, diese Genehmigung schriftlich einräumen zu lassen, denn bei lediglich mündlichen Vereinbarungen erinnern sich die Personen oft später gar nicht mehr daran, dass sie einmal eingewilligt haben. Und dann geht der Streit erst richtig los! Es gibt bestimmte Ausnahmen, wo ein Model-Release nicht notwendig ist, die stehen im

Paragraph 23 des KUG. Das ganze Thema ist sehr streng zu nehmen, und im Zweifel sollte man sich tatsächlich lieber ein schriftliches Model-Release einräumen lassen, als hinterher auf Ärger zu warten. Das gilt insbesondere, wenn wir über eigene Mitarbeiter sprechen. Da ist das schriftliche Model-Release sogar Pflicht!"

(#00:14:15-7#)

Frage 10

Oliver Schwartz:

„Muss oder sollte in diesem Model-Release die geplante Verwendung konkret aufgeführt werden, oder kann sich ein Unternehmen ein Model-Release vom Mitarbeiter oder Kunden auch pauschal ‚für alle Marketingzwecke' unterzeichnen lassen?"

(#00:14:48-2#)

Antwort 10

Florian Wagenknecht:

„Ja, das geht! Die pauschale Rechtseinräumung ist in einem solchen Fall etwas einfacher als im Urheberrecht. Aber auch hier gilt, im Zweifel steht man vor dem Problem, dass sich die Person dann doch irgendwie gekränkt fühlt. Je konkreter die Rechtseinräumung vereinbart wird, desto besser ist das. Aber tatsächlich kann man ja durchaus mit Beispielen arbeiten, sich eine pauschale Rechtseinräumung zusichern lassen, aber dann beispielhaft Angaben zu machen, wie das visuelle Material genutzt werden soll. Natürlich mit Erwähnung, dass diese Beispiele nicht abschließend sind, sondern die Nutzung darüber hinaus gehen kann."

(#00:15:39-7#)

Frage 11

Oliver Schwartz:

„Man hört immer wieder von Fotografen und Filmproduktionsfirmen, dass die Zahlung zumindest eines symbolischen Honorars an die abgebildeten Personen, Mitarbeiter, Kunden oder Statisten, von denen über ein Model-Release die Abbildungsrechte eingeholt werden, die Willenserklärung der Person unterstreicht und die Wirksamkeit der Vereinbarung stärkt. Ist das aus Ihrer Juristen-Sicht valide oder eher eine rechtlich laienhafte Einschätzung des Themas?"

(#00:16:28-5#)

Antwort 11

Florian Wagenknecht:

„Nein, tatsächlich ist das sogar eine gesetzliche Regelung. Im Gesetz steht sinngemäß, dass, wenn Geld gezahlt wurde, im Zweifel tatsächlich eine Einwilligung zu vermuten ist. Und damit wäre es dann an der Person, die fotografiert oder gefilmt wurde, zu beweisen, dass sie trotz einer Entlohnung – egal in welcher Höhe – doch keine Einwilligung gegeben hat."
(#00:17:09-0#)

Frage 12

Oliver Schwartz:

„Sie haben eben die Ausnahmen erwähnt, zum Beispiel Großveranstaltungen wie Messen, bei denen es sehr schwer ist, von Personen, die auf dem Bild oder Video abgebildet sind, immer entsprechende Model-Releases einzuholen. Wo sind denn da in der Praxis die Grenzen? Und wenn ich an die Bilddramaturgie denke, von welchen abgebildeten Personen sollte ich mir in jedem Fall ein Model-Release einholen?"
(#00:17:49-1#)

Antwort 12

Florian Wagenknecht:

„Tatsächlich liegt eine Ausnahme vor, wenn es irgendwie ein großes Ereignis gibt, wo auch jeder hingehen kann. Dann ist das relativ unbedenklich, wenn man in die Masse hineinfotografiert und damit einfach eine Momentaufnahme von der Messe oder von der Veranstaltung vornimmt. Ein Model-Release ist auch dann immer empfohlen, wenn eine Person sinnbildlich für irgendetwas stehen soll. Zum Beispiel, wenn eine Person gerade ein Gespräch mit einer anderen hat, nur diese beiden Personen stark in den Fokus gerückt werden und man anhand des Bildes nicht sofort erkennt, dass das auf einer Veranstaltung war. Dann sollte die Einwilligung mit einem Model-Release abgesichert werden."
(#00:18:49-5#)

Frage 13

Oliver Schwartz:

„Auf wen muss eigentlich dieses Model-Release ausgestellt sein, an wen überträgt die abgebildete Person das Recht zur Veröffentlichung? Sind das der Fotograf oder die Filmproduktionsfirma, die nachher das Werk an unser Unternehmen lizenziert, oder sollte das

Model-Release ausdrücklich auf das Unternehmen ausgestellt sein, welches dieses visuelle Marketingmaterial nachher einsetzen will?"

(#00:19:33-7#)

Antwort 13

Florian Wagenknecht:

„Das ist relativ egal! Wichtig ist aber, was dann konkret in dem Model-Release geregelt wird. Es muss der Person, die abgebildet wird, eindeutig erkennbar gemacht werden, wer hinterher die Veröffentlichung vornimmt oder wo das visuelle Material veröffentlicht werden soll. Also kann das Model-Release durchaus auf den Fotografen ausgestellt werden. Aber dann muss drinstehen, dass der Fotograf ermächtigt wird, diese Bilder an das Unternehmen weiterzugeben und dass dann die Veröffentlichung – auf Facebook, im Internet, wie auch immer – durch das Unternehmen erfolgt."

(#00:20:17-4#)

Frage 14

Oliver Schwartz:

„Das ist sicherlich dann praktikabel, wenn der Fotograf in einem direkten Auftrag gehandelt hat. Aber auf Bildagentur-Portalen sieht man sehr häufig Bilder mit dem knappen Hinweis ‚Model-Release liegt vor'. Diese Angebote richten sich aber an sehr viele Unternehmen. Da konnte der Fotograf ja vorher gar nicht ein konkret spezifiziertes Model-Release abschließen, in dem der Endnutzer, das Unternehmen, aufgeführt ist. Ist so ein Model-Release überhaupt wirksam?"

(#00:21:05-1#)

Antwort 14

Florian Wagenknecht:

„Das ist dann wirksam, wenn der Fotograf oder Videoproduzent sich die konkrete Einwilligung geholt hat, dass er das Bild über eine Stock-Agentur vertreiben darf und damit gleichzeitig eingewilligt wird, dass der Fotograf nicht vorhersagen kann, wo das visuelle Material überall genutzt wird. Sondern vielmehr, dass sich abgebildete Personen damit pauschal einverstanden erklären, dass das Bild oder Video in jedem Medium auch genutzt werden darf. Ausgeschlossen sind dann meist pornographische oder politische Medien. So eine Regelung ist durchaus möglich. Der Fotograf muss dafür sorgen, dass er auch die entsprechenden Einwilligungen

erhalten hat. Und das Unternehmen – um die Regresskette aufzuschlüsseln – sollte tatsächlich auch dafür sorgen, dass sie zumindest einmal einen Blick in das Model-Release werfen können."
(#00:22:14-6#)

Frage 15
Oliver Schwartz:
„Große Unternehmen haben Rechtsabteilungen, die in der Regel einschätzen können, wann die Einbindung externer Fachanwälte notwendig sind. Doch wie sieht es im Mittelstand und bei Kleinunternehmen aus? In einer aktuellen, repräsentativen Studie für diese wissenschaftliche Arbeit haben 33 Prozent aller Unternehmen angegeben, immer eine solche Expertise einzuholen und weitere 25 Prozent, dass dies zumindest häufig vorkommt. Und 16 Prozent lassen sich nie extern beraten. Bei dem Teilsegment der Großunternehmen mit einem Umsatz über 50 Millionen Euro lassen sich 41 Prozent immer beraten, 28 Prozent häufig und nur 4 Prozent gaben an, sich in dieser Thematik nie extern beraten zu lassen. Wie erleben Sie dies in der Praxis? Können Sie das auch bestätigen, dass es diesen erheblichen Unterschied zwischen großen Unternehmen und dem Mittelstand oder KMUs gibt?"
(#00:23:37-1#)

Antwort 15
Florian Wagenknecht:
„Tatsächlich kann ich diese Zahlen vollkommen unterstreichen! Es ist wirklich so, dass je größer das Unternehmen ist, desto mehr finanzielle Mittel sind da, um sich in den Bereichen vom Urheberrecht und vom Persönlichkeitsrecht, Medienrecht oder IT-Recht beraten zu lassen. Man muss halt sagen, dass diese anwaltlichen Beratungen einfach auch einen bestimmten Wert haben und nicht unerheblich kosten. Kleine Unternehmen lassen sich aber eigentlich fälschlicherweise davon abschrecken und warten lieber, bis dann irgendwann einmal ein Streitfall eintritt, anstatt sich im Vorhinein die rechtliche Beratung zu holen. Diese Unternehmen merken dann hinterher: ‚Hätten wir uns vielleicht doch besser vorher beraten lassen.' Denn wenn etwas passiert, ist der Rechtsstreit oft wesentlich teurer als die ausreichende rechtliche Vorbereitung. In dieser Hinsicht agieren die großen Unternehmen regelmäßig mit einem weiseren Auge und natürlich den größeren finanziellen Mitteln."
(#00:25:02-6#)

Frage 16

Oliver Schwartz:

„In einer nicht-repräsentativen Blitzumfrage im Rahmen eines Webinars vom Bundesverband deutscher Pressesprecher gaben sogar nur 10 Prozent der PR-Verantwortlichen an, sich durch auf Urheberrecht spezialisierte Kanzleien beraten zu lassen. Und nur 35 Prozent der repräsentierten Unternehmen hat entsprechende Firmen-Richtlinien zur Lizensierung und Verwendung. Wird heutzutage aus Ihrer Juristensicht zu nachlässig mit den rechtlichen Risiken bei der Verwendung von Fotos, Videos und Grafikmaterial umgegangen?"
(#00:25:41-4#)

Antwort 16

Florian Wagenknecht:

„Ein ziemlich eindeutiges ‚Ja'! Einfach aus dem Grund, dass wir, wenn etwas passiert, über enorme Streitwerte sprechen, die gerade für kleinere Unternehmen ein enormes Gefahren-potenzial beinhalten. Ob das jetzt primär nachlässig ist oder auch tatsächlich aufgrund bloßer Unwissenheit geschieht, ist nicht immer eindeutig. Tatsächlich kann man schon sagen, dass dadurch, dass das Internet es so einfach macht, fremde Werke – insbesondere Bilder und Videos – zu nutzen, haben viele auch den Glauben, dass sie das regelfrei machen dürfen. Und wundern sich dann, wenn sie eine Abmahnung oder ein Schreiben von einem Anwalt bekommen. Und insofern kann tatsächlich nur angeraten werden, dass man sich mehr darum kümmern sollte, um dieses enorme finanzielle Gefahrenpotenzial im Vorhinein auszuschließen. Und man muss ja nicht unbedingt immer den Rechtsanwalt einschalten. Auch Seminare von Verbänden sind eine Möglichkeit, sich zumindest einmal zu informieren. Dann kann man immer noch überlegen, welche Risiken man eingeht. Aber selbst das machen viele Unternehmen nicht. Sie lassen sich nur schwer sensibilisieren und wundern sich dann, wenn es zum Streitfall kommt."
(#00:27:40-2#)

Frage 17

Oliver Schwartz:

„Das Internet hat ja auch dafür gesorgt, dass Kommunikationsverantwortliche in den Unternehmen nicht mehr das einzige Sprachrohr in die Öffentlichkeit sind, sondern heute oftmals mehr Dirigenten einer Vielzahl von kommunizierenden Mitarbeitern, die direkt oder indirekt im Namen des Unternehmens veröffentlichen oder dem Unternehmen zumindest zugerechnet werden. In Kombination mit den unüberschaubar vielen Kommunikationskanälen und der viralen Verbreitung ist dies ja aus rechtlicher Sicht wie ein ‚Ritt auf der Rasierklinge'. Was würden Sie als wichtige Maßnahmen empfehlen: Internetrichtlinien, rechtliche Schulungen, verbindliche Freigabeprozesse oder einen Pool an vorher geprüftem, ‚wasserdicht' lizensiertem visuellem PR- und Marketingmaterial?"

(#00:28:49-2#)

Antwort 17

Florian Wagenknecht:

„Mir gefällt der Ausdruck ‚Ritt auf der Rasierklinge' sehr, weil das die Situation ziemlich gut beschreibt! Ja, wie schon gesagt, ist das ein großes Problem, dass einfach derjenige, der sich die Nutzungsrechte einräumen lässt in dem Unternehmen, nicht gleichgestellt ist mit dem, der es dann auch nutzt. Ich würde sagen, ideal wäre ein Mix aus allem, was gerade von Ihnen genannt worden ist. Also sowohl eine Richtlinie wie auch Schulungen. Je grösser das Unternehmen ist, umso eher kann man über eine Richtlinie nachdenken. Bei kleineren Unternehmen ist das schwieriger. Aber gerade die rechtlichen Schulungen auch innerhalb eines Unternehmens sind enorm wichtig, um eben die Mitarbeiter zu sensibilisieren, was die größten Fauxpas sind, die man einfach vermeiden sollte. Und tatsächlich beraten wir viele Unternehmen im Hinblick auf eine eigene Datenbank mit lizenziertem Material, wo ähnlich wie bei einer Foto- oder Stock-Agentur die Bilder, Videos und Grafiken eingepflegt werden, insbesondere mit dem Hinweis, wofür diese Werke genutzt werden dürfen. Da können sich dann berechtigte Mitarbeiter mit Login und Passwort einloggen, können recherchieren und diese Bilder und Videos dann auch herunterladen. Dabei müssen sie dann angeben, wofür das Material genutzt wird. Da erfolgt dann hinterher noch einmal eine Prüfung und eine Freigabe, wenn man es ganz streng nehmen möchte. So kann man tatsächlich einige Maßnahmen ergreifen, um den rechtlichen Unsicherheiten zu begegnen. Und sicherzustellen, dass Mitarbeiter nicht nach Gutdünken visuelles Unternehmensmaterial nutzen, obwohl dieses Material gar nicht für diese Nutzung vorgesehen ist oder lizenziert wurde!"

(#00:31:07-1#)

Frage 18

Oliver Schwartz:

„In einigen Rechtsgebieten sehen wir bereits weit verbreitet, dass europäisches Recht in den Vordergrund getreten ist. Wie sieht das beim Urheberrecht und weiteren betroffenen Rechts–

ordnungen aus? Und gibt es derzeit anstehende Veränderungen auf Gesetzesebene, die Verantwortliche im Unternehmen unbedingt kennen und beachten sollten?"

(#00:31:43-5#)

Antwort 18

Florian Wagenknecht:

„Ja, die gibt es. International gibt es die Urheberrechtsrichtlinie, auf der unser heutiges Urheberrecht basiert. Das ist eine europäische Richtlinie, die dann auf nationaler Ebene einfach angepasst wurde. Es ist auch eigentlich ganz aktuell. Man mag hoffen, aber bisher ist es noch nicht unbedingt zu sehen, dass die Urheberrechtsrichtlinie überarbeitet wird, um eine noch höhere Einheitlichkeit in der EU zu gewährleisten. Ein Welturheberrecht gibt es nicht. Es gibt zwar Urheberrechtsverträge, zum Beispiel den multinationalen WIPO-Vertrag, und es gibt Abkommen mit bestimmten Ländern, die man als Rechtsanwalt kennen muss. Aber für Unternehmen ist das eine viel zu hohe Hürde, sich da überall einzulesen. Man sollte immer einen Blick darauf haben, was gerade in Europa vorgeht! Es kommen jetzt auch immer weitere Einschränkungen, man mag hier das Leistungsschutzrecht benennen, bei dem alles im Wandel ist. Gerade im Hinblick auf Suchmaschinen. Aber etwas ganz Bestimmtes, was man sich derzeit anschauen sollte, gibt es nicht. Wichtiger ist meiner Meinung nach eher ein treffsicheres Gefühl für das Grundsätzliche. Was erlaubt ist und was nicht."

(#00:33:59-5#)

Frage 19

Oliver Schwartz:

„Abschließend: Neben den rechtlichen Risiken beim Einsatz visueller Marketinginstrumente gibt es ja sicherlich auch rechtliche Chancen, zum Beispiel, um durch gezielten Einsatz den Schutzumfang von Marken und Patenten zu stärken. Früher hat man zum Beispiel gesagt, wenn auf einer Messe, in einem Messekatalog auf eine Marke hingewiesen wird oder auf dem Unternehmensstand auf einer internationalen Messe innovative, geschützte Produkte gezeigt werden, dass dann der marken- oder patentrechtliche Schutzmantel für das Unternehmen verstärkt wird. Kann so etwas auch durch einen gezielten Einsatz visueller Marketing–instrumente erreicht werden? Können Sie hier eine Empfehlung aussprechen?"

(#00:35:22-2#)

Florian Wagenknecht:

„Das gilt heute weiterhin. Klar, der erste und beste Weg ist natürlich erst einmal, die Marke überhaupt eintragen zu lassen. Es gibt zwar auch Markenschutz für nicht eingetragene Marken. Nur das ist immer ein bisschen heikel. Sowohl bei eingetragenen als auch bei nicht eingetragenen Marken gilt einfach, je weiter die Verbreitung erfolgt und je mehr die Leute auch diese Marke wahrnehmen, desto eher kann man diesen Schutz auch in diesem Bereich durchsetzen. Das heißt also, wenn in Medien Werbung mit dieser Marke gemacht wird oder Berichterstattung über diese Marke erfolgt, dann kann man durchaus den Schutzumfang auch wesentlich erweitern!“

(#00:36:41-2#)

8.2.2 ExpertInnen-Interview mit Rechtsanwältin Sabine Heukrodt-Bauer (29.11.2016)

Rechtsanwältin Sabine Heukrodt-Bauer ist Gründerin der auf IT-Recht spezialisierten Kanzlei RESMEDIA Mainz. Sie hat auf diversen Events und Kongressen der IT-Branche referiert und ist Dozentin für IT-Recht an der Johannes Gutenberg-Universität Mainz. Sie veröffentlicht regelmäßig Artikel zu aktuellen Themen im IT-Recht und E-Commerce und betreut seit über 10 Jahren die Kolumne der „E-Shop Tipp" in der INTERNET WORLD Business. Sie ist die Vorsitzende des gemeinsamen Vorprüfungsausschusses der Rechtsanwaltskammern Koblenz und Zweibrücken für die Erlangung der Bezeichnung „Fachanwalt für Informations–technologie" und sitzt im Ausschuss „IT-Recht" der Bundesrechtsanwaltskammer.

Die Freigabe der folgenden Transkription erfolgte am 12.12.2016:

Frage 01
Oliver Schwartz:
„Bei Herstellung, Beauftragung oder Lizensierung von visuellen Marketinginstrumenten sind verschiedene Rechte einzuholen oder abzuklären: Urheberrecht, Nutzungsrecht, Persönlich–keitsrecht ... – was sind die größten rechtlichen Herausforderungen für PR- und Marketing–verantwortliche in den Unternehmen?"
(#00:00:32-7#)

Antwort 01
Sabine Heukrodt-Bauer:
„In erster Linie, dass rechtliche Fallstricke erkannt werden. Am Beispiel Fotos: Es ist ja so, ich beauftrage einen Fotografen damit, Mitarbeiter einer Abteilung oder eines ganzen Unter–nehmens zu fotografieren, weil ein Firmenprospekt aufgelegt werden soll. Und erst später überlegt man, die Bilder sind schön geworden, wir nehmen sie auch für das Internet. Wenn man sich dann nicht auskennt und nicht weiß, dass Nutzungsrechte für Drucksachen und Nutzungsrechte für das Internet ‚zwei Paar Schuhe' sein können, dann würde man als Verantwortlicher in die Falle rennen. Das heißt, man sollte sich grundsätzlich mit den Rechtsgebieten auskennen, sodass man ein Problembewusstsein hat. Und die zweite Komponente ist sicherlich das Rechte-Management oder Lizenz-Management. Dass ein Verantwortlicher auch wirklich weiß, welche Werke, also welche Fotos, welche Videos, welchen Content für das Unternehmen genutzt werden. Und wie sind die einzelnen Rechte hier

gestaltet? Also, dass ich auch wirklich ein Lizenzmanagement betreibe. Und die dritte große Herausforderung ist, dass man die Mitarbeiter im Griff hat. Dass es ein Problembewusstsein der Mitarbeiter gibt, dass sie nicht einfach machen können, was sie wollen, sondern, dass sich Mitarbeiter auch rechtlich etwas auskennen und dass sie auch geschult werden. Und dass man ihnen auch Infos an die Hand gibt, was rein rechtlich im Bereich Urheberrecht möglich ist und was nicht. Damit sie nicht Fehler machen, die man später dann nicht mehr beheben kann!" (#00:02:38-1#)

Frage 02

Oliver Schwartz:

„In Zeiten des Internets gibt es keine klar abzugrenzenden Druckauflagen oder Verbrei–tungsgebiete mehr. Das Grundprinzip des Sharings in den sozialen Medien durchbricht auch die klaren Rollen von Publisher und Empfänger. Jeder Empfänger kann und wird selbst wieder zum Publisher. Sind denn Urheberrecht und weitere betroffene Rechtsordnungen entsprechend global, und wie schütze ich mein Unternehmen vor unliebsamen Überraschungen durch die – ja auch gewünschte – stark virale Verbreitung meiner Inhalte?" (#00:03:41-1#)

Antwort 02

Sabine Heukrodt-Bauer:

„Was jetzt im Einzelnen eine neue Nutzungsart ist, so nennt man das ja rein rechtstechnisch, das kann natürlich in unterschiedlichen Ländern auch wieder unterschiedlich ausgelegt werden. Letztendlich ist es so: Ich brauche für jede Art, wie ich ein Werk nutzen will, eine eigene Lizenz, und zwar eine ausdrückliche Lizenz! Wenn ich Fotos nutze und ich habe das Nutzungs–recht für die Internetnutzung, dann ist das nicht gleichzeitig auch automatisch das Nutzungs–recht für ‚Sharen'. Das heißt, ich habe zum Beispiel einen Blog und habe hier Social-Media Plug-ins eingebaut, meine Nutzer werden von mir animiert, fleißig zu twittern, zu retweeten und die Plug-ins zu nutzen, dann gebe ich meinen Nutzern sozusagen die Lizenz zum Teilen dieser Inhalte. Wenn ich jetzt Bilder auf der Seite habe, dann werden diese Bilder auch mitgeteilt. Dazu gibt es mittlerweile auch Rechtsprechung. Diese sagt, dass das Nutzungsrecht ‚Internetnutzung' nicht gleichzeitig auch das Nutzungsrecht ‚Sharen' umfasst und ich meine Webseitenbesucher nicht auffordern darf, die Beiträge mit den Bildern viral weiter zu teilen. Das heißt, hier kann es auch wirklich teure Abmahnungen geben, wenn das nicht eingehalten

wird! Gerade bei Fotos und Videos muss man unbedingt darauf achten, wirklich die entsprechende Lizenz zum ‚Sharen‘ einzukaufen!“
(#00:05:23-6#)

Frage 03
Oliver Schwartz:
„Fotografen, Videoproduzenten aber auch Bildagenturen arbeiten mit Formulierungen in Verträgen, auf Aufträgen oder in den AGBs, die vom unspezifischen ‚mit allen Rechten‘ bis hin zum 8-seitigen ‚Kleingedruckten‘ reichen. Gilt hier der Rat, dass ich auf eine konkret ausformulierte Rechteeinräumung achten soll – oder darauf, dass meine gewünschte Nutzung nicht untersagt wird?“
(#00:06:18-2#)

Antwort 03
Sabine Heukrodt-Bauer:
„Rein rechtlich ist es so, dass pauschale Formulierungen gar nicht ausreichend sind, um Nutzungsrechte auch formell korrekt zu übertragen! Die Formulierung „mit allen Rechten“ wäre schon einmal nicht ausreichend. Auf was ich jetzt im Einzelnen achten muss, hängt natürlich auch davon ab, was ich als Marketingverantwortlicher oder PR-Verantwortlicher für die Zukunft mit dem visuellen Material vorhabe. Wenn ich weiß, ich will ein Bild einkaufen und das soll wirklich nur im Internet, aber weltweit genutzt werden, dann kann ich natürlich für diese spezifische Planung prüfen, ob das in dem Vertrag auch explizit so geregelt ist. Wenn ich noch gar nicht weiß, was ich alles mit dem Material machen möchte, dann muss ich auch darauf achten, die Lizenzvereinbarung möglichst breit aufgestellt zu haben. Das heißt, dass ich mir eben möglichst viele Nutzungsrechte übertragen lasse. Man kommt eben nicht darum herum, sich auch ein wenig mit der Materie auseinanderzusetzen und sich zu überlegen: Welche Nutzungsrechte gibt es überhaupt, und was muss in meinem Lizenzvertrag enthalten sein? Das kann ja höchst unterschiedlich sein. Zum Beispiel gibt es einfache Nutzungsrechte, wenn ein bestimmtes Bild von einer Vielzahl von Menschen und Nutzern verwendet werden kann. Oder ich habe eine exklusive Rechtseinräumung, bei der nur ich das Bild nutzen darf. Ich darf das dann aber vielleicht auch weiterübertragen, also auch wieder unterlizenzieren. Diese Mög–lichkeit habe ich bei einem einfachen Nutzungsrecht nicht. Dann gibt es auch räumliche Beschränkungen, beispielsweise auf Internetseiten mit Servern innerhalb Deutschlands. Auch zeitliche Beschränkungen sind ganz wichtig, wenn Lizenzen zum Beispiel nach zwei Jahren

wieder ablaufen. Das sind also alles Punkte, bei denen Unternehmen von vorneherein überlegen müssen: Was hat man denn in Zukunft mit dem eingekauften Content vor?"

(#00:08:36-4#)

Frage 04

Oliver Schwartz:

„In Deutschland lässt sich das Urheberecht ja nicht übertragen, verbleibt damit beim Foto-grafen, Videofilmer, Grafiker usw. – kann und darf ich dann in meinem Auftrag erstelltes und lizensiertes visuelles Marketingmaterial auf Internet-Plattformen hochladen, die sich per Allgemeinen Geschäftsbedingungen weitreichende eigene Nutzungsrechte einräumen lassen? Dies reicht ja bei einigen Social-Media-Plattformen bis hin zu unbegrenztem Nutzungsrecht für das Eigenmarketing des Plattformbetreibers."

(#00:09:22-6#)

Antwort 04

Sabine Heukrodt-Bauer:

„Beim Urheberrecht geht es nicht um die Frage, was sich ein Urheber eigentlich selbst vorbehalten hat. Ich erkläre das immer mit einer Salami, die in unterschiedliche Scheiben ge-schnitten wird. Natürlich kann der Urheber so viele Scheiben im Einzelnen verkaufen, dass am Ende von der Salami nichts übrigbleibt. Also sein Urheberrecht, das trotzdem immer bei ihm verbleibt, geht dann gegen Null. Aber das ist rechtlich nicht der richtige Frageansatz. Man sollte nicht fragen, was hat sich der Urheber denn vorbehalten, sondern man muss immer prüfen, was der, der das visuelle Material nutzen will und dafür Nutzungsrechte einkauft, an Rechten bekommen hat. Ein Urheber könnte auch einfache Nutzungsrechte vergeben, kann das Material dann selber weiterhin nutzen, kann aber anderen gestatten, ein bestimmtes Bild außerdem zu nutzen. Es nutzen also beide parallel nebeneinander. Es ist also absolut egal, was beim Urheber verbleibt. Wichtig ist nur: Welches Nutzungsrecht hat der, der die Nutzungsrechte einkauft, konkret erworben? Darf man zum Beispiel ‚Sharen', darf man das Bild in Drucksachen nutzen...?"

(#00:10:50-1#)

Frage 05

Oliver Schwartz:

„... man hätte dann in einer Vertragsformulierung nicht ‚Nutzung im Internet' stehen, sondern ‚Nutzung auf sozialen Medien, insbesondere Facebook', also mit namentlicher Nennung der Plattform, damit mein Unternehmen konkret dafür auch eine Rechteeinräumung bekommt? Was dann implizieren würde, dass die Nutzung damit auch unter den Spielregeln, den Geschäftsbedingungen, dieses Plattformbetreibers erfolgen darf?"

(#00:11:17-2#)

Antwort 05

Sabine Heukrodt-Bauer:

„Genau! Man könnte formulieren, dass der Urheber das Nutzungsrecht für die Nutzung im Internet einschließlich der Nutzung in allen möglichen Social-Media-Kanälen überträgt. Man kann aber auch regeln, wenn der Urheber zum Beispiel nicht damit einverstanden ist, dass sein Bild bei ‚Snapchat' verwendet wird. Dann werden einzelnen Kanäle, die für zulässig erachtet werden, angeführt. Dann wäre das aber abschließend. Wenn es irgendwo in zehn Jahren eine neue Plattform geben würde, dann könnte man das Bild oder Video dafür nicht nutzen. Also je konkreter die Nutzung vereinbart ist, desto enger sind dann auch die Rechtsverhältnisse!"

(#00:12:04-1#)

Frage 06

Oliver Schwartz:

„PR- und Marketing-Bilder sowie -Videos leben ja von Menschen. In der Regel sind das keine Schauspieler, sondern eigene Mitarbeiter oder Kunden. In welchen Fällen ist deren Abbildung ohne konkrete Einwilligung erlaubt. und wann benötige ich in jedem Fall ein Model-Release zur Übertragung von Persönlichkeitsrechten?"

(#00:12:38-4#)

Antwort 06

Sabine Heukrodt-Bauer:

„Da geht es um das Recht am eigenen Bild, und grundsätzlich kann man sich dazu merken: Ein Einverständnis desjenigen, der auf dem Bild abgebildet ist, ist immer einzuholen! Und dann gibt es ein paar Ausnahmen, zum Beispiel, wenn ich eine Person des öffentlichen Lebens bin, also ein VIP, eine ‚Very Important Person'. Dann wird das Persönlichkeitsrecht im öffentlichen

Verkehrsraum eingeschränkt. Das heißt, wenn ich irgendwo einen berühmten Schauspieler sehe, darf ich diesen fotografieren, und ich darf das Foto auch nutzen. Ich muss ihn nicht vorher fragen. Das wäre jetzt einmal eine Ausnahme. Dann gibt es noch die Ausnahme, wenn Personen auf einem Bild nur als Beiwerk zu sehen sind. Das heißt, die individuelle Person ist nicht erkennbar. Jemanden, der zufällig auch mit auf dem Bild ist, muss ich nicht um Erlaubnis fragen. Eine im Business wichtige Ausnahme liegt vor, wenn es um öffentliche Veranstaltungen geht. Dann darf ich meine Geschäftsfreunde und Kunden bei so einem Event fotografieren und das Material zum Beispiel auf meine Social-Media-Seiten hochladen. Das darf ich aber nur ohne explizites Einverständnis, wenn es eine öffentliche Veranstaltung ist!"
(#00:14:20-3#)

Frage 07
Oliver Schwartz:
„... also zum Beispiel bei einer Messe?"
(#00:14:20-3#)

Antwort 07
Sabine Heukrodt-Bauer:
„Ja, genau! Bei Messen kann man davon ausgehen, dass das öffentliche Veranstaltungen sind. Also selbst, wenn man ein Ticket kaufen muss, ist es so, dass dort jeder hineinkommen kann. Das heißt, das wäre jetzt öffentlich. Und wenn jetzt jemand als Geschäftsfreund an einen Messestand kommt und sich dann noch mit dem Geschäftsführer hinstellt und sich ablichten lässt, dann ist das ein Einverständnis. Dann muss ich gar nicht mehr explizit fragen. Wenn es aber interne Veranstaltungen sind, sagen wir eine Inhouse-Veranstaltung in einem Unter–nehmen, dann ist es nicht öffentlich. Dann muss ich auch unbedingt jeden Einzelnen fragen! Am besten gibt man dann schon mit der Einladung bekannt, dass man auch fotografieren oder filmen möchte. Man kann auch ein Hinweisschild am Eingang hinstellen. Wer von den Gästen dann nicht aufs Bild möchte, kann so dem Fotografen oder Mitarbeiter Bescheid sagen. Was ich jetzt für einen Fall hatte, ist vielleicht ganz interessant: Wie ist das denn mit Auszubildenden unter den Mitarbeitern? Denn die können, wenn sie nicht volljährig sind, nicht selbst ent–scheiden, zumindest nicht, bis sie sechzehn sind. Da sollte man als Arbeitgeber für Firmenevents, bei denen auch jugendliche Auszubildende mit fotografiert werden, noch einmal das Einverständnis der Eltern einholen. Das wären die Ausnahmen. Grundsätzlich ist immer

das Einverständnis einzuholen, außer man hat einen VIP fotografiert, oder die Person ist gar nicht erkennbar, oder es handelt sich um eine öffentliche Veranstaltung."
(#00:15:53-4#)

Frage 08
Oliver Schwartz:
„Bei einem VIP oder einer Person des öffentlichen Lebens würde man denken, muss man aber auch vorsichtig sein. Veröffentlichungen durch ein Unternehmen sind dann ja keine journalistische Nutzung, sondern – auch wenn es für die PR-Arbeit ist – eine Marketingnutzung. Kann ich einen VIP-‚Schnappschuss' einfach für meine Marketingkampagne verwenden?"
(#00:16:23-5#)

Antwort 08
Sabine Heukrodt-Bauer:
„Grundsätzlich ist natürlich ein Social-Media-Account letztendlich Werbung für ein Unternehmen. Aber wenn ich jetzt zufällig auf einer Messe einen VIP sehe und ich fotografiere diesen, dann kann ich ihn in meine Social-Media-Kanäle ohne Probleme einstellen, ohne dass ich überhaupt mit ihm gesprochen haben muss. Eine echte Marketingkampagne ist natürlich etwas ganz Anderes. Wenn ich jetzt ein Portraitfoto des Prominenten in meine Motive einbaue oder ich habe ein lustiges Video, dann kann es natürlich schon darum gehen, dass Persönlichkeitsrechte verletzt werden können. Da gab es ja auch einmal einen Fall mit Boris Becker, der sich dann dagegen gewehrt hat, dass Abbildungen von ihm letztlich ungefragt zu gewerblichen Zwecken genutzt worden sind. Das wäre natürlich jetzt eine weitere Stufe. Aber generell kann man trotzdem sagen, in der Öffentlichkeit fotografiert zu werden, ist zulässig, wenn es sich um einen VIP handelt. Da muss man nicht lange fragen ..."
(#00:17:30-8#)

Frage 09
Oliver Schwartz:
„Kann ich mir bei der Ausgestaltung von einem ‚Model-Release' auch relativ unspezifisch alle Rechte einräumen lassen, oder muss ich dort auch möglichst präzise sein, wofür dieses Fotoshooting stattfindet, wofür diese Bilder genutzt werden sollen?"
(#00:17:52-2#)

Antwort 09

Sabine Heukrodt-Bauer:

„Grundsatz ist immer, dass man das ganz spezifisch regeln muss, weil man nicht einfach pauschal alle möglichen Nutzungsarten für alle Zukunft und auch alle unbekannten Nutzungsarten in der Zukunft übertragen kann! Die Rechtsprechung tendiert dahin, zu sagen, dass solche Vereinbarungen unzulässig sind, weil sie eben nicht transparent sind. Das heißt, man sollte alles das, was man mit den Fotos wirklich machen will, auch anführen! Wenn man also Internetnutzung, Nutzung in Social-Media-Kanälen, Druckpublikation und so weiter konkret formuliert, dann hat man auf die wesentlichen Punkte geachtet und kann dann das Material auch in Zukunft nutzen. Also bitte nie einfach pauschal mit Allgemeinvereinbarung!"
(#00:18:46-5#)

Frage 10

Oliver Schwartz:

„Kann ich mir von meinen Mitarbeitern die Rechte auch für den Zeitraum nach ihrem Ausscheiden aus dem Unternehmen einräumen lassen, und gibt es vielleicht dabei eine Unterscheidung, ob es sich dabei um jemanden aus dem Management handelt oder einen Auszubildenden, der ja ganz am Anfang seiner Berufskarriere ist und vielleicht für die Ausbildung nur zwei Jahre im Unternehmen ist?
(#00:19:11-2#)

Antwort 10

Sabine Heukrodt-Bauer:

„Das Recht am eigenen Bild kann man nicht beschränken. Es ist dabei völlig egal, ob das ein Auszubildender oder ein Manager ist. Jeder hat immer hundert Prozent Recht am eigenen Bild. Beim Auszubildenden ist nur die Besonderheit, dass sie nicht selbst entscheiden können, wenn sie nicht volljährig sind. Ich kann mir natürlich auch Nutzungsrechte für die Zukunft einräumen lassen. Denn, wenn ein Recht am eigenen Bild einmal erteilt ist, dann gilt das genau so lange, bis es widerrufen wird. Damit man sich jetzt nicht jedes Mal mit den Mitarbeitern herumärgern muss, ist es sicherlich schlau, zu sagen, man macht vielleicht einen Zusatz zum Arbeitsvertrag oder lässt sich in einem Model-Release schriftlich bestätigen, dass diese Nutzungsrechte für die Zukunft unbegrenzt gelten. Aber natürlich kann der Mitarbeiter auch dann in fünf Jahren sagen: ‚Ich will jetzt nicht mehr auf diesen Bildern drauf sein, und ich widerrufe dieses Einverständnis wieder.' Dann muss man sich als Unternehmen auch daran halten. Niemand kann gezwungen werden, auch nach zwanzig Jahren noch auf irgendeiner Webseite seines Ex-Arbeitgebers aufzutauchen!"

(#00:20:29-0#)

Frage 11

Oliver Schwartz

„Das ist wirklich ein spannender Aspekt! Gerade in Firmen, wo oftmals Bilder mit sehr vielen Mitarbeitern oder auch lustige Videos erstellt werden, auf denen man verschiedene Abteilungen sieht, kann das ja auch schnell zu einem wirklichen Problem führen, wenn ein Mitarbeiter sagt, er will darauf nicht mehr zu sehen sein, weil es Streit gegeben hat oder weil er ausgeschieden ist. Man müsste dann das ganze Material, die ganze Kampagne umarbeiten. Also kann ich mir die notwendigen Persönlichkeitsrechte für die Zukunft nicht unbefristet einräumen lassen? Könnte ich denn wenigstens einen Zeitraum vereinbaren, an den der Mitarbeiter gebunden ist, oder sieht das Persönlichkeitsrecht immer vor, dass man sein Einverständnis auch wieder zurückziehen kann?"

(#00:21:13-1#)

Antwort 11

Sabine Heukrodt-Bauer:

„Doch, beim Recht am eigenen Bild kann man sein Einverständnis auch unwiderruflich er– teilen. Das heißt, ich kann das dann niemals mehr zurücknehmen. Das muss aber dann wirklich sorgfältig schriftlich und explizit vereinbart werden, damit man dann als Unternehmen später nicht in irgendwelche Beweisschwierigkeiten kommt. Und das ist natürlich auch genau der Sinn von Model-Release-Verträgen. Denn wenn das Unternehmen teure Kampagnen aufgesetzt hat, dann soll natürlich keine abgebildete Person nach einem halben Jahr hingehen und sagen: ,Heute habe ich aber keine Lust mehr darauf.' Man braucht entsprechend zur Absicherung der Unternehmen die Schaffung klarer Rechtsverhältnisse. Und das ist über ein Model-Release, einen schriftlichen Vertrag, natürlich möglich!"

(#00:22:06-4#)

Frage 12

Oliver Schwartz:

„Man hört von Fotografen und auch von Filmproduzenten oft die Empfehlung, auf jeden Fall ein, wenn auch nur symbolisches Honorar zu bezahlen. Um damit auch die Willenserklärung der abgebildeten Person zu unterstreichen. Dass ihr auch wirklich klar war, was sie bei dem Model-Release unterschreibt. Ist das eher eine juristisch laienhafte Einschätzung, oder würden Sie das in der Praxis auch empfehlen?"

(#00:22:43-4#)

Antwort 12

Sabine Heukrodt-Bauer:

„Das stimmt schon, das ist ja dann eine Art Gegenseitigkeitsverhältnis! Beim Recht am eigenen Bild ist es nicht erforderlich, dass Gelder fließen, um ein Einverständnis rechtssicher einzuholen. Beim Nutzungsrecht an einem ganz normalen Content wie Bildern und Videos ist es gesetzlich sogar so geregelt, dass dem Urheber in jedem Fall ein angemessenes Honorar zusteht. Da streiten sich natürlich dann immer alle darum, was jetzt angemessen ist. Aber gerade beim Recht am eigenen Bild und wenn Werbekampagnen aufgesetzt werden, würde ich immer empfehlen, dass dann auch wirklich Gelder fließen, damit eben auch dem Model klar ist, eine Gegenleistung erhalten zu haben. Um später nicht einmal zu versuchen, das Einverständnis zu widerrufen."

(#00:23:50-2#)

Frage 13

Oliver Schwartz:

„Große Unternehmen haben Rechtsabteilungen, die in der Regel einschätzen können, wann die Einbindung externer Fachanwälte notwendig sind. Doch wie sieht es im Mittelstand und bei Kleinunternehmen aus? In einer aktuellen, repräsentativen Studie für diese wissenschaftliche Arbeit haben 33 Prozent aller Unternehmen angegeben, immer eine solche Expertise ein–zuholen und weitere 25 Prozent, dass dies zumindest häufig vorkommt. Und 16 Prozent lassen sich nie extern beraten. Bei dem Teilsegment der Großunternehmen mit einem Umsatz über 50 Millionen Euro lassen sich dagegen 41 Prozent immer und 28 Prozent häufig beraten und lediglich vier Prozent der Unternehmen nie. Wie erleben Sie dies in der Praxis?"

(#00:25:08-4#)

Antwort 13

Sabine Heukrodt-Bauer:

„Das kann ich auf alle Fälle so bestätigen! In der Praxis sehen wir, dass kleinere oder mittlere Unternehmen eher nicht so viel Geld in Rechtsberatung stecken. Und auch in urheber–

rechtlichen Beratungen ist ihnen nicht klar, welches Kostenrisiko dahinter steht, wenn sie dann einmal abgemahnt werden und sich irgendwelche Rechtsverletzungen verwirklichen! Wir hören dann oft: ‚Naja, wir machen das irgendwie selbst, oder wir kennen da einen, der einen kennt.' Und die versuchen einfach, sich selbst zu beraten. Das halte ich für falsch, denn meistens haben sie nicht die Kompetenz, um sich wirklich fachgerecht selbst zu informieren. Das ist eben wie beim Friseur! Die meisten schneiden sich nicht selbst die Haare, und man kann auch nicht auf den Zahnarzt verzichten und sich die Zähne selber plombieren. Die möglichen rechtlichen Probleme überblicken kleine und mittlere Unternehmen oft nicht. Geschäftsführer können vieles, aber sich nicht wirklich rechtlich selbst beraten. Wir als Anwälte können nur plädieren, auch einmal Rechtsberatung in Anspruch zu nehmen! Ich finde auch, das Geld‐argument zieht nicht wirklich. Denn wenn ich mir ansehe, was eine Abmahnung letztendlich für Konsequenzen hat und was sie auch kostet, dann liegen natürlich die Kosten für eine Beratung im Vorfeld dagegen nur im Promillebereich. Auf das Risiko kann man nur immer wieder hinweisen!"
(#00:27:14-4#)

Frage 14

Oliver Schwartz:

„In einer weiteren nicht-repräsentativen Blitzumfrage im Rahmen eines Webinars vom Bun‐desverband deutscher Pressesprecher gaben sogar nur 10 Prozent der PR-Verantwortlichen an, sich durch auf Urheberrecht spezialisierte Kanzleien beraten zu lassen. Und nur 35 Prozent der repräsentierten Unternehmen hat bereits entsprechende Firmen-Richtlinien zur Lizensierung und Verwendung. Wird heutzutage aus Ihrer Juristensicht zu nachlässig mit den rechtlichen Risiken bei der Verwendung von Fotos, Videos und Grafikmaterial umgegangen?"
(#00:28:07-3#)

Antwort 14

Sabine Heukrodt-Bauer:

„Das ist einfach eine Frage des Problembewusstseins! Sehen ein PR-Verantwortlicher oder die Geschäftsführungsebene überhaupt das Risiko? Manchmal ist es auch so, dass es jahrelang gut geht. Dann haben die Verantwortlichen natürlich auch nicht die Intention zu sagen, wir müssen das einmal rechtlich überprüfen lassen. Es ist ja auch so, dass wir Juristen oft in dem Licht stehen: „Wenn die dazukommen, wird es irgendwie schwierig oder man versteht sie nicht." Ich sehe natürlich mit einem anderen Blick, sehe was an Fehlern und Rechtsstreitigkeiten möglich

ist und welches Risiko sich auch verwirklichen kann. Das kann ich jetzt einem PR-Verantwortlichen, der zehn Jahre eine Abteilung leitet und nie eine Abmahnung bekommen hat, erzählen. Aber der wird eventuell dann müde lächeln und sagen, das interessiert mich nicht, es ist ja bis jetzt auch jahrelang gutgegangen. Das kann man ja auch verstehen. Es ist einfach die Frage der Risikoabwägung! Und das muss jeder für sich selbst entscheiden. In größeren Unternehmen und Konzernen ist es so, dass wesentlich professioneller gearbeitet wird. Da achtet auch die Rechtsabteilung darauf, und diese holt sich dann externe Kompetenz, wenn sie selbst nicht weiterkommt. Großunternehmen sind in dem Thema wirklich ganz anders aufgestellt."
(#00:29:38-4#)

Frage 15

Oliver Schwartz:

„Das Internet hat ja auch dafür gesorgt, dass Kommunikationsverantwortliche in den Unternehmen nicht mehr das einzige Sprachrohr in die Öffentlichkeit sind, sondern heute oftmals mehr Dirigenten einer Vielzahl von kommunizierenden Mitarbeitern, die direkt oder indirekt im Namen des Unternehmens veröffentlichen oder dem Unternehmen zumindest zugerechnet werden. In Kombination mit den unüberschaubar vielen Kommunikationskanälen und der viralen Verbreitung ist dies ja aus rechtlicher Sicht wie ein Ritt auf der Rasierklinge. Was würden Sie als wichtige Maßnahmen empfehlen: Internetrichtlinien, rechtliche Schulungen, verbindliche Freigabeprozesse oder einen Pool an vorher geprüftem, ‚wasserdicht' lizensiertem visuellem PR- und Marketingmaterial?"
(#00:31:02-4#)

Antwort 15

Sabine Heukrodt-Bauer:

„Alle Maßnahmen, die Sie jetzt gerade vorgeschlagen haben, kann ich ganz laut mit ‚Ja' befürworten! Man sollte all das komplett nutzen. Man braucht alles, Schulungen, einen Bilder- und Video-Pool und auch Richtlinien. Der Punkt ist einfach: Unternehmen geben sich häufig wirklich Mühe, ganz ausgefeilte Pressemitteilungen herauszugeben. Das interessiert viele Mitarbeiter alles überhaupt nicht mehr, sie haben ihre Parallelwelt im Internet geschaffen, das ist eigentlich wie ein ‚Second Life' des Unternehmens. Sie informieren die Öffentlichkeit, wie sie gerade lustig sind und was sie gerade für erforderlich halten. Da muss man erst einmal ein Bewusstsein bei den Mitarbeitern schaffen. Meiner Meinung nach wird heutzutage auch viel zu

oft die gute Kinderstube vergessen. Im Internet geht einfach alles, da wird einfach alles sofort veröffentlicht, selbst wenn es Unternehmensinterna sind, die gar nicht an die Öffentlichkeit kommen sollen. Aber den Mitarbeitern ist das häufig gar nicht bewusst. Die tweeten und leiten weiter und informieren einfach über alles. Man muss die eigenen Mitarbeiter schulen und ihnen sagen: ‚Das ist unsere Strategie, das ist unsere Firmenkultur, das sind die Informationen, mit denen wir uns an die Öffentlichkeit begeben wollen. Und alles andere bleibt intern.' Sie würden sich ja auch nicht auf den Marktplatz stellen und alle Firmeninterna so herausschreien. Aber im Internet geht das. Das kann man nur vermeiden, indem man Schulungen macht, und vor allem, indem man Social-Media-Guidelines erstellt, die die Mitarbeiter auch abzeichnen müssen. In denen man wirklich exakt beschreibt, was veröffentlicht werden soll und was nicht, wer dafür zuständig ist und wer dafür nicht zuständig ist. Und was auch über private Accounts der Mitarbeiter nicht an die Öffentlichkeit gegeben werden soll. Man muss da also zuerst ein Problembewusstsein schaffen. Und was ein sehr guter Hinweis von Ihnen war, ist der Content-Pool. Das heißt, um zu vermeiden, dass nicht- lizenzierte Content-Elemente hochgeladen und veröffentlicht werden, sollte man einen Pool mit Videos und Bildern haben, bei dem es sich nur um lizenziertes Material handelt. Diese visuellen Marketingmaterialien können dann von allen Mitarbeitern unbedenklich in den digitalen Unternehmens-Präsenzen genutzt und veröffentlicht werden!"
(#00:34:08-0#)

Frage 16
Oliver Schwartz:
„... im Kontext zur Einführung einer Social-Media-Richtlinie könnte es also auch eine gute Idee sein, nicht den hundertsten Motivationstrainer zur Mitarbeiterfortbildung einzuladen, sondern stattdessen einen Juristen, der so ein Problembewusstsein vermitteln würde?"
(#00:34:32-9#)

Antwort 16
Sabine Heukrodt-Bauer:
„Ja! Man muss einmal deutlich machen, dass auch Kunden und potentielle Auftraggeber Facebook haben und natürlich sehen, wenn ein Mitarbeiter postet: ‚Bin auf dem Weg zum Kunden, habe schon jetzt keinen Bock mehr, weil der mich runterhandeln will.' Den Mit–arbeitern ist das teilweise überhaupt nicht bewusst. Da muss man wirklich schulen!"
(#00:35:03-5#)

Oliver Schwartz:

„In einigen Rechtsgebieten sehen wir bereits weit verbreitet, dass europäisches Recht in den Vordergrund getreten ist. Wie sieht das beim Urheberrecht und weiteren betroffenen Rechtsordnungen aus? Und gibt es derzeit anstehende Veränderungen auf Gesetzesebene, die Verantwortliche im Unternehmen unbedingt kennen und beachten sollten?"
(#00:35:51-2#)

Antwort 17

Sabine Heukrodt-Bauer:

„Konkret gibt es derzeit überhaupt noch gar keine Veränderung. Es gibt eine Diskussion, und es poppt auch immer wieder einmal das eine oder andere Thema in den Medien hoch. Aber tatsächlich ist es so, das muss man auch ganz deutlich sagen, dass es kein einheitliches EU-Urheberecht gibt – jedenfalls derzeit noch nicht. Es ist auch nicht erkennbar, dass sich ein solches in absehbarer Zeit entwickeln würde. Es gibt immer wieder vereinzelte Richtlinien oder Verordnungen, und manches ist dann sicherlich auch im nationalen Urheberrecht zu beachten, aber grundsätzlich ist es so, dass diese ganze Diskussion um ein einheitliches EU-Urheberrecht schon seit den Siebziger- oder Achtzigerjahren besteht! Die EU-Staaten sind sich untereinander nicht wirklich einig. Es gibt unterschiedliche Regelungen in den einzelnen Ländern, und davon möchten die einzelnen Staaten auch nicht wirklich loslassen. Ein Beispiel: Wir haben gerade im letzten Jahr die Entscheidung zur Panoramafreiheit gesehen. Darf ich einfach den Eiffelturm fotografieren und auf Facebook hochladen oder nicht? Es gibt Länder, in denen die Pano–ramafreiheit eingeschränkt ist – bei uns ist sie frei. Deutschland hat natürlich auch dafür gestimmt, dass diese Panoramafreiheit auch in Zukunft frei bleibt. Es gibt auch unterschiedliche Fristen, was Urheberrechte angeht. Das heißt, diese und weitere urheberrechtliche Diskus–sionen werden noch weitergehen. Die Länder diskutieren, und es werden dabei einzelne Probleme auch stärker diskutiert, aber ein harmonisiertes EU-Urheberrecht gibt es noch nicht!"
(#00:37:39-2#)

Frage 18

Oliver Schwartz:

„Was ist denn dann das Entscheidende: Wo ich meinen Firmensitz habe, wo mein Server steht, wo der Rechteinhaber seinen Sitz hat? Wonach richten sich am Ende die gesetzlichen Regelungen, die wirksam sind?"

(#00:38:09-2#)

Antwort 18

Sabine Heukrodt-Bauer:

„Grundsätzlich ist es ähnlich wie im Wettbewerbsrecht im Internet. Urheberrecht und Verletzung von Nutzungsrechten ist eine Art Nebenstrafrecht, das heißt, es geht immer um den ‚Tatort'. Im Urheberrecht ist es so, dass der Tatort dort ist, wo ich das Werk nutze. Und wenn ich nun ein Bild hochlade, das ich nicht nutzen darf und dabei weltweit im Internet veröffentlicht habe, dann liegt sozusagen ein weltweiter Tatort vor. Dann könnte zum Beispiel ein Fotograf in den USA, der das sieht, mich mit seinem Anwalt anschreiben und verlangen, dass ich diese Nutzung unterlasse und eben auch Schadenersatz verlangen. Im B2B-Segment kann man Rechtsordnungen noch regeln – wenn ich es mit Verbrauchern zu tun habe, kann ich so etwas überhaupt nicht regeln. Letztendlich geht es einfach nur darum, zu sagen, wo ist denn die Nutzung. Denn das wäre dann auch ‚Ort der Tat'. Im Wettbewerbsrecht würde man das Marktortprinzip nennen. Das gibt es auch im Datenschutzrecht, also überall da, wo ich tätig bin, muss ich die Urheberrechte auch beachten. Das heißt, es geht nicht nur um den Server, sondern vielmehr auch um den Ort, an dem eben Bilder und Videos abrufbar sind!"

(#00:39:46-5#)

Frage 19

Oliver Schwartz:

„Aber das würde ja auch bedeuten, dass ich mich schnell in falscher Sicherheit wiegen kann? Wenn ich zum Beispiel Bildmaterial von einem Anbieter lizenziere, der, nehmen wir an, in den USA sitzt und damit wirbt, dass das Bildmaterial ‚royalty-free' und mit allen Rechten lizensierbar ist. Und die USA hätten jetzt einen eingeschränkteren Schutzumfang im Urheberrecht als zum Beispiel Deutschland oder andere europäische Länder, dann könnte ich ja in vielen Tatortregionen unwissentlich dennoch gegen die dort geltenden, entsprechenden Rechtsordnungen verstoßen."

(#00:40:30-5#)

Antwort 19

Sabine Heukrodt-Bauer:

„Genauso ist es! Die Haftung oder das Haftungsrisiko ist enorm. Weil ich als Nutzer eines Bildes oder überhaupt eines urheberrechtlich geschützten Werkes dafür hafte, dass die ganze Nutzungskette, bis hin zum eigentlichen Urheber, auch tatsächlich so besteht, wie die einzelnen Glieder dieser Kette sich untereinander versprochen haben. Und wenn es da irgendeinen Sprung gibt in der Kette, dann hafte ich als derjenige, der dann irgendwo in der Kette nutzt, auch für etwaige Abmahnungen. Ich kann also nicht sagen, die Abmahnung schicke ich jetzt einmal an meine Fotoagentur weiter, sollen die sich darum kümmern, sie haben mir ja das Bild verkauft. Ich selber hafte dafür! Es ist im Urheberrecht nicht möglich, ein Bild oder Video gutgläubig zu erwerben. Also selbst, wenn ich Nutzungsrechte einkaufe, kann es immer noch sein, dass irgendwo in der Kette ein Sprung ist, und ich eben doch nicht die ausreichenden, gewünschten Nutzungsrechte habe. Ich kann zwar dann gegenüber meiner Agentur Schadenersatz geltend machen, aber mit der Abmahnung muss ich mich trotzdem befassen und im Zweifel vielleicht auch eine Unterlassungserklärung unterzeichnen."

(#00:41:46-5#)

Frage 20

Oliver Schwartz:

„Abschließend: Neben den rechtlichen Risiken beim Einsatz visueller Marketinginstrumente gibt es ja sicherlich auch Chancen, zum Beispiel, um durch gezielten Einsatz den Schutzumfang von Marken und Produkten zu stärken. Können Sie hier eine Empfehlung aussprechen?"

(#00:42:15-5#)

Antwort 20

Sabine Heukrodt-Bauer:

„Genau. Beim Markenrecht ist es so, ich muss eine Marke auch nutzen, damit ich ein Markenrecht habe. Traditionell helfen zum Beispiel Messekataloge: Ich kann damit zeigen, unter der Marke habe ich versucht, Produkte anzubieten, publik zu machen, bekannt zu machen und zu verkaufen. Und wenn ich mein Logo nutze und auf Rechnungen und Lieferscheine aufgedruckt habe und im Internet nutze, dann ist das eine Markennutzung. Wenn dann Gegner einwenden, die Marke wird gar nicht genutzt, dann geht es genau um diese Fragestellung. Darum befasst man sich dann damit, noch alte Kataloge rauszusuchen, um zu belegen, dass man über die ganzen Jahre die Marke wirklich genutzt hat ...“
(#00:47:41-5#)

Frage 21

Oliver Schwartz:

„... und heutzutage könnten dann Internet und Social-Media sein, was früher vielleicht primär der Messekatalog war? Und veröffentlichte Bilder und Videos könnten meine Markennutzung belegen?“
(#00:47:56-5#)

Antwort 21

Sabine Heukrodt-Bauer:

„Genau, jetzt haben wir das Internet, und natürlich ist über das Internet ebenso eine gewerbliche Nutzung gegeben. Wenn ich dann meine Produkte unter einer bestimmten Marke anbiete, dann ist das die Nutzung. Und veröffentlichtes visuelles Marketingmaterial kann diese Nutzung belegen.“
(#00:48:13-8#)

8.2.3 ExpertInnen-Interview mit Frank Schleicher (30.11.2016)

Frank Schleicher ist gelernter Fotograf. Für Tageszeitungen und Fotoagenturen war er als Pressefotograf, Bilddokumentar und Fotoredakteur tätig. Beim PR-Dienstleister „news aktuell", einem Tochterunternehmen der Deutschen Presse-Agentur (dpa), ist Frank Schleicher als Projektmanager für Multimedia-Auftragsproduktionen verantwortlich.

Die Freigabe der folgenden Transkription erfolgte am 05.12.2016.

Frage 01

Oliver Schwartz:

„Nachrichten ohne Bildmaterial haben es seit jeher schwer, heutzutage, in Zeiten von Onlinemedien, Social-Media und multimedialer Verbreitung umso mehr. Bewegtbild wird immer günstiger herzustellen und von Facebook und Co. mit besseren Rankings belohnt. Trotzdem sieht man gerade in der PR-Arbeit immer noch überraschend wenig geeignete visuelle Kommunikationsinstrumente. Oder täuscht der Eindruck?"
(#00:00:56-8#)

Antwort 01

Frank Schleicher:

„Also von meiner Seite her aus täuscht der Eindruck nicht. Sie haben ja recht. Sie haben ja eingangs gesagt, wie wichtig Bildmaterial oder auch Bewegtbildmaterial ist, das stellt den ersten Kontakt mit dem Leser oder im Onlinebereich mit dem User, also dem Medien–konsumenten, her. Von daher ist es schon sehr zu empfehlen, auf diese visuellen Elemente zu setzen. Es ist natürlich eine Kostenfrage. Sie haben schon gesagt, dass der Preis für die Produktion von Video schon auf technischer Ebene gesunken ist. Man kann noch hinzufügen, dass auch die Honorare stetig sinken. Trotzdem ist Bewegtbild natürlich immer noch eine vergleichsweise teure Angelegenheit, und das ist wahrscheinlich auch der Grund, warum nicht sehr viele Pressestellen und PR-Agenturen auf dieses Medium setzen. Und Sie hatten auch von ‚geeigneten visuellen Kommunikationsinstrumenten' gesprochen. Man muss da auch noch hinzufügen, dass nicht alles, was sich bewegt oder nicht jedes Bild für sich schon eine Offenbarung ist. Es kommt auch noch auf die Qualität an und auch, ob das Ganze inhaltlich auch geeignet ist, um die Botschaft des Unternehmens zu transportieren."
(#00:02:14-5#)

Frage 02

Oliver Schwartz:

„Was macht denn ein gutes Feature-Foto zur Begleitung einer Pressemitteilung aus, oder wie sollte auch ein Video aussehen, das von Onlinemedien oder gar von Sendern verwendet werden kann?"

(#00:02:30-1#)

Antwort 02

Frank Schleicher:

„Also das wichtigste Qualitätsmerkmal im Bereich PR ist eigentlich die Authentizität. Natürlich sind es immer Inszenierungen, aber man sollte es dem Material eben nicht so sehr ansehen, dass es inszeniert ist. Es soll eben nicht künstlich wirken, es soll auch nicht werblich sein. Man sollte daher ein journalistisches Konzept verfolgen und kein werbliches, vor dem ich warnen würde. Man kann natürlich meinetwegen das aktuelle Weihnachtsvideo auch mal an die Presse verteilen, dann wird es vielleicht auch ein Thema in diesem Bereich. Edeka hat wieder so ein neues Weihnachtsvideo eingestellt. Aber in der Regel soll das ja als redaktioneller Content genutzt werden, und deswegen muss es eben von der Konzeption anders aussehen als etwas, was aus der Marketingabteilung kommt. Dann ist auch sehr zu empfehlen, in Sachen Branding den Ball flach zu halten. Die Redaktionen wünschen sich natürlich möglichst den Verzicht auf Branding. Man kann es aber auch so machen, dass man es eben dezent macht, dass beispielsweise ein Mitarbeiter, der im Foto ist oder der auch gefilmt wird, vielleicht ganz dezent ein Logo trägt. Das wird noch akzeptiert. Aber auffälligere Werbebotschaften oder wenn das Branding die eigentliche Botschaft des Bildes oder des Videos sein soll, werden eben nicht veröffentlicht."

(#00:04:07-8#)

Frage 03

Oliver Schwartz:

„Was sind die größten Hürden, gerade für den Mittelstand und KMUs ohne riesige Marketing–budgets? Der sprichwörtliche Praktikant mit Kamera, der aus Kostengründen als Fotograf herhalten soll? Videomaterial auf Niveau von privaten Urlaubsfilmen oder doch eher mangeln–des Wissen um die Bedürfnisse von Bildredakteuren und Medien sowie die Reaktionen von Endkunden auf Bildsprache und Bewegtbild-Dramaturgie?"

(#00:04:45-7#)

Antwort 03

Frank Schleicher:

„Also nach meiner Erfahrung ist es eigentlich beides. Dahinter steht erstmal, dass oft das Bewusstsein fehlt, welche Bedeutung visuelle Elemente in der Kommunikation eigentlich haben. Es wird als nicht so wichtig erachtet. Man kennt das ja mit Pressemitteilungen, die häufig zig Mal redigiert werden, an denen ständig Änderungen vorgenommen werden. Diese Bedeutung wird dem Bild und auch dem Video nicht annähernd zugemessen, entsprechend fehlt dann auch eben das Geld dafür. Es werden dafür in der Regel keine ausreichenden Budgets bereitgestellt oder jedenfalls geringere als beispielsweise im Bereich der klassischen Werbung. Das ist das eine. Also so kommt es eben auch zu diesen Do-it-Yourself-Lösungen, die für die Außendarstellung mitunter dann kontraproduktiv wirken. Ich bin eigentlich nicht komplett dagegen, auch mal etwas selbst zu produzieren. Da muss man aber eben selbstkritisch sein und sich genau prüfen, ob das wirklich für die Selbstdarstellung des Unternehmens nach außen passt! Nach innen kann man es machen, also beispielsweise wenn es im Intranet veröffentlicht werden soll oder auch für den Social-Media-Auftritt, da kann es mal so ein bisschen weniger glatt sein, da kann es auch schon mal kleine Fehler haben. Grundsätzlich würde ich aber immer empfehlen, mit professionellen Dienstleistern, sprich Fotografen und Kameraleuten, zusammenzuarbeiten. Was die mangelnden Kenntnisse der Abläufe in Redaktionen angeht, ist das auch eine große Baustelle! Die Kommunikationsabteilung oder Pressestellen von Unternehmen stellen in der Regel die eigenen Bedürfnisse in den Vordergrund, sie wollen etwas kommunizieren, sie wollen eine Botschaft loswerden und denken häufig nicht mit, welche Bedürfnisse eigentlich die Abnehmer haben. Die Abnehmer sind Journalisten, Redakteure, die das im redaktionellen Kontext einsetzen wollen. Und wenn man nicht weiß, was da benötigt wird, wie diese Abläufe aussehen in den Redaktionen, dann wird eben auch relativ viel für den Papierkorb produziert. Wobei die Rundablage heute in der Regel nicht mehr ein richtiger Mülleimer ist, sondern der digitale Mülleimer."

(#00:07:11-2#)

Frage 04

Oliver Schwartz:

„Auch das beste visuelle Kommunikations-Material muss gesehen und gefunden werden. Wie wichtig sind dabei Metadaten zur Beschriftung und Verschlagwortung von Fotos oder Videos?"

(#00:07:43-2#)

Frank Schleicher:

„Das ist etwas, was enorm wichtig ist. Ich sprach ja schon die fehlenden Kenntnisse der Abläufe in Redaktionen an. Die bekommen am Tag nicht nur ein oder zwei Fotos oder Videos geschickt, sondern Dutzende oder Hunderte! Und auch von den professionellen Anbietern kommen da noch einige Tausend Bilder und Videos hinzu. Diesen Content zu ordnen und ihn in Archiven wiederzufinden, das gelingt nur, wenn das Material entsprechend beschriftet ist. Und heutzutage hat man kein Archiv mehr, in das man hineinfasst, sondern das sind natürlich digitale Archive. Und ohne Metainformation, die in die Bild- oder Videodateien eingebettet sind, kann man das Material gar nicht verarbeiten. Ich komme ja selbst auch aus der Fotoredaktion der Madsack-Mediengruppe. Da war zeitweise der Bildempfang so eingestellt, dass Fotos, die nicht in einem bestimmten Format beschriftet waren, im IPTC-Format, einfach gleich gelöscht wurden. Man konnte damals dem Madsack-Konzern also nur Bilder anbieten, die auch beschriftet waren. Man nimmt den Redaktionen einfach eine Menge Arbeit ab, wenn man das Material adäquat beschriftet und man dafür auch Verfahren nutzt, die sich einfach bewährt haben. Im Bereich der Pressefotos ist es das von mir genannte IPTC-Verfahren! Das steht für International Press Telecommunications Council. Das ist ein Gremium, in dem sich international die Nachrichtenagenturen zusammengeschlossen haben, um einen gemeinsamen Standard für die Beschriftung von Pressebildern zu entwickeln. Und den Pressestellen, die ja mit ihrem Material die gleiche Zielgruppe ansprechen wollen, kann man wirklich nur empfehlen, dieses Verfahren auch zu nutzen. Das ist kein Hexenwerk. Das ist ein wirklich etabliertes Verfahren und heute, in Zeiten von Social-Media, hat es nochmal zusätzlich an Bedeutung gewonnen. Denn wenn Sie jetzt beispielsweise ein nicht mit Metadaten beschriftetes Bild bei Facebook oder in anderen Portalen hochladen, dann kann es schnell ein Eigenleben entwickeln, dass Sie vielleicht gar nicht so wünschen. Sie sollten da dann zumindest die Copyright-Angaben hineinschreiben, dann natürlich auch eine Bildlegende und eventuelle Nutzungsbeschränkungen.“

(#00:10:13-6#)

Frage 05

Oliver Schwartz:

„Es gibt ja im IPTC-Standard auch einen Copyright Status-Flag, der wiederum dann ja auch von vielen Social-Media-Portalen ausgelesen wird. So dass eindeutig klar ist, es handelt sich um urheberrechtlich geschütztes Material."

(#00:10:30-6#)

Antwort 05

Frank Schleicher:

„Genau! Und wenn Sie beispielsweise Ihre Fotos in Portalen wie Flickr hochladen, auch da werden dann eben die Metainformationen ausgelesen, sind diese Informationen ein wichtiges Instrument, um das Bild überhaupt auch recherchieren zu können. Ich würde wirklich empfehlen, so vorzugehen, wenn die Bilder produziert werden, diese dann gleich mit Metadaten zu beschriften. Das hilft auch, um ein eigenes Archiv aufzubauen und das Material dort wiederzufinden. Denn eine reine digitale Ablage in Ordnern auf der Festplatte, die thematisch oder nach Uhrzeit oder Tageszeit beschriftet sind, hilft nicht weiter, wenn das Bild in zehn, fünfzehn Jahren nochmal wiedergefunden werden soll. Ich würde den Pressestellen dringend empfehlen, Metadaten zu nutzen. Es ist nicht kostenaufwendig, man muss auch keine große Investition tätigen. Es gibt sogar kostenfreie Software, die geeignet ist, diese Meta–informationen in die Fotos einzutragen!"

(#00:11:46-0#)

Frage 06

Oliver Schwartz:

„Die von Ihnen angesprochene Situation bei Madsack war und ist sicherlich in sehr vielen Medien so. Man hört immer wieder von Bildredakteuren, dass Bilder ohne professionelle journalistische Verschlagwortung nicht in die Redaktionsdatenbank aufgenommen werden. Das dürfte immer noch der Grund sein, warum sich auch viele Unternehmen wundern, dass sie aus ihrer Sicht schönes Material mit einer Pressemitteilung senden und eine Redaktion bei ihrer anschließenden Berichterstattung doch ein völlig anderes Bild oder Video nutzen. Das eigene Bild hat entsprechend nicht über die nötigen Informationen verfügt und in den Redaktionen die Zeit gefehlt, dann alles nachzurecherchieren. Oder?"

(#00:12:47-6#)

Antwort 06

Frank Schleicher:

„Genauso ist es! In Redaktionen ist man mit Personal auch nicht mehr so gut bestückt, wie das vielleicht früher mal der Fall war. Und so ist auch zwangsläufig inzwischen die Erwartungshaltung von Redakteuren, dass die Unternehmen, die eben diese Bilder bereitstellen, ihre Hausaufgaben machen. Und ich würde auch empfehlen, bei der Beschriftung wirklich Sorgfalt walten zu lassen. Das heißt, ruhig viele Stichwörter einzugeben. Sie müssen sich im Grunde immer vorstellen, nach welchem Stichwort könnte ein Journalist recherchieren, der mein Bild finden soll? Man muss da ein wenig vorausdenken, nicht nur den Kontext der aktuellen Pressemitteilung im Blick haben, sondern sich überlegen, in welchem Kontext sollte das Bild noch gefunden werden.“
(#00:13:39-9#)

Frage 07

Oliver Schwartz:

„Ein starkes Marketing-Bild ist nicht immer ein geeignetes Pressefoto und Bewegtbild-Footage für Medien eignet sich umgekehrt meist nicht als Social-Media-Trailer oder Werbespot. Ist es realistisch, in einem Shooting Output für die verschiedensten Kommunikationszwecke zu erzeugen, oder sollte man die Disziplinen besser trennen? Ein Werbetexter schreibt schließlich auch nicht die Pressemitteilung …“
(#00:14:25-2#)

Antwort 07

Frank Schleicher:

„Also ideal ist es natürlich, wenn die Presseabteilung ein eigenes Budget für die Produktion oder den Einkauf von Bildern hat und nicht nur das Material verwenden kann, was sozusagen bei der Marketingproduktion so abfällt. In der Praxis ist es aber eben häufig so, dass dafür wenig Geld bereitsteht, und dann muss man sich einfach das Material, was im Marketingbereich vorhanden ist, mal genauer anschauen. Und ich halte es nicht für grundsätzlich ausgeschlossen, dass man da auch mal geeignetes Material findet. Nehmen wir zum Beispiel einfach mal Portraits. Wenn Sie Portraitaufnahmen von wichtigen Personen im Unternehmen haben, die kann man in der Regel sowohl für das Marketing oder auch für Pressearbeit verwenden. Wenn es aber um Feature-Bilder geht, da ist es dann schon anders, weil in der Regel die Werbefotografie einfach wesentlich glatter ist. Da wird in die Vollen gegriffen, auf Hochglanz

produziert. Solches Marketingmaterial ist dann eben in der Regel nicht so authentisch. Man kann sich das Material aus dem Marketingbereich anschauen, ob es verwendbar ist für die Pressearbeit. In der Regel muss man aber doch schon selber ran. Um es nochmal zu unterstreichen, eines der wichtigsten Qualitätskriterien für ein PR-Bild ist die Authentizität! Das gilt natürlich entsprechend für den Bewegtbildbereich. Ein Werbefilm erzählt eine ganz andere Geschichte als eine PR-Story, die ja eher journalistisch daherkommen sollte."
(#00:16:03-3#)

Frage 08
Oliver Schwartz:

„Fachanwälte für Urheberrecht verweisen immer wieder darauf, dass die Rechteabklärung (Nutzungsrechte, Persönlichkeitsrechte etc.) im Vorfeld oftmals nur unzureichend erfolgt und durch Mängel bei der Lizensierung gerade in Zeiten der viralen Internetverbreitung ein immenses Kostenrisiko für Unternehmen birgt. Haben Sie in der Praxis als Distribu—tionsdienstleister häufiger mit Fällen zu tun, dass verbreitetes visuelles PR-Material den Anlass für einen Rechtsstreit darstellt?"
(#00:16:42-7#)

Antwort 08
Frank Schleicher:

„Das Unternehmen für das ich arbeite, verbreitet ja im Jahr mehrere tausend Pressefotos und auch viele hundert Videos. Wenn man das bedenkt, haben wir eigentlich relativ wenig Probleme, in Relation zur Menge der verbreiteten Materialien. Das liegt aber auch daran, dass wir Vorkehrungen getroffen haben, um uns solche Probleme möglichst vom Hals zu halten. Das fängt einmal natürlich mit der Gestaltung der AGBs an, dass wir nur Material annehmen, wo derjenige, der es über uns verbreiten lässt, sich verpflichten muss, vorher den Rechtestatus gecheckt zu haben. Zum anderen nutzen wir eben auch dieses von mir propagierte IPTC-Verfahren und füllen auch bei Videos die Metadaten aus. Das heißt, man kann damit schon eine Menge Probleme im Bereich des Urheberrechts und auch der Persönlichkeitsrechte abfangen, indem man beispielsweise in die Metadaten hineinschreibt, in welchem Kontext das Material genutzt werden kann, wie lange es genutzt werden kann und von welchen Medien es genutzt werden darf. Man kann da beispielsweise zeitliche und räumliche Beschränkungen hineinschreiben. Wenn sich dann irgendwelche Medien nicht daran halten, liegt das dann nicht mehr in der Verantwortung des Aussenders und auch nicht in der Verantwortung dessen, der

das Material produziert hat, sondern dann kann man bei eventuellen Verletzungen von Persönlichkeits- oder Urheberrechten das Medium verantwortlich machen, das sich da nicht dran gehalten hat. Man spricht ja von einer guten fachlichen Praxis, dass schon registriert werden muss, was in den Metadaten steht. Das ersetzt natürlich nicht die Sorgfaltspflicht, in Verträgen mit den Bildproduzenten oder auch den Agenturen klarzustellen, in welchem Umfang darf das Material genutzt werden.“
(#00:18:52-3#)

Frage 09
Oliver Schwartz:
„Gerade bei Bildern und Filmen mit Menschen ist es im rein journalistischen Bereich oder bei großen Footage-Agenturen Usus, die abgebildeten Personen exakt zu benennen und einen Hinweis zu geben, ob eine Verwendung des Materials nur redaktionell oder auch werblich gestattet ist, beziehungsweise, ob entsprechende Einverständniserklärungen – sogenannte Model-Releases – vorliegen. Folgen die Unternehmen in der PR- und Marketing-Arbeit Ihrer Beobachtung nach diesem Vorbild? Und was wäre Ihre Empfehlung, um sowohl die Verwendung des Materials zu fördern als auch rechtliche Stolpersteine zu umgehen?“
(#00:19:38-8#)

Antwort 09
Frank Schleicher:
„Ja, ich würde empfehlen, insbesondere bei Pressefotos die IPTC-Felder dazu zu nutzen, eine Bildlegende, die die Urheberinformation klarstellt, aber eben auch sogenannte Nutzungs–beschränkungen, in die Bild-Dateien zu integrieren. Dafür ist genug Platz vorhanden, und dann können Sie eben das Material für den gewünschten Zweck freigeben und auch klarstellen, welche Restriktionen im Hinblick auf die Persönlichkeitsrechte abgebildeter Personen einzuhalten sind. Wenn sich dann ein Medium an diese Bestimmungen und Nutzungs–beschränkungen nicht hält, dann ist es verantwortlich dafür, und dann kann man sagen, okay, wir haben das Unsrige getan. Das Medium hat dann eben seine Sorgfaltspflicht verletzt...“
(#00:20:37-7#)

Frage 10

Oliver Schwartz:

„... oder wir als Unternehmen unsere Sorgfaltspflicht zumindest wahrgenommen?"
(#00:20:44-7#)

Antwort 10

Frank Schleicher:

„Genau! Das kann man ja dadurch nachweisen. Dass man belegt, okay, ich habe das Material ordnungsgemäß verbreitet, ich habe die entsprechenden Urheberinformationen und Nutzungs–beschränkungen am Bild befestigt, mehr kann man eigentlich nicht tun."
(#00:21:02-9#)

Frage 11

Oliver Schwartz:

„Lässt sich, zumindest im PR-Bereich, Art und Umfang der Nutzung von Fotos und Bewegtbild heutzutage überhaupt noch regeln und steuern? Oder führt das Internet durch seine Sharing-Kultur nicht zwangsläufig zu einer unkontrollierten Verbreitung? Oder gibt es wirksame technische Möglichkeiten, eine ungewollte, kontextfreie Verwendung zu vermeiden?"
(#00:21:38-0#)

Antwort 11

Frank Schleicher:

„Also die Möglichkeit, die Verwendung von PR-Content in den Medien zu kontrollieren, hat es eigentlich noch nie gegeben. Das Problem hat sich natürlich verschärft mit dem Aufkommen von Social-Media. Nach unserer Beobachtung führen visuelle Inhalte, das können auch mal eine Infografik sein, ein Video, aber hauptsächlich ist das bei Fotos so, oft noch ein interes–santes kontextfreies Eigenleben. Medien greifen dann einfach zu und sagen, das ist ein tolles Bild – unabhängig von dem Unternehmen, das es veröffentlicht hat. Meine Empfehlung ist, damit entspannt umzugehen! Es sei denn, es werden Persönlichkeitsrechte oder auch Urheberrechte verletzt. Das ist etwas, womit man immer rechnen muss, wenn man PR-Material herausgibt. Ein Freund von mir, der so eine etwas bildliche Sprache hat, hat es mal so ausgedrückt: Wenn man eben ein Kissen mit Federn aufschlitzt und man schüttelt es aus, dann kriegt man nie wieder alle Federn hinein. So ist es auch mit Pressebildern und Videos, die man mal veröffentlicht hat. Die kriegt man auch nicht wieder eingefangen, wenn sie dann ihr

Eigenleben führen. Im Großen und Ganzen sind aber die Effekte, die man hat, wenn man visuelles Material herausgibt, positiver Art. Und diese, sagen wir mal, negativen Nebeneffekte, die man hat, dass visuelles Material auch mal kontextfrei verwendet wird, das sollte man dann – meine ich – eher entspannt sehen. Selbst wenn das Bild zum Beispiel mal in einem negativen Kontext eingesetzt wird, ist es manchmal immer noch besser, es wird dann das Pressebild des Unternehmens zu einer negativen Berichtserstattung herangezogen, als wenn da irgendein Bild aus dritter Quelle verwendet wird."
(#00:23:37-5#)

Frage 12
Oliver Schwartz:
„Das ist ein ganz wichtiger Punkt, denn, wenn es einen negativen Berichterstattungsanlass gibt, wird so oder so berichtet. Es wird so oder so Bildmaterial verwendet und dann besser Material mit einer gewissen Regie des Unternehmens dahinter ..."
(#00:24:04-3#)

Antwort 12
Frank Schleicher:
„Genau! Also ich erinnere mich an ein Pressefoto von der Firma Opel, wirklich ein schönes Pressefoto von einem Automodell, und die Financial Times Deutschland hatte sich damals die Freiheit genommen, dieses Foto mit der Überschrift ‚Preisgekrönt am Abgrund' zu ver–öffentlichen. Wahrscheinlich ist das von dem Unternehmen kritisch gesehen worden."
(#00:24:35-8#)

Frage 13

Oliver Schwartz:

„Noch schwieriger ist es vermutlich im TV-Bereich? Da beobachtet man oft die Praxis, dass Material, welches in einem Unternehmen mit Mitarbeitern in Arbeitsumgebung in einem positiven Kontext produziert worden ist, anschließend archiviert wird und, wenn es in dem Unternehmen später zum Beispiel eine Entlassungswelle oder irgendwelche Probleme gibt, dann dieses Material aus dem Archiv rausgezogen und als Klammermaterial veröffentlicht wird. Das Problem in einer kritischen Situation wird ja noch einmal verschärft, wenn dann Mitarbeiter im Fernsehen zu sehen sind, die entweder vielleicht gar nicht betroffen sind oder wenn sie betroffen sind, sich auch nicht in der Tagesschau wiedersehen wollen ...“
(#00:25:26-7#)

Antwort 13

Frank Schleicher:

„Ja, das ist richtig! Aber es würde ja auf jeden Fall eine Berichterstattung stattfinden, und möglicherweise wird dann noch unerwünschteres Material eingesetzt. Die Medien machen das ja nicht, weil sie bösartig sind, sondern weil sie in bestimmten Situationen und unter Zeitdruck oft keinen Zugriff auf, sagen wir so, noch geeigneteres Material haben ...“
(#00:25:44-1#)

Frage 14

Oliver Schwartz:

„... damit kommen wir wieder auch zum Eingangspunkt unseres Interviews, dass halt journalistisch keine Nachricht ohne Bild erfolgt. Insofern tut man ja gut dran, wenn man selber starke journalistische Bilder und Bewegtbild zur Verfügung stellt?“
(#00:26:09-2#)

Antwort 14

Frank Schleicher:

„Ganz genau!“
(#00:26:10-8#)

Frage 15

Oliver Schwartz:

„In einer aktuellen, repräsentativen Studie für diese wissenschaftliche Arbeit haben die befragten Entscheider zu 41 Prozent angegeben, dass ihr Unternehmen Pressefotos mit nachrichtlichem Charakter einsetzt, reine Produktfotos zu 39 Prozent, Fotos mit Mitarbeiten zu 37 Prozent und Feature-Fotos zu 33 Prozent. Bei dem Teilsegment der Großunternehmen mit über 50 Millionen Euro Umsatz betrugen die Anteile hingegen 57 Prozent für nachrichtliche Pressefotos, 52 Prozent bei Produktfotos, 46 Prozent für Fotos mit Mitarbeitern sowie 41 Prozent bei Feature-Fotos. Ist dies auch Ihre Erfahrung in der Praxis, dass noch über die Hälfte der Unternehmen keine visuellen Marketinginstrumente einsetzen und dass größere Unter–nehmen dies deutlich häufiger tun als der Mittelstand und KMUs?"
(#00:27:30-6#)

Antwort 15

Frank Schleicher:

„Ja, das kann ich bestätigen! Das ist auch das Bild, was sich mir bildet, dass große Unternehmen häufiger visuelle Medien einsetzen. Das hat natürlich etwas damit zu tun, dass die über andere Ressourcen verfügen als kleine und mittelständische Unternehmen. Oft gibt es in diesen kleineren Unternehmen ja nicht einmal Personal, das sich ausschließlich mit Pressearbeit beschäftigt. Das macht dann die Marketingabteilung noch mit, oder man hat oft nicht mal überhaupt einen dedizierten Ansprechpartner, der sich um Pressearbeit kümmert. Das macht dann der Chef selbst – oder die Chefin. Mit entsprechend geringeren Ressourcen werden dann eben auch weniger Bilder produziert. Das ist etwas, was wir schon in der Praxis sehen. Es gibt aber auch Mittelständler, die erkannt haben, dass sie durch den Einsatz von Bildmaterial eben auch viel bewegen können. Das sind dann kleinere Unternehmen, die bereits von PR-Agenturen beraten werden. Und wenn die sich haben überzeugen lassen, dass das wichtig ist, dann wird dafür auch Geld bereitgestellt, und dann entstehen auch gute Fotos. Also ich will jetzt nicht sagen, dass durch die Bank Mittelständler schlechteres visuelles Marketingmaterial liefert, es kommt nur seltener vor. Das kann ich bestätigen!"
(#00:28:53-0#)

Frage 16

Oliver Schwartz:

„In derselben Umfrage gaben nur 30 Prozent der Entscheider an, zumindest gelegentlich Produktvideos in der Kundenkommunikation einzusetzen, gefolgt von Unternehmensvideos mit 29 Prozent, Erklärvideos mit 21 Prozent und Videos mit Interviews und Statements mit 17 Prozent. Auch hier bestätigten Entscheider aus Großunternehmen mit 47 Prozent für Produktvideos, 45 Prozent bei Unternehmensvideos, 30 Prozent für Erklärvideos und 23 Prozent bei Videos mit Interviews eine deutlich höhere Etablierung von Bewegtbild-Kommunikation in ihren Unternehmen. Haben Sie eine Erklärung dafür, warum sich der Mittelstand und KMUs schwerer mit Bewegtbild tun? Und was sind aus Ihrer Erfahrung die Bewegtbildformate mit den geringsten Einstiegs- oder Realisierungshürden?“
(#00:29:53-6#)

Antwort 16

Frank Schleicher:

„Es ist natürlich so, dass bei Bewegtbild der Aufwand der Produktion nochmal deutlich höher ist als bei der Fotografie. Und auch das Wissen, wie das geeignet produziert werden kann, ist noch weniger verbreitet. Bei Fotos ist es so, dass jeder die Funktionsweise einer Digitalkamera heute aus eigener Anschauung kennt, und vielleicht hat auch jeder inzwischen ein iPhone, mit dem man natürlich auch etwas drehen kann. Aber wie jetzt eine Geschichte, eine Botschaft in ein Bewegtbildbeitrag verpackt wird, dieses Wissen, das haben natürlich nur Spezialisten, sprich Videojournalisten oder Kameraleute! Und wenn man die eben beauftragt, ist der finanzielle Aufwand um ein Vielfaches höher als bei der Fotoproduktion. Hinzu kommt noch, dass auch eine Pressestelle oder Presseverantwortliche bei der Videoproduktion viel stärker zeitlich eingebunden sind. Man kann nicht einfach sagen, mach mal eben einen Film, sondern man muss ein Konzept entwickeln, gemeinsam mit dem, der es umsetzt. Dann muss man die Dreharbeiten begleiten, hinzu kommt noch der Schnitt und die Abnahmen. In alle diese Schritte ist man, wenn man ein Video dreht, doch sehr viel stärker involviert, selbst wenn man es nicht selbst umsetzt, sondern dafür einen Dienstleister hat. Und auch das ist nach unserer Erfahrung häufig der Grund, dass es nicht genutzt wird oder deutlich seltener genutzt wird als beispielsweise Fotografie. Und es ist natürlich auch, wie ich auch schon bei Fotos sagte, insgesamt eine Frage der finanziellen und personellen Ressourcen.“
(#00:31:35-4#)

Frage 17

Oliver Schwartz:

„Welche Trends sehen Sie im Bereich der visuellen Kommunikationsinstrumente? Wird Bewegtbild das klassische Foto in Zukunft verdrängen? Und welche visuellen Kommuni–kationsinstrumente funktionieren besonders gut oder erleben gerade ein starkes Wachstum in Einsatz und Akzeptanz?“

(#00:32:09-5#)

Antwort 17

Frank Schleicher:

„Also ein Trend ist natürlich klar zu erkennen, dass immer mehr Bild- und Videomaterial eingesetzt wird, und jemand, der für Pressearbeit zuständig ist, ist auch gut beraten, auf diese Medien zu setzen. Man muss es natürlich immer mit Augenmaß tun, immer in Relation dessen, was im Unternehmen tatsächlich möglich ist. Ich sehe es auch ein bisschen als Aufgabe von Pressesprechern und Kommunikationsverantwortlichen, da intern auch für zu kämpfen. Dafür zu kämpfen, dass sie dafür die entsprechenden Etats bekommen. Was die Entwicklung bei Bewegtbild angeht, das ist natürlich klar, ist das Segment noch sehr stark am Wachsen. Das beobachten wir auch als Pressedienstleister, dass Video immer mehr zum Einsatz kommt. Aber ich glaube nicht, dass das Bewegtbild das Foto verdrängen wird. Einfach, weil das Foto universell einsetzbar ist. Ein Foto kann nach wie vor in den unterschiedlichsten Medien veröffentlicht werden. Es funktioniert online. Es kann auch zu Slideshows und in Multi–mediaprodukten verarbeitet werden. Und ein Foto ist eben schneller zu produzieren und auch schneller in der Rezeption. Man muss ja bedenken, dass man, wenn man sich ein Video betrachtet, auch entsprechend Zeit dafür bereitstellen muss. Ein Foto kann man innerhalb von einer oder zwei Sekunden verstehen, ein Video dauert zwei bis fünf oder unendlich viele Minuten, je nachdem, wie das gestaltet ist. Das Foto hat weiterhin eine große Zukunft vor sich, das Video natürlich verstärkt auch. Ein weiteres visuelles Medium hat derzeit ein starkes Wachstum zu verzeichnen, das ist die Infografik. Wir nehmen wahr, dass immer mehr Unternehmen auf die Darstellung von Informationen in Form von Infografiken setzen! Das hat einmal damit zu tun, dass man erklärungsbedürftige Sachverhalte in der Infografik gut erklären kann, das hat aber auch mit den Trends in der Kommunikation zu tun, dass beispielsweise in Onlinemedien oder in Sozialen Medien solche Scroll-Grafiken immer mehr angesagt sind. Auf jeden Fall beobachten wir derzeit, dass Infografiken sehr im Kommen sind!“

(#00:34:46-6#)

8.2.4 ExpertInnen-Interview mit Jörg Wassink (06.12.2016)

Jörg Wassink ist seit Mai 2007 als Leiter PR und Social-Media bei Sage tätig. Er ist verantwortlich für die Medien- und Öffentlichkeitsarbeit der Sage GmbH in Deutschland und Österreich. Zuvor war Wassink 4 Jahre Leiter der internen und externen Kommunikation bei der COLT Telecom GmbH. Als Mitglied der Fachgruppenleitung ITK im Bundesverband deutscher Pressesprecher hat sich Jörg Wassink engagiert und ebenso im Branchenverband bitkom.

Die Freigabe der folgenden Transkription erfolgte am 19.12.2016.

Frage 01
Oliver Schwartz:
„Nachrichten ohne Bildmaterial haben es seit jeher schwer, heutzutage, in Zeiten von Onlinemedien, Social-Media und multimedialer Verbreitung umso mehr. Bewegtbild wird immer günstiger herzustellen und von Facebook und Co. mit besseren Rankings belohnt. Welche visuellen Kommunikationsinstrumente nutzen Sie derzeit regelmäßig im Unter–nehmen?“
(#00:00:28-5#)

Antwort 01
Jörg Wassink:
„Wir nutzen im Grunde genommen die komplette Bandbreite von visuellen Bildwelten und Instrumenten. Das fängt beim klassischen Foto an, auf dem man beispielsweise Kunden sieht, auf dem man Szenen sieht, die unsere Lösungen repräsentativ darstellen können. Das geht weiter über Infografiken, die wir regelmäßig erstellen, über Chartflows und Grafikelemente. Die nicht fotografiert sind, sondern die grafisch erstellt werden und auch spezielle Icons von uns enthalten. Wir haben auch eine Ikonographie-Datenbank, in der wir die Icons zur Verfügung stellen, um bestimmte Inhalte unserer Produkte visuell darzustellen. Das endet natürlich nicht beim Thema Bewegtbild. Wir haben eigene Youtube-Channels. Wir machen dort Referenzkundeninterviews, wir machen dort Tutorials, wo man teilweise nur Screenshots sieht, zu denen dann ein Sprecher bestimmte Dinge erklärt, die mit unseren Softwarelösungen gemacht werden können. Es geht jetzt sogar noch weiter, dass wir auch das Thema Live-Streaming benutzen. Beispielweise Webinare, die wir mit unseren ExpertInnen und Kunden

durchführen zu bestimmten Themen, aber auch sowas wie Diskussionsforen, die wir schon durchgeführt haben über Plattformen wie „Blab", die es seit Sommer dieses Jahres nicht mehr gibt. Blab war eine Plattform, wo wir eine Art Talkrunde initiiert haben, wo man mit verschiedenen Leuten diskutieren kann. Es werden immer vier Teilnehmer eingeblendet, und dann diskutiert man ein bestimmtes Thema, wozu man sich unterschiedliche ExpertInnen reinholt. Wir haben bei Sage also eine sehr hohe Bandbreite von visuellen, multivisuellen Inhalten, die wir da erstellen und für die unterschiedlichsten Bereiche der Kundenkommunikation, aber auch PR, Marketing und Support nutzen. Das schließt alle Formen von visuellen Tools ein!"
(#00:03:06-1#)

Frage 02
Oliver Schwartz:
„Was macht ein gutes Feature-Foto zur Begleitung einer Pressemitteilung aus? Und wie sollte ein Video aussehen, dass von Onlinemedien oder Sendern verwendet werden kann?"
(#00:03:21-4#)

Antwort 02
Jörg Wassink:
„Wir sind eine Softwarefirma, spezialisiert auf den B2B-Bereich. Unsere Zielgruppen sind reine Unternehmenskunden, Unternehmensentscheider von Kleinstunternehmen, Start-ups bis hin zum gehobenen Mittelstand mit mehreren tausend Mitarbeitern. Unsere Produkte sind sehr sachlich veranlagt. Das heißt, es geht zum Beispiel um Buchhaltungslösungen, Lohnabrech–nungslösungen und Personalwirtschaftslösungen. Von daher ist es wie mit jeder guten Kommu–nikation, dass auch das Foto letzten Endes zur Zielgruppe passen muss. Und wenn ich mir angucke, welche Kommunikations-Zielgruppen wir haben, da nutzen wir dann eben auch unterschiedliche Fotomaterialien. Eine große Zielgruppe in unserer PR-Kommunikation sind Branchenmedien, Handwerksmedien, Produktionsmedien aber auch PC-Medien. Die haben alle ihre eigenen Bildwelten. Produktionsmedien wollen tatsächlich gerne den Bauhof sehen, wo produziert wird. Wollen Maschinen sehen, wollen tatsächlich Leute bei der Arbeit sehen. PC-Magazine drucken dagegen nach wie vor noch sehr häufig Screenshots ab. Dafür wird die eigentliche Softwarelösung in Form eines Screenshots oder auch Ausschnitte der Benutzer–oberfläche dargestellt und visualisiert. Ganz selten werden Fotos abgedruckt, die aus dem Marketingbereich kommen. Die wir im Bereich Broschüren und auch Webseite nutzen. Dafür

haben wir eine eigene Brand-Library. Das heißt, eine eigene Bibliothek mit Bilddaten, die auch regelmäßig aktualisiert wird und an die Brand-CI-Guidelines immer wieder angepasst wird. Das Feature-Foto, was zu einer Pressemitteilung rausgeschickt wird, muss eben zur Zielgruppe passen, und das sind sehr unterschiedliche Fotos. Was übrigens natürlich noch eine Herausforderung bei uns ist: Software kann man relativ schlecht zeigen! Darum werden Personen bei uns aus dem Unternehmen immer wieder gerne abgelichtet. Das heißt, zum Zitat gehört das passende Geschäftsführerfoto. Das sind die Fotos, die wir üblicherweise einer Pressemitteilung beifügen. Und dann vielleicht noch ein letzter Gedanke dazu: Wir machen relativ viel Studien, so wie – glaube ich – jede größere Firma inzwischen viele Studien in der PR- und Marketing-Kommunikation verbreitet. Und zu den Studien erzeugen wir natürlich auch entsprechende Bildelemente, die wir mitanbieten. Das fängt bei der PR-Grafik an, die teilweise auch in Rasteroptik tatsächlich von Tageszeitungen zum Abdruck genutzt werden kann. Bis hin zur hoch filigranen Infografik, die wiederum Blogger nutzen können, um sie dann in ihrem Blog in voller Länge zum Scrollen einbauen können. Also insgesamt sehr unterschiedliche Foto–materialien, die unsere Pressemitteilungen ergänzen, angepasst an die Zielmedien, die wir erreichen wollen, und an den Inhalt der PR-Story!"
(#00:06:59-4#)

Frage 03
Oliver Schwartz:
„Bei Herstellung, Beauftragung oder Lizensierung von visuellen PR- und Marketing-instrumenten sind verschiedene Rechte einzuholen oder abzuklären: Urheberrecht, Nutzungs-recht, Persönlichkeitsrecht ... – was sind die größten rechtlichen Herausforderungen für PR- und Marketingverantwortliche in Unternehmen?"
(#00:07:27-6#)

Antwort 03
Jörg Wassink:
„Das ist eine gute Frage! Ich bin selber kein Jurist. Ich bin Kommunikator und insofern natürlich auch nicht in der Tiefe der neuesten Rechtsprechung informiert. Man muss unter-scheiden. Zum einen haben wir Foto- und Filmmaterialien, die wir selbst erstellen, die wir beispielsweise in unserer Brand-Library haben. Da ist es natürlich so, dass wir uns von den Fotografen und natürlich auch von den auf den Bildern abgelichteten Personen die entsprechenden Nutzungsrechte geben lassen. Das heißt, wir haben dort Einwilligungs–

erklärungen, die uns die abgelichteten Personen, seien das interne Mitarbeiter, externe Kunden oder Partner, unterschreiben. Damit wir dann auch diese visuellen Elemente und Videobilder auch extern nutzen dürfen. Wir haben natürlich auch entsprechende Vereinbarungen mit unseren Fotografen. Aber Urheberrechte und Persönlichkeitsrechte sind immer ein schwieriges Thema! Zum Beispiel, wenn es um Eventfotografie geht. Wenn wir beispielsweise Messestände fotografieren, wo dann auch Personen abgelichtet sind. Da versuchen wir dann, möglichst wenige Personen auf den Bildern drauf zu haben und diese so zu fotografieren, dass eben keine Persönlichkeitsrechte betroffen sind. Es ist in der Tat eine schwierige Situation. Ich gebe auch ganz offen zu, dass wir schon zweimal abgemahnt worden sind von entsprechenden Rechtsanwaltsbüros. Diese Abmahnanwälte sind spezialisiert darauf, Verstöße gegen Bild–rechte nachzuweisen und machen damit Umsatz für ihre Kanzleien und Kunden. Das eine Mal war es wirklich eine sehr gewollte Abmahnung! Dort haben wir ein Foto verwendet von einem Fotoportal. Ich glaube, das war Pixelio. Wir halten uns immer an die entsprechenden Bedingungen und Angaben, die diese Portale von ihren Nutzern verlangen. Die Bildnutzung ist dort meistens günstig oder kostenlos. Man muss dann die Quelle, den Fotografen und das Portal mit angeben, und wir haben tatsächlich mal bei einem Foto auf Facebook diese Information nicht mit im Foto gehabt, sondern die Credits waren mit im Facebook-Post. Wie das so passiert, hat sich das Foto beim Sharing irgendwie verselbstständigt, ohne dass dann der Credit-Post mit den Quellenangaben noch zu sehen war. Da hat uns dann tatsächlich eine Rechtsanwaltskanzlei abgemahnt, und wir haben 300 oder 400 Euro zahlen müssen. Einmal ist es tatsächlich auch vorgekommen, dass wir gebeten wurden, das Foto wieder offline zu nehmen! Da haben wir auch die Quelle nicht sauber angegeben, und da gab es dann eine Beschwerde. Grundsätzlich ist es aber so, dass wir sehr sorgfältig versuchen, die rechtlichen Ansprüche umzusetzen. Es bleibt einem auch nichts Anderes übrig, als auf der Hut zu sein und auch unsere eigene Rechtsabteilung zu befragen, wenn Unsicherheiten bei der Verwendung von bestimmten visuellen Materialien herrschen!“
(#00:11:07-6#)

Frage 04
Oliver Schwartz:
„Das Internet hat ja auch dafür gesorgt, dass Kommunikationsverantwortliche in den Unter–nehmen nicht mehr das einzige Sprachrohr in die Öffentlichkeit sind, sondern heute oftmals mehr Dirigenten einer Vielzahl von kommunizierenden Mitarbeitern, die direkt oder indirekt im Namen des Unternehmens veröffentlichen oder dem Unternehmen zumindest zugerechnet

werden. In Kombination mit den unüberschaubar vielen Kommunikationskanälen und der viralen Verbreitung ist dies ja aus rechtlicher Sicht oftmals wie ein ‚Ritt auf der Rasierklinge'. Was würden Sie als wichtige Maßnahmen empfehlen: Internetrichtlinien wie ‚Social-Media-Guidelines', rechtliche Schulungen, verbindliche Freigabeprozesse oder einen Pool an vorher geprüftem, ‚wasserdicht' lizensiertem visuellem PR- und Marketingmaterial – so wie Ihre Brand-Library?"
(#00:12:17-3#)

Antwort 04
Jörg Wassink:
„Im Grunde hilft nur alles! Und tatsächlich haben wir das meiste davon auch wirklich gemacht. Wir haben einen eigenen Rechtsanwalt hier im Hause, der uns bei Fragen zu Bildrechten und Nutzungsrechten berät. Insofern hat jeder der Mitarbeiter, die im Marketing visuelle Materialien verwenden, bereits seine eigene individuelle Schulung mit unserem Hausjuristen gehabt. Auch weil es natürlich so ist, dass unser Hausjurist bei bestimmten Freigabeprozessen mit involviert werden muss. Etwa wenn Broschüren komplett neu erstellt werden, mit komplett neuen Bildwelten, die eventuell zugekauft werden. Da ist sozusagen der letzte Freigabeprozess, nach allen inhaltlichen und layouterischen Freigabeprozessen, das ‚OK' des Rechtsanwalts. Dann haben wir tatsächlich diesen Pool an eigenem Bildmaterial. Das ist etwas, was wir sehr, sehr stark nutzen! Man will ja auch eine eigene Corporate Identity über visuelle Bildwelten schaffen, und damit ist es natürlich ganz, ganz wichtig, dass man auch in sehr vielen Marketing- und PR-Materialien seine eigenen Bildwelten nutzt. Diese Bildwelten dort werden von Fotografen speziell und exklusiv für uns erstellt. Dabei werden natürlich sämtliche Nutzungs–rechte und Verwertungsrechte auch landesübergreifend für unsere internationalen Gesell–schaften von den entsprechenden Produzenten, sei es Videoteams oder Fotografen oder auch Grafikern, eingekauft. Die Verwendungsrechte liegen dann komplett bei uns. Daher minimiert natürlich ein Pool von eigenen Bildern und Grafikmaterialien ganz erheblich das Risiko, gegen Bildrechte zu verstoßen. Hier ist das Thema Social-Media, das Sie angesprochen hatten, natürlich wichtig und zu beachten. Heute sind es nicht mehr nur der PR-Mann oder die PR-Frau, der Marketing-Mann oder die Marketing-Frau, sondern im Grunde genommen alle 13.000 Mitarbeiter unseres Unternehmens, die kommunizieren. Da ist es natürlich wichtig, die auf den Social-Media-Channels aktiven Kolleginnen und Kollegen zu sensibilisieren! Das machen wir tatsächlich unter anderem durch Schulungen für neue Kollegen. ‚Start at Sage' nennt sich das Programm. Da kriegen die Kolleginnen und Kollegen, die neu bei Sage anfangen, eine ganze

Reihe an Wissen vermittelt über das Unternehmen und eben ein kleiner Teil dieses Wissen, was sie dort lernen, ist auch das Thema ‚Wie verhalte ich mich in Social-Media, und welche Fallstricke gibt es dort?' Das betrifft nicht nur Bildrechte und Persönlichkeitsrechte und, wenn ich irgendwo auf einem Event bin und fotografiere, dass ich dann auch die Anwesenden, die auf dem Bild klar erkennbar sind, frage, ob sie überhaupt damit einverstanden sind, dass ich sie fotografiere. Sondern das sind auch Regeln wie, dass ich kein Social-Bashing mache, dass ich immer fair und offen bleibe, transparent bleibe und kein Pseudonym verwende! Social-Media-Guidelines sind ganz wichtig, auch im Sinne der Verwendung visueller Marketingmaterialien. Ich hatte schon angesprochen, dass wir neue Social-Media-Tools – eher so eine Art Live-Broadcasting – nutzen, die eine Art von Talkshow ermöglichen. Ich bin selber vielleicht der Moderator der Talkshow und habe dann die Möglichkeit, andere Leute dazuzuholen. In der Tat hatte ich neulich ein Gespräch mit unserem Rechtsanwalt genau zu diesem Thema, und da sind natürlich wiederum die Verwertungs- und Urheberrechte sofort ziemlich unklar. Wir haben einmal so einen Event gemacht, da hatten wir mehrere tausend Zuschauer. Natürlich sind wir der Absender der Botschaft. Natürlich sind die Leute, die gesendet werden, unsere Speaker, die wir auch draußen natürlich in der Öffentlichkeit sehen wollen, und die, wenn sie als Speaker agieren, einverstanden sind, dass sie dann auch dort veröffentlicht und gesendet werden. Die Frage der Nutzungsrechte ist aber insofern kompliziert, als die Verbreitung über eine Streaming-Plattform in den USA erfolgt, und diese Plattformen häufig sehr dubiose Nutzungs–klauseln haben. Die behalten sich beispielsweise vor, mit den gestreamten Materialien wirklich alles machen zu dürfen, was sie wollen, inklusive Weiterverwertung auf anderen Social-Media-Plattformen. Da findet dann das Einverständnis unserer Speaker seine Grenzen. Mir ist als Praktiker und Social-Media-Experte auch klar, warum die Plattformbetreiber das machen! Die wollen natürlich eine möglichst große Verbreitung solcher Inhalte auch in anderen Social-Media-Kanälen erlauben oder möglich machen. Das ist alles sehr inkompatibel mit deutschem Recht. Da hängen Recht und Rechtsprechung tatsächlich auch ein Stück weit den neuen technischen Möglichkeiten hinterher. Und da muss man als Unternehmen wirklich mit Fachan–wälten und mit ExpertInnen schauen, wie man den Einsatz solcher multimedialen Plattformen rechtssicher gestalten kann. Idealerweise regelt man das so, dass weder die Teilnehmer noch die Zuschauer noch die Plattformbetreiber noch die Zweit- und Drittverwerter, die den Content dann ‚sharen', also teilen und weiterverwenden, rechtlich auf unsicherem Boden sind!"
(#00:20:00-7#)

Frage 05

Oliver Schwartz:

„Auch das beste visuelle Kommunikations-Material muss gesehen und gefunden werden. Wie wichtig sind dabei aus Ihrer Sicht Metadaten zur Beschriftung und Verschlagwortung von Fotos, zum Beispiel gemäß IPTC-Standard, oder Videos? Und nutzen Sie diese regelmäßig?" (#00:20:30-2#)

Antwort 05

Jörg Wassink:

„Ganz simple Antwort: Ja, das ist sehr, sehr wichtig! Wir nutzen es auch bei Sage regelmäßig! Gerade das Thema Verschlagwortung von Videos ist natürlich absolut essentiell, denn es wird zwar an Videobild-Erkennung gearbeitet, aber tatsächlich ist natürlich nach wie vor noch so, dass die Schlagwörter entscheidend sind für eine erfolgreiche Suche auf Youtube. Und Youtube ist eine der größten Suchmaschinen der Welt. Ist also ein Video nicht gut verschlagwortet und nicht gut mit Metadaten ausgestattet, geht das Video in der Masse auch unter! Ich finde es dann nicht, wenn ich nicht explizit auf einem bestimmten Kanal danach suche. Das heißt, dieses ganze Thema Verschlagwortung und Metadaten ist absolut essentiell. Und wir versuchen, es wirklich überall zu nutzen, wo es machbar ist. Die IPTC-Verschlagwortung von Fotos über–nehmen teilweise unsere Fotografen. Ich selber als PR-Praktiker gehe aber jetzt nicht über Photoshop in die Bildmetadaten rein und verschlagworte da nochmal selber. Was auch daran liegt, dass wir die Fotos auf unserer Webseite über HTML-Metatext verschlagworten – nicht jedoch über diese Metadaten im Bildhintergrund. Wenn jemand nach einem bestimmten Foto sucht, beispielsweise Software in der Produktionshalle, dann würde er das dank der HTML-Metadaten über Google finden! Aber nicht über die Bildmetadaten, weil wir unsere Bilder nicht regelmäßig in eine Bilddatenbank einstellen. Die sind in einer Mediathek auf unserer Webseite, und die wird über HTML-Text durchsucht. Ich weiß aber, dass wir teilweise Metadaten in den Fotos drinnen haben, diese Informationen kommen dann von den Fotoagenturen." (#00:22:51-3#)

Frage 06

Oliver Schwartz:

„Redaktionen nutzen visuelles Material der Unternehmen in bestimmten Situationen auch gerne kontextfrei. So wird aus einem neutralen oder positiven Bild oder Filmaufnahmen in Krisen–situationen auch schnell eine ungewollte bis unerwünschte Verwendung. Lässt sich, zumindest

im PR-Bereich, Art und Umfang der Nutzung von Fotos und Bewegtbild heutzutage überhaupt noch regeln und steuern? Oder führt das Internet durch seine Sharing-Kultur nicht zwangsläufig zu einer unkontrollierten Verbreitung? Oder sehen Sie so etwas unkritisch, da in Krisenfällen ohnehin berichtet würde, und es sich dann wenigstens um eigenes visuelles Material handelt?"
(#00:23:58-3#)

Antwort 06
Jörg Wassink:

„Zunächst mal ist es so, dass wir als Unternehmen Bildmaterialien zur Verfügung stellen, damit diese verwendet werden. Insofern freut uns natürlich die Verwendung unseres eigenen Materials. Das ist erstmal nichts Kritisches. Ich sehe das Thema Verwendung von Bildmaterial in Krisenfällen im Bereich PR durch Journalisten und Medien als weniger kritisch. Weil Medien und Journalisten hierzulande in fast allen Fällen nach den journalistischen Kriterien und Grundsätzen arbeiten und daher Bilder nicht verfälschen oder in einen anderen Zusammenhang stellen. Oder auch gerade beim Thema Video-Bewegtbild beispielsweise Zitate aus Unternehmensfilmen entnehmen und sie in einem anderen Zusammenhang, im Zusammenhang der Krise, einbinden, sodass ein Zitat beispielsweise in einem völlig anderen Kontext erscheint. Da bin ich froh, dass wir in Deutschland eine sehr professionell arbeitende Presselandschaft haben! Ich sehe viel mehr Krisenpotenzial in Sachen Social-Media! Weil es dort auf den Plattformen ein Spaß von vielen Leuten ist, Bilder für Montagen zu zweckentfremden oder kleine Ausschnitte von Videosequenzen zu nehmen und die in einem Kontext zu nutzen, der nichts mit der Firma zu tun hat. Der dann aber für die Reputation der Firma schädlich ist. Da sehe ich eine große Gefahr. Bei Social-Media-Nutzern unter Pseudonym ist es vielleicht auch so, dass man mit vertretbarem Aufwand gar nicht identifizieren kann, wer unerlaubterweise unser Material genutzt hat, Materialien von uns in einen anderen Kontext gestellt hat, die Firma unglaubwürdig gemacht, ironisiert oder lächerlich gemacht hat. Wie auch immer. Das ist die viel größere Gefahr! Wir haben solche Fälle glücklicherweise in der Vergangenheit noch nicht wirklich gehabt."
(#00:26:42-3#)

Frage 07

Oliver Schwartz:

„In einer aktuellen, repräsentativen Studie für diese wissenschaftliche Arbeit haben die befragten Entscheider zu 41 Prozent angegeben, dass ihr Unternehmen Pressefotos mit nachrichtlichen Charakter einsetzt, reine Produktfotos zu 39 Prozent, Fotos mit Mitarbeitern zu 37 Prozent und Feature-Fotos zu 33 Prozent. Wenn man dagegen das Teilsegment der Großunternehmen über 50 Millionen Euro Umsatz betrachtet, liegen die Nutzungs-Anteile mit 57 Prozent für nachrichtliche Pressefotos, 52 Prozent bei Produktfotos, 46 Prozent Fotos mit und rund Mitarbeiter sowie 41 Prozent bei Feature-Fotos, durchweg deutlich höher. Ist dies nach Ihrer Kenntnis der PR-Branche realistisch, dass zum einen noch über die Hälfte der Unternehmen nicht regelmäßig visuelle Marketinginstrumente einsetzen und zum zweiten, dass größere Unternehmen dies doch deutlich häufiger tun als der Mittelstand und KMUs?“
(#00:27:37-6#)

Antwort 07

Jörg Wassink:

„Absolut! Das entspricht komplett meiner Wahrnehmung! Das Schöne für mich ist, dass ich selber für einen Konzern mit 13.000 Mitarbeitern arbeite. Wir sind ein großes Unternehmen mit großer Kommunikationsabteilung. Unsere Kunden sind aber genau die von Ihnen angesprochenen Mittelständler und Kleinunternehmen. Wenn wir beispielsweise Referenzkundenberichte erstellen, dann haben wir schöne Interviews geführt, haben schöne Stories mit unseren Kunden erstellt, wie sie unsere Softwarelösung nutzen und fragen dann nach Bildmaterial. Und dann müssen die Firmen meistens passen. Oder das Bildmaterial, was man bekommt, ist ein mit einer Handykamera geschossenes Portrait vor einer weißen Wand. Wenn es wenigstens eine weiße Wand ist. Manchmal ist es auch eine bunte Wand. Die Fotos sind meist völlig unbrauchbar wegen Schlagschatten und schlechter Ausleuchtung. Ja, Ihr Umfrageergebnis entspricht genau meiner Wahrnehmung! Die Prozentzahlen, wie wir als Großunternehmen visuelles Material nutzen, sind teilweise abweichend. Wir verwenden sicherlich häufiger Produktfotos, weil wir unsere Produkte auch in die PR häufig reinbringen. Wir benutzen viel häufiger Infografiken und Prozessgrafiken oder Ikonographien. Das liegt aber auch an der Softwarebranche und unserem B2B-Approach. Aber den Unterschied zwischen Großunternehmen und Kleinunternehmen im Umgang mit visuellen Marketinginstrumenten kann ich absolut bestätigen!“
(#00:29:13-6#)

Frage 08

Oliver Schwartz:

„In derselben Umfrage gaben nur 30 Prozent der Entscheider an, zumindest gelegentlich Produktvideos in der Kundenkommunikation einzusetzen, gefolgt von Unternehmensvideos mit 29 Prozent, Erklärvideos mit 21 Prozent und dann noch Videos mit Interviews und Statements mit 17 Prozent. Auch hier bestätigten Entscheider aus Großunternehmen mit 47 Prozent bei Produktvideos, 45 Prozent für Unternehmensvideos, 30 Prozent bei Erklärvideos und 23 Prozent für Videos mit Interviews, eine deutlich höhere Etablierung von Bewegtbild-Kommunikation in ihren Unternehmen. Haben Sie eine Erklärung dafür, warum sich der Mittelstand und KMUs schwerer damit tun? Und was sind aus Ihrer Erfahrung die Bewegt-bildformate mit den geringsten Einstiegshürden?"
(#00:30:08-9#)

Antwort 08

Jörg Wassink:

„Auch diese Prozentzahlen Ihrer Umfrage kann ich nachvollziehen! Die hätte ich auch so ähnlich geschätzt. Tatsächlich ist es so, dass gerade Bewegtbild natürlich viel teurer und viel aufwendiger zu produzieren ist als ein einfaches Foto oder ein Screenshot. Insofern wundert mich das nicht, dass gerade KMUs häufig nicht die Finanzmittel und auch nicht die Ressourcen haben, gutes Bewegtbild zu produzieren. Ich habe selber das Glück, dass wir hier vor ein paar Jahren ein eigenes kleines TV-Studio aufgebaut haben – mit entsprechenden Blue-Screens. Wir haben entsprechendes Film-Licht und auch die notwendige Schnittsoftware angeschafft. Wir haben in professionelle Mikrofonie und Videotechnik investiert. Insofern muss ein kleineres mittelständisches Unternehmen diese 10.000 oder 15.000 Euro, die es heute noch kostet, ein kleines Studio einzurichten, erstmal in die Hand nehmen, um dann kostengünstig und auch schnell eigene Videos erstellen zu können. Insofern: Nein, diese Zahlen wundern mich über-haupt nicht, sondern die spiegeln tatsächlich die Realität wider! Allerdings glaube ich auch, dass sich viele Kleinunternehmen ein Stück weit künstlich beschränken! Klar sind hochprofessionell produzierte Unternehmensvideos irgendwie teuer. Ich kann die Kosten be-liebig nach oben hin steigern und noch den Helikopterflug über das Firmengebäude organisieren. Dann bin ich schnell mal im sechsstelligen Bereich. Aber heutzutage und gerade durch die Nutzung von Social-Media oder auch von Streaming-Plattformen und Facebook Live gibt es viele bezahlbare Möglichkeiten. Und auch Instagram geht jetzt in die Bewegt-bildkommunikation. Durch all diese Mittel und Instrumente kann ich mit meinem Smartphone,

mit meinem Tablet ganz einfach und in einer relativ guten Qualität Statements und Interviewszenarien aufnehmen. Ich kann auch kleine Erklärvideos erstellen. Es gibt günstige Capturing-Software, um den Ton und das Bild meines PC-Screens aufzunehmen und als Film abzuspeichern und anschließend online zu stellen. Gerade das Thema Veröffentlichen ist so einfach wie noch nie! Bei Youtube kann ich auch versteckt hochladen, dann den „privaten" Link nehmen und das Video exklusiv in meine Webseite einbauen. Dann verschlagworte ich das entsprechend und habe mit sehr wenig Aufwand und kaum Kosten erstes Videomaterial produziert. Im Hinblick auf Statements müssten Kleinunternehmen und der kleine Mittelstand sich auch noch ein Stück weit öffnen und ein wenig selbstbewusster werden! Dass man sagt, es ist zwar keine High-End-Produktion und keine TV-Qualität, aber für meine Ansprüche ausreichend, um Kunden ein bestimmtes Feature meines Produkts zu erklären. Oder ich will einen Video-Rundgang durch mein Firmengebäude ermöglichen. Sowas kann ich schon sehr, sehr preisgünstig machen. Ich glaube, da geht noch viel mehr! Da werden wir in den nächsten Jahren noch sehr viel mehr an Film und auch Live-Videoübertragung sehen. Auf jeden Fall."
(#00:34:10-6#)

Frage 09
Oliver Schwartz:
„Das ist eine gute Brücke zur nächsten Frage! Nämlich zu den Trends, die Sie sehen. Wird Bewegtbild das klassische Foto in Zukunft verdrängen? Und welche visuellen Kommuni– kationsinstrumente, zum Beispiel auch Infografiken oder How-to-Videos, funktionieren für Sie in der Praxis besonders gut oder erleben nach Ihrer Beobachtung gerade ein starkes Wachstum in Ansatz und Akzeptanz?"
(#00:34:38-6#)

Antwort 09
Jörg Wassink:
„Ich glaube, verdrängen wird Video das Bild nicht, weil es immer wieder auch Formate geben wird, in denen Bewegtbild nicht funktioniert. Das hängt auf der einen Seite natürlich vom Zielmedium selbst ab: Print oder Online. Klar. Das hängt aber auch von der Art und Weise ab, wie Rezipienten heute Informationen nutzen und wenn ich beispielsweise in der Bahn unterwegs bin und noch nicht die entsprechende Bandbreite habe, dann wird mir ein Video als visuelles Element zu einem Artikel nicht viel nutzen. Gut, ich weiß, die Deutsche Bahn wird das auch verändern. Manchmal bin ich auch nicht in der Situation, wo ich mir ein Video

vielleicht mit Musik und Ton angucken kann, weil ich einfach andere Leute nicht stören will und vielleicht kein Headset dabeihabe. Auch da funktionieren dann vielleicht Fotos tatsächlich besser. Oder es werden dann doch häufiger Fotostrecken angeklickt als ein Video, wenn man die Wahl hat. Ich glaube, es wird eine Parallelität zwischen den visuellen Elementen geben. Das hängt einfach auch da wieder sehr, sehr stark von der Zielgruppe ab und, wie die Zielgruppe gerade unterwegs ist und was die Zielgruppe von dem rezipierten Element, sei es Video, sei es Bild, auch haben will. Von daher glaube ich ja, Bewegtbild wird steigen. Ich glaube auch, dass das Thema Live-Übertragung wichtiger wird, weil damit ganz schnell schöne Eindrücke auch geteilt werden können und mit einem sehr breiten Publikum geteilt werden können. Da wird sich vieles entwickeln und mehr passieren, als wir es heute erleben. Aber das Foto wird trotzdem auch bleiben. Da bin ich fest von überzeugt, und ich glaube, auch in der Zukunft werden wir weiterhin auch Standard-Infografiken haben. Was vielleicht noch ganz witzig wird, sind diese animierten Bilder. Das ist nochmal etwas, wo auch eine neue Form von Kom—munikation passiert. Da ist ein Bild eingebunden, aber dieses Bild bewegt sich und zeigt mir im Grunde genommen einen kleinen Film. Ich kann mir vorstellen, dass vielleicht sowas auch noch häufiger passieren wird. Das kennt man von Web-Bannern, aber damit haben wir beispielsweise jetzt noch gar nicht in der PR rumexperimentiert. So ein animiertes GIF in einer Pressemitteilung könnte bei dem einen oder anderen Journalisten vielleicht auch nochmal als Hingucker dienen. Ich könnte mir vorstellen, wenn man da vielleicht ein bisschen rein investiert, könnte man damit auch nochmal einen Kommunikationserfolg erzielen!"
(#00:37:49-4#)

Frage 10
Oliver Schwartz:
„Abschließend: Neben den rechtlichen Risiken beim Einsatz visueller Marketinginstrumente gibt es ja auch Chancen, zum Beispiel um durch gezielten Einsatz den Schutzumfang von Marken zu stärken. Ist dies für Sie in der Praxis ein Thema?"
(#00:38:15-9#)

Antwort 10
Jörg Wassink:
„Ja. Natürlich tragen eine sehr stringente Corporate Identity und das Corporate Design inklusive definierter Bildwelten dazu bei, dass eine Marke etablierter, größer und damit eben auch schützenswerter wird. Allerdings, glaube ich, ist das wirklich nur ein Randaspekt vom Einsatz

visueller Kommunikation. Letzen Endes ist es für uns als Firma viel wichtiger, eine konsistente Bildwelt zu schaffen, um eine Wiedererkennbarkeit bei den Interessenten herzustellen. Das heißt, Sage ist nicht furchtbar bekannt in vielen Märkten. In manchen Märkten sind wir Marktführer. In anderen Märkten wie Deutschland sind wir eher Nischenplayer mit fünf bis zehn Prozent Marktanteil. Da wollen wir wachsen. Da wollen wir größer werden. Da ist natürlich eine konsistente Bildwelt, die Wiedererkennbarkeit erzeugt, ganz entscheidend! Ich glaube, da ist es dann wichtiger, dass man Markenaufbau betreibt mit entsprechend guter, prägnanter Bildwelt und auch mit entsprechend hochwertigen und inhaltsvollen Contentvideos, als dass es da um rechtliche Aspekte wie Markenschutz geht. Das ist dann doch eher ein untergeordneter Aspekt vom Einsatz visueller Marketinginstrumente. Zumindest für unser Unternehmen."

(#00:39:56-8#)

8.2.5 ExpertInnen-Interview mit Norbert Eder (08.12.2016)

Norbert Eder ist Inhaber der Agentur Communications and Management Consulting und betreut als Consultant schwerpunktmäßig die GK Software AG in Sachen Public Affairs. Zuvor war er Director Global External Communications bei AGT, Vice President Corporate Communications bei der Software AG und Leiter der Vorstandskommunikation bei der debitel AG. Norbert Eder ist Dozent für Unternehmenskommunikation und Public Affairs an der Hochschule Darmstadt und gehört zum erweiterten Gesamtvorstand im Bundesverband deutscher Pressesprecher.

Die Freigabe der folgenden Transkription erfolgte am 13.12.2016.

Frage 01
Oliver Schwartz:
„Nachrichten ohne Bildmaterial haben es seit jeher schwer, heutzutage, in Zeiten von Onlinemedien, Social-Media und multimedialer Verbreitung umso mehr. Bewegtbild wird immer günstiger herzustellen und von Facebook und Co. mit besseren Rankings belohnt. Welche visuellen Kommunikationsinstrumente nutzen Sie regelmäßig im Unternehmen?"
(#00:00:26-7#)

Antwort 01
Norbert Eder:
„Die GK Software AG ist ein mittelständisches Softwareunternehmen mit 800 Mitarbeitern und macht Handelssoftware für B2B-Kunden. Software für die Digitalisierung der Handels–unternehmen. Hier ist für mich eine interessante Beobachtung festzustellen. Die Bedeutung von visueller Kommunikation ist sehr hoch im Bereich der Kundenkommunikation, der Produktkommunikation und der Kommunikation-Spielarten, wie unsere Kunden mit ihren Kunden sprechen, den Verbrauchern. Wie der Händler seine Kunden, die Konsumenten anspricht. Hier wird visuelle Kommunikation immer wichtiger! Und hier gibt es ganz neue Bereiche in der IT. Nämlich die User-Experience und das User-Interface. Und diese Anforderung wird im Unternehmen auch aufgenommen mit einer eigenen Abteilung. Mit Designern, mit Grafikern, mit einem eigenen Fotografen, um die Produktwelt darzustellen, um die Technologie darzustellen, aber diese visuelle Kommunikation wird nicht in der PR eingesetzt. Hier gibt es eine Trennung im Unternehmen zwischen der Produktkommunikation

und der Pressearbeit. In der PR werden nahezu kaum visuelle Kommunikationsinstrumente eingesetzt. Sie sind beschränkt auf einen Style-Guide, der für das Unternehmen sehr wichtig ist und sehr ernst genommen wird. Es geht um Bilder, um Formen, um Farben, um Style. Hier sehr stark dem von Apple geprägte Style. Viel „white space", wenig Farben, klare Formen! Die Website und Presseerklärungen haben einen bestimmten Style, aber es ist weniger die Arbeit mit Bildern und Vermittlung von Inhalten über visuelle Elemente. Zwei andere Beispiele aus Großunternehmen und meinen Berufsstationen und Beratungsmandaten: die Software AG zum Beispiel oder IBM. Beide Unternehmen machen sehr viel mehr mit visuellen Kommunikationsinstrumenten, sind hier auf dem Weg. Für den Mittelstand dagegen, wo ich Erfahrung in zwei Unternehmen habe, ist das komplettes Neuland und sehr ungewohnt, mit Bildern als Kommunikationsinstrument zu arbeiten!"
(#00:03:54-1#)

Frage 02
Oliver Schwartz:
„Was macht denn ein gutes Feature-Foto zur Begleitung einer Pressemitteilung aus? Und wie sollte ein Video aussehen, das idealerweise von Online-Medien oder gar von TV-Sendern verwendet werden kann?"
(#00:04:10-5#)

Antwort 02
Norbert Eder:
„Ein gutes Feature-Foto hat eine journalistische Bildsprache. Es geht darum, den Text in Bildern zu untermauern. Nicht zu wiederholen, aber zu ergänzen. Es ist ähnlich zu sehen wie mit einer Grafik beim Vortrag oder einer Power-Point-Präsentation. Eine Grafik soll einen Inhalt in einer anderen Form veranschaulichen und verdeutlichen. Das heißt, es muss das zu sehen sein, was man eigentlich sagen möchte: ein neues Produkt oder eine neue Anwendung. Und dabei soll es nicht gestellt, sondern authentisch aussehen! Die Story soll reduziert und deutlich dargestellt werden. Und das ist natürlich bei Software- und bei IT- oder Technologie-Unternehmen oft das Problem. Im Consumerbereich, bei Automotive, Mode oder Nahrungsmitteln, kann ich das Neue klarer in Bildern darstellen als zum Beispiel Prozesse in B2B-Softwarelösungen. Abläufe einfacher oder schneller zu machen. Das ist dann die Herausforderung. Eine weitere Herausforderung, vor allen Dingen im Mittelstand, ist das Thema Vertraulichkeit und damit eine große Hürde bei Feature-Fotos. Ich habe immer wieder

festgestellt, dass mittelständische Unternehmen eine innovative Lösung nicht medial im Detail zeigen wollen. Bei Videos stellt sich immer die Frage, welche Perspektive ich wähle. Nehme ich jetzt den Anwender, den Kunden, und stelle ich den Kundennutzen dar, oder nehme ich das Produkt in den Mittelpunkt, wie es funktioniert? Mache ich das Video mit oder ohne Menschen? Das sind die Herausforderungen. Am besten ist es oft, ein Erklärvideo zu produzieren, was kurz, verständlich und unterhaltsam ist!"

(#00:06:57-4#)

Frage 03

Oliver Schwartz:

„Bei Herstellung, Beauftragung oder Lizensierung von visuellen PR- und Marketing–instrumenten sind verschiedene Rechte einzuholen oder abzuklären: Urheberrecht, Nutzungs–recht, Persönlichkeitsrecht ... – was sind die größten rechtlichen Herausforderungen für PR- und Marketingverantwortliche in Unternehmen?"

(#00:07:23-3#)

Antwort 03

Norbert Eder:

„Die größten rechtlichen Herausforderungen sind zuerst eine Unkenntnis über die ganze Komplexität der verschiedenen Rechte. Zudem, dass die PR-Abteilungen sich damit meist nicht systematisch und professionell auseinandergesetzt haben. Eine dritte Herausforderung liegt darin, dass diese Thematik mit visuellen Kommunikationsinstrumenten aus dem Alltag hineingewachsen ist. Und jetzt gibt es eben in den bestehenden Kommunikationsabteilungen keine Expertise und auch keine ausgebildeten Fachleute, die das professionell aufsetzen können: einen diesbezüglichen Freigabeprozess oder ein Rechtemanagement. Das ist bei anderen PR- und Marketingtätigkeiten anders. Zum Beispiel das Schreiben von Presse–erklärungen wird richtig gelernt. Da gibt es Schreibwerkstätten. Die Erstellung der Bewegt–materialien kommt jetzt, wächst in die PR- und Marketingarbeit rein, und es ist wenigen bewusst, dass es professionell gemanagt werden muss. Es ist nicht bewusst, dass dafür ein Budget notwendig ist, dass die Herstellung von Bildern und Videos etwas kostet. Oder auch die Rechtenutzung etwas kostet. Genauso wie das Selbermachen entsprechend etwas kostet. Und das man hier einen eigenen Kompetenzbereich aufbauen muss."

(#00:09:07-2#)

Frage 04

Oliver Schwartz:

„Nehmen Sie als kommunikationsverantwortlicher Manager in dem Kontext visueller Kom–
munikationsinstrumente zumindest gelegentlich rechtliche Unterstützung in Anspruch, und
wenn ja, meistens von einer internen Rechtsabteilung oder durch externe Fachanwälte?"
(#00:09:33-1#)

Antwort 04

Norbert Eder:

„Es werden von uns gelegentlich rechtliche Unterstützungen in Anspruch genommen, indem
man nach den Bildrechten fragt, die man drunterschreiben muss. Da wird dann gefragt, aber
das wird nicht besonders ernst genommen, weil es immer schnell funktionieren muss und weil
die Bilder oft erst zum Schluss noch dazukommen. Es dominiert in meinen Erfahrungen bei
dem jetzigen Unternehmen, also bei einem Mittelständer, immer noch der Text. Und wenn der
Text fertig ist, kommt danach die Frage: ‚Hast Du auch ein Foto?' Und wenn man das Foto hat,
dann werden die Rechte irgendwie passend gemacht. Manchmal fragt man die Rechtsabteilung.
Meistens nicht. Externe Fachanwälte immer nur dann, wenn es ein Problem gibt, wenn das
Kind bereits in den Brunnen gefallen ist!"
(#00:10:46-6#)

Frage 05

Oliver Schwartz:

„PR- und Marketing-Bilder sowie -Videos leben ja von Menschen. In der Regel keine
Schauspieler, sondern eigene Mitarbeiter oder Kunden. Arbeiten Sie dabei regelmäßig mit
‚Model-Releases' zur Übertragung von Persönlichkeitsrechten? Und waren Sie auch schon
einmal mit Einwänden von Mitarbeitern oder Kunden konfrontiert?"
(#00:11:19-8#)

Antwort 05

Norbert Eder:

„Wir arbeiten noch nicht mit diesen ‚Model-Releases'. Wir arbeiten bei Kundenstatements und
Kundenvideos mit einer Freigabe. Es findet einer Freigabe des Inhaltes statt, aber es gibt kein
professionelles Rechtemanagement. Bei Mitarbeitern gibt es ebenfalls eine Freigabe. Auch hier
nicht professionell, sondern per E-Mail. Und bei Fotos von Veranstaltungen wie Messen oder

anderen Kongressen werden die Rechte eher nicht berücksichtigt. Es gab einmal einen kritischen Fall. Aber deswegen, weil ein Journalist ein Foto des CEO von der Website genommen und in einem Text gepackt, was dieser so nicht wollte. Von dieser Seite her gab es anschließend eine Rechte-Diskussion.“
(#00:12:35-5#)

Frage 06
Oliver Schwartz:
„Das Internet hat ja dafür gesorgt, dass Kommunikationsverantwortliche in den Unternehmen nicht mehr das einzige Sprachrohr in die Öffentlichkeit sind. Heute ist oftmals die Rolle mehr die eines Dirigenten, der eine Vielzahl von kommunizierenden Mitarbeitern dirigiert, die direkt oder indirekt im Namen des Unternehmens veröffentlichen oder dem Unternehmen zumindest zugerechnet werden. Jetzt haben wir eine nahezu unüberschaubare Anzahl an Kommunikationskanälen. Wir haben die virale Verbreitung in den Sozialen Medien. Das ist aus rechtlicher Sicht oftmals ein wenig wie ein ‚Ritt auf der Rasierklinge‘. Was würden Sie aus Ihrer Berufserfahrung als Kommunikationsprofi einem Unternehmen als Maßnahmen empfehlen? Internetrichtlinien oder Social-Media-Guidelines? Rechtliche Schulungen im Unternehmen, verbindliche Prozesse oder auch vielleicht eine Datenbank mit wasserdicht lizensiertem, visuellem PR- und Marketingmaterial?“
(#00:13:57-7#)

Antwort 06
Norbert Eder:
„Am besten sind auf jeden Fall Social-Media-Guidelines! Die braucht man, die bilden einen Rahmen. Auch Schulungen sind wichtig! Es müssten alle Führungskräfte und Teammanager eine entsprechende Schulung erhalten, weil sie vor allen Dingen natürlich ihre Teams anweisen müssen. Außerdem sollte dies für neue Mitarbeiter an Bord ein Teil des Onboarding-Prozesses sein. Genauso wie bei Sicherheitsschulungen muss es eben eine dementsprechende rechtliche Schulung sein. Außerdem sollte allgemein freigegebenes visuelles PR-Material für alle Hauptbotschaften des Unternehmens zur Verfügung stehen. Man spricht heute in der Tat nicht mehr von einer ‚One-Voice-Policy‘, sondern von ‚One-Message-Many-Voices‘. Diese Message, diese Grundaussagen, müssen bekannt sein, ohne dass man dazu einlädt, dass über diese Grundaussagen diskutiert wird. Ein wesentlicher Punkt ist eine allgemeine Unternehmenskultur. Eine kommunikative Unternehmenskultur. Und ein kommunikatives Unter

nehmen, wo die Kommunikation miteinander zum Kunden und dann auch in die Öffentlichkeit professionell ist, wo die Kommunikationsabteilung sich als Trainer und Orchester dieses kommunikativen Unternehmens sieht und die Mitarbeiter und die Teamleiter befähigt werden, professionell nach innen zu kommunizieren genauso wie nach außen. Und die Kommunikation muss Teil des Datenschutz- und Datensicherheitssystems sein."
(#00:16:42-1#)

Frage 07
Oliver Schwartz:
„Wird das so schon gelebt bei Ihnen im Unternehmen? Und sehen Sie aus Ihrer Erfahrung noch einen großen Nachholbedarf bei den Unternehmen?"
(#00:17:00-4#)

Antwort 07
Norbert Eder:
„Bei uns im Unternehmen gibt es neuerdings Social-Media-Guidelines, die aber sehr restriktiv sind. Das Unternehmen untersagt im Grunde genommen im großen Maße alle Social-Media-Aktivitäten im Namen des Unternehmens und über Themen des Unternehmens. Es gibt jetzt die Guidelines, aber es gibt keine rechtliche Schulung. Es gibt keinen Freigabeprozess und keinen Pool an Marketingmaterial. Aus der Erfahrung von anderen großen Unternehmen sind Social-Media-Guidelines heute Standard. In den mittelständischen Unternehmen sind sie dagegen selten vorhanden. Dort ist es unüblich, dass die Mitarbeiter aktiv werden. Aber vor allem ist es auch noch unüblich, dass es eine Social-Media-Strategie des Unternehmens insgesamt gibt!"
(#00:18:08-2#)

Frage 08
Oliver Schwartz:
„Auch das beste visuelle Kommunikations-Material muss gesehen und gefunden werden. Wie wichtig sind dabei aus Ihrer Sicht Metadaten, zum Beispiel gemäß des IPTC-Standards, zur Beschriftung und Verschlagwortung von Fotos oder Videos? Und nutzen Sie diese regel–mäßig?"
(#00:18:40-5#)

Antwort 08

Norbert Eder:

„Die Metadaten sind sehr wichtig, werden aber zu wenig angewendet, weil auch zu wenig darüber professionell ausgebildet und geschult wird, zumindest bei uns im Unternehmen. Wir setzen Metadaten bei Presseerklärungen ein, damit diese im Rahmen der Suchmaschinen–optimierung besser gefunden werden. Wir setzen dabei auf die Verschlagwortung in den genutzten Plattformen. Im Unternehmen gibt es keine Bilddatenbank und systematische Erfassung von visuellem Marketingmaterial.“

(#00:19:25-0#)

Frage 09

Oliver Schwartz:

„Redaktionen nutzen visuelles Material der Unternehmen in bestimmten Situationen auch gerne kontextfrei. So wird aus einem neutralen oder positiven Bild oder Filmaufnahmen in Krisen–situationen auch schnell eine ungewollte bis unerwünschte Verwendung. Lässt sich, zumindest im PR-Bereich, Art und Umfang der Nutzung von Fotos und Bewegtbild heutzutage überhaupt noch regeln und steuern, oder führt das Internet durch seine Sharing-Kultur nicht zwangsläufig zu einer unkontrollierten Verbreitung? Oder sehen Sie so etwas unkritisch, da in Krisenfällen ohnehin berichtet wird und es sich dann wenigstens um eigenes visuelles Material handelt? Was würden Sie empfehlen, oder wie gehen Sie damit um?“

(#00:20:26-0#)

Antwort 09

Norbert Eder:

„Ich würde der These, dass es jetzt zu einer unkontrollierten Verbreitung des Materials kommt, zustimmen! Weil durch die Sharing-Funktionen und durch die Vielzahl der Accounts und Social-Media-Aktivitäten das heute nicht mehr wirklich zu kontrollieren ist. Auch nicht die Verbreitung, die Wege, die diese Bilder oder Videos viral machen. Das hat die Krisen–anfälligkeit von Unternehmen erhöht, weil die Bilder oder Videos nochmal eine ganz andere Wirkung als Texte haben! Es ist eine sehr viel stärkere, emotionalere Darstellung und insofern ist im Grunde genommen die Krisenverhinderung, dass Bildmaterial nicht in einen negativen Kontext gestellt werden kann, kaum möglich. Sondern es ist umso wichtiger, eine Krisen–kommunikation aufzubauen und dementsprechend reagieren zu können!“

(#00:21:48-3#)

Frage 10

Oliver Schwartz:

„In einer aktuellen, repräsentativen Studie für diese wissenschaftliche Arbeit, in der 503 Unternehmensentscheider befragt worden sind, haben diese zu 41 Prozent angegeben, dass ihr Unternehmen Pressefotos mit nachrichtlichen Charakter einsetzt, reine Produktfotos zu 39 Prozent, Fotos mit Mitarbeitern zu 37 Prozent und Feature-Fotos zu 33 Prozent. Wenn man dann das Teilsegment der Großunternehmen über 50 Millionen Euro Umsatz betrachtet, betrugen die Anteile schon 57 Prozent für nachrichtliche Fotos, 52 Prozent für Produktfotos, 46 Prozent für Fotos mit Mitarbeitern, sowie 41 Prozent bei Feature-Fotos. Ist dies nach Ihrer Kenntnis der PR-Branche realistisch, dass zum einen noch über die Hälfte der Unternehmen nicht regelmäßig visuelle Marketinginstrumente einsetzen? Und zweitens, dass größere Unternehmen dies deutlich häufiger tun als Mittelstand und sogenannte KMUs?"
(#00:23:02-1#)

Antwort 10

Norbert Eder:

„Ja, das halte ich für absolut realistisch! Und es ist auch meine Erfahrung! Der Mittelstand, der einen Großteil der Unternehmen in Deutschland ausmacht, hat generell bei der Professionalisierung der Kommunikation, der PR und des Marketings, einen großen Nachholbedarf! Wenn überhaupt, dann dominiert hier das Marketing mit Produkt-PR oder Produktdarstellung. Die Kommunikation wird noch stiefmütterlich behandelt, und in diese mangelnde Professionalisierung sind Ressourcenknappheit an Personal, an gut ausgebildetem Fachpersonal und an Budget eingeschlossen. Was dann eben dazu führt, dass es nicht genügend Bildmaterial gibt und eingesetzt wird – weil das aufwendig ist. Das kostet Geld und benötigt Mitarbeiter, die sich damit auskennen. Wenn derjenige, der die Kommunikation und das Marketing verantwortet, schon nicht professionell ist, das die Sekretärin mitmacht, oder jemand der nur einen IHK-Kurs gemacht hat, dann wird der mit den Tagesaufgaben schon so beschäftigt sein, dass er nicht auch noch in diese Spezialdisziplin, visuelle Kommunikation, einsteigen kann und einsteigen wird!"
(#00:24:42-8#)

Frage 11

Oliver Schwartz:

„In derselben Umfrage gaben nur 30 Prozent der Entscheider an, zumindest gelegentlich Produktvideos in der Kundenkommunikation einzusetzen, gefolgt von Unternehmensvideos mit 29 Prozent, Erklärvideos mit 21 Prozent und Videos mit Interviews und Statements zu 17 Prozent. Auch hier war wieder die Ausprägung, dass Großunternehmen zu 47 Prozent Produktvideos einsetzen, Unternehmensvideos zu 45 Prozent, 30 Prozent der Unternehmen Erklärvideos nutzen und 23 Prozent Videos mit Interviews. Die Entscheider in Groß–unternehmen haben also wiederum eine deutlich höhere Etablierung von Bewegtbild–kommunikationen in ihren Unternehmen angegeben. Haben Sie eine Erklärung dafür, warum sich der Mittelstand und KMUs mit Video und Bewegtbild immer noch so schwertun? Und was sind aus Ihrer Erfahrung die Bewegtbildformate mit den geringsten Einstiegshürden, mit denen man auch als kleines Unternehmen am besten beginnen könnte?“
(#00:25:47-7#)

Antwort 11

Norbert Eder:

„Die Erklärung, warum sich die KMUs damit schwertun, wäre einmal die Vertraulichkeit. Was ich schon angesprochen habe. Die Angst, in den Filmen zu viel Vertrauliches, zu viel Know-how und zu viel Differenzierung dem Wettbewerb preiszugeben. Eine weitere Erklärung ist wiederum grundsätzlich die mangelnde Professionalisierung der Kommunikationsarbeit in diesen Unternehmen. Und nicht zuletzt haben wir ein verbreitetes Nichtwissen über die Bedeutung der Bewegtbildkommunikation! Die Bewegtbildformate mit den geringsten Einstiegshürden sind sicherlich Produktvideos und Erklärvideos. Schwieriger werden Unter–nehmensvideos, denn hier muss eine Story erzählt werden. Eine Corporate Story, die man erst einmal definiert haben muss. Und dann umsetzen in Bilder. Das ist eine Herausforderung. Auch Videos, Interviews mit dem Geschäftsführer oder Vorstandsvorsitzenden sind sehr schwierig. Das ist eine Frage der Personen. Mittelständler sind das eher nicht gewohnt. Manager von größeren Unternehmen eher.“
(#00:27:33-4#)

Frage 12

Oliver Schwartz:

„Welche Trends sehen Sie? Wird Bewegtbild das klassische Foto in Zukunft verdrängen? Und welche visuellen Kommunikations-Instrumente, z.B. auch Infografiken oder How-to-Videos, funktionieren für Sie in der Praxis besonders gut oder erleben gerade ein starkes Wachstum in Einsatz und Akzeptanz?"

(#00:28:01-1#)

Antwort 12

Norbert Eder:

„Ich glaube nicht, dass das Bewegtbild das klassische Foto ablösen wird, weil das Bewegtbild immer eine gewisse Datenkapazität, Übermittlungskapazität braucht, die es vielleicht nicht immer überall gibt. Aber auch, weil es noch mehr Zeit braucht zum Konsumieren. Das Foto kann hier schneller angeschaut werden. Ich glaube, dass vor allen Dingen Infografiken sehr viel stärker eingesetzt werden, dass die Unternehmen ihre Produkte oder Prozesse sehr viel stärker grafisch darstellen müssen. Und dass auch in den Medien Infografiken noch sehr viel stärker eingesetzt werden, als das heute schon der Fall ist.

(#00:29:09-1#)

Frage 13

Oliver Schwartz:

„Abschließende Frage. Wir haben jetzt auch viel über rechtliche Risiken beim Einsatz visueller Marketinginstrumente gesprochen. Wenn man jetzt umgekehrt auch die rechtlichen Chancen betrachtet: Kann man zum Beispiel durch gezielten Einsatz von Bildern oder Videos den Schutzumfang von Marken stärken? Ist das in Ihrem Unternehmen oder für Sie in der Praxis ein Thema? Wird sowas strategisch diskutiert und umgesetzt?"

(#00:29:45-1#)

Antwort 13

Norbert Eder:

„Bei uns im Unternehmen kommt das noch nicht vor und ist noch kein Thema. Das heißt, wenn ich über Patentrechte spreche, steht in dem Kontext der Einsatz visueller Marketinginstrumente noch nicht auf der Agenda. Ich glaube aber, dass es wichtiger wird, und ich glaube, dass vor allen Dingen für kleinere Unternehmen oder auch Start-ups hier eine große Chance liegt. Der

Benefit kann im Grunde schneller und einfacher erzielt werden als beim mühsamen Weg über die Patentanmeldung und Patentgewährung. Patente sind gerade in Technologieunternehmen oder Softwareunternehmen immer eine ganz wichtige Sicherheit. Man kann es bilanzieren. Das ist, wenn ich keine Maschinen habe, wichtig, um auch Kredite zu bekommen oder eben Firmen zu bewerten. Dann gibt es den Markenwert. Das ist bei KMUs und bei Start-ups eine Herausforderung. Wenn visuelle Marketinginstrumente helfen, die rechtlichen Schutzmechanismen von Marken oder Produkten zu aktivieren, sind das gerade für den Mittelstand wertvolle Werkzeuge!"

(#00:31:34-7#)

Über den Autor

Oliver Schwartz ist Experte für strategische Kommunikation. Als Manager und
Unternehmenssprecher von namhaften Technologie- und Internetunternehmen verantwortete
Oliver Schwartz mehr als 25 Jahre die nationale und internationale Presse- und
Öffentlichkeitsarbeit, Investor Relations und Public Affairs. Zuvor war er Politik- und
Wirtschaftsjournalist. Seine Erfahrungen als Kommunikationsexperte bringt er heute in
Beratungsmandate ein und teilt sein Wissen in Veröffentlichungen, als Vortrags-Redner und
Podcaster. Insbesondere unterstützt er Unternehmen bei der Realisierung erfolgreicher
Corporate Podcasts und der Strategieentwicklung für innovative Bild- und Bewegtbildformate
in der Unternehmenskommunikation. Im Erststudium hat Oliver Schwartz
Rechtswissenschaften in Bonn studiert. Das MBA-Studium an der FHWien der WKW
(Note 1,1 mit Auszeichnung) erfolgte berufsbegleitend.

www.oliver-schwartz.de
www.oliverschwartz-consulting.de

9 783384 200600